AF532669

DON
BOSCO

Sybille Schmitz

Die 50 besten Fühl- und Tastspiele

MiniSpielothek

Gerne nehmen wir Ihre Anregungen,
Wünsche, Kritik oder Fragen entgegen:

Don Bosco Medien GmbH, Sieboldstraße 11, 81669 München
anregungen@donbosco-medien.de
Servicetelefon: 089 / 48008-341

Bibliografische Information der Deutschen Nationalbibliothek

Die Deutsche Nationalbibliothek verzeichnet diese Publikation in der Deutschen Nationalbibliografie; detaillierte bibliografische Daten sind im Internet über http://dnb.d-nb.de abrufbar.

1. Auflage 2019 / ISBN 978-3-7698-2449-0

www.donbosco-medien.de
Umschlag: Don Bosco Medien GmbH, München
Umschlaggrafik: Andrey Kuzmin/stock.adobe.com
Layout: Alexandra Paulus
Satz: Don Bosco Medien GmbH, München
Druck: Don Bosco Druck & Design, Ensdorf

Gedruckt auf umweltfreundlichem Papier

Inhalt

Die Natur muss gefühlt werden.
Alexander von Humboldt

Fühlen und Tasten mit Naturmaterial

Fühl-Spaziergang

Die Kinder machen mit der Spielleitung einen Spaziergang durch die Natur. Auf ein Signal hin dürfen die Kinder an einem bestimmten Ort ausschwärmen und Naturmaterialien sammeln, die man fühlen kann. Hierfür eignen sich gut kleine Körbchen, in denen die Kinder ihre „Fühl-Schätze" sammeln können.
Daraufhin wird eine große Picknick-Decke ausgebreitet und die Kinder zeigen der Gruppe nacheinander ihre „Fühl-Schätze". Alle Kinder fühlen die Naturmaterialien und suchen gemeinsam Begriffe dafür, wie sich dieser Gegenstand anfühlt: rau, weich, hart, leicht, schwer, kalt, warm, heiß, bröselig, matschig, glitschig, rund, eckig, kantig, glatt, stumpf, spitz, harzig, klebrig, schwabbelig, wellig, schmierig, trocken, feucht, nass, staubig, fusselig, pelzig, zart, samtig, groß, klein ...

Material

große Picknick-Decke, pro Kind ein kleiner Korb

Fühlen im Wald

Die Spielleitung spannt ein langes Seil auf Höhe der Hände der Kinder von Baum zu Baum. Die Kinder stellen sich in einer Reihe hintereinander neben das Seil, setzen jeweils eine Augenbinde auf, ergreifen mit einer Hand das Seil und legen die andere Hand dem davorstehenden Kind auf die Schulter. Nun geht es los: Langsam gehen die Kinder hintereinander am Seil entlang, tasten sich am Seil vorwärts, spüren mit den Füßen den Untergrund des Waldes und ertasten mit der Hand, die sie am Seil haben, jeden Baumstamm, an dem das Seil entlangführt.

Material

langes Seil, pro Kind eine Augenbinde

Barfuß-Abenteuer

Die Kinder bauen gemeinsam einen Fühl-Pfad für ihre Füße. Hierfür eignen sich große Schuhkartons gut, deren Wände um zwei bis vier Zentimeter abgeschnitten werden. Auch die Deckel der Schuhkartons können für den Fühl-Pfad verwendet werden. Die flachen Kartons und Deckel werden in einer Reihe nebeneinander aufgestellt und die Kinder füllen verschiedene Fühl-Materialien in die Kartons: Sand, Moos, Korken, runde Kieselsteine, Stroh, Woll- oder Stoffreste, Baumrinde, Reissäckchen, getrocknete Bohnen, Heu, Kastanien, Watte, Muggelsteine, Knöpfe, Laub, Styropor-Bällchen ...

Jetzt geht das Abenteuer los: Die Kinder steigen mit bloßen Füßen nacheinander langsam und tastend von Karton zu Karton. Wenn alle Kinder den Fühl-Pfad ein- oder mehrmals durchschritten haben, werden ihnen für den nächsten Durchgang die Augen verbunden und die Reihenfolge der Kartons wird verändert. Die Augenbinde verstärkt das Fühlerlebnis, da die Kinder keine visuelle Ablenkung mehr haben.

Hinweis

Die Kieselsteine müssen rund sein, sodass keine Verletzungen entstehen können.

Material

große Schuhkartons mit Deckel, Schere, Fühlmaterialien für die Füße (siehe oben), Augenbinden

Eichhörnchen-Spiel

Die Spielleitung hat einen großen Sack mit verschiedenen Nüssen und Samen dabei: Haselnüsse, Erdnüsse, Walnüsse, Macadamianüsse, Pistazien – alle mit Schale. Außerdem befinden sich in dem Sack Bucheckern, Eicheln und getrocknete (Riesen-)Bohnen. Zu Beginn des Spiels darf jedes Kind in den Sack greifen und einen Gegenstand herausziehen, ohne dabei in den Sack zu schauen. So entscheidet sich, welche Art von Eichhörnchen jedes Kind ist: Die Kinder, die eine Walnuss gezogen haben, sind Walnuss-Eichhörnchen. Die Kinder, die eine Eichel gezogen haben, sind Eichel-Eichhörnchen usw.

Im Raum stehen viele kleine Säckchen bereit, die ebenfalls mit dieser Mischung gefüllt sind. Nun darf eines der Kinder mit einem großen Schaumstoffwürfel in der Mitte des Raumes würfeln. Auf ein Startsignal der Spielleitung hin laufen alle Kinder zu je einem Sack. Dort ertasten sie blind in der Augenzahl des Würfels die Nussart, zu der sie im Spiel gehören. Wenn alle Kinder fertig sind, würfelt das nächste Kind. So geht es weiter, bis die Säckchen im Raum weitgehend leer sind.

Tipps

- Anschließend können die Kinder mit den Nüssen, Bucheckern, Eicheln, Samen und Bohnen ein Natur-Mandala auf einem großen Stück Pappe oder auf einem schönen Tuch legen oder aufkleben.
- Alternativ dürfen die Kinder die Nüsse knacken und so üben, einen Nussknacker (am besten aus Holz und zum Schrauben) zu bedienen – auch das ist eine spannende Fühlerfahrung.

Material

großer Sack, viele kleine Säckchen, viele verschiedene Nüsse mit Schale, Bucheckern, Eicheln, getrocknete (Riesen-)Bohnen, großer Schaumstoffwürfel, evtl. großes Stück Pappe oder schönes Tuch, Nussknacker

Fröhliche Pinguine

Im Raum sind auf dem Boden mehrere Wachstuchtischdecken ausgebreitet. Im Kreis stehen darauf so viele niedrige Wannen bzw. Wasserbehälter, wie es Kinder in der Gruppe gibt. Die Behälter werden unterschiedlich gefüllt:

- Wasser mit vielen Eiswürfeln
- Wasser mit wenigen Eiswürfeln
- Wasser in Zimmertemperatur
- warmes Wasser
- sehr warmes Wasser
- Wasser mit großen runden Steinen darin
- Wasser mit kleinen, runden Kieselsteinen darin

Jedes Kind zieht seine Socken aus und stellt sich neben einen der Wasserbehälter. Ein Kind darf einen großen Schaumstoffwürfel in die Mitte werfen. Dann steigen alle Kinder vorsichtig und langsam in den Behälter, der neben ihnen steht. Sie achten darauf, dass das Wasser nicht herausspritzt. Jetzt fühlen sie mit ihren Füßen das Wasser, die Temperatur und eventuell die Steine im Wasser. Anschließend dürfen die Kinder im Uhrzeigersinn so viele Wasserbehälter weitergehen, wie der Würfel Augen zeigt. Dabei steigen sie langsam aus einem Behälter heraus und dann in den nächsten hinein. Die Spielleitung achtet darauf, dass immer genug Zeit zum Spüren bleibt, bevor die Kinder weiterwandern.

Tipp

Die Spielleitung kann auf dem Boden zwischen den Behältern Handtücher auslegen, sodass sich die Kinder zwischendurch die Füße abtrocknen können und zudem nicht zu viel Wasser auf dem Boden verteilen. Auch die Wachstuchtischdecken bieten einen Schutz für den Boden.

Material

Wachstuchtischdecken, Wasserbehälter oder Wannen in Anzahl der Kinder, Wasser, Eiswürfel, großer Schaumstoffwürfel, runde Steine in verschiedenen Größen, evtl. Handtücher

Mein Stein, dein Stein

Zu Beginn des Spiels steht in der Mitte des Sitzkreises eine große, mit Wasser gefüllte Wanne. Daneben befindet sich ein großes, ausgebreitetes Tuch. Auf dem Tuch liegen Steine, die sich in der Form stark unterscheiden (länglich, bauchig, flach, groß, klein, raue Oberfläche, glatte Oberfläche, mit Rillen ...). Die Kinder stehen nacheinander von ihren Plätzen auf und suchen sich jeweils einen Stein aus. Wenn alle wieder sitzen, schließen die Kinder ihre Augen und ertasten den Stein in aller Ruhe. Sie sollen dabei den Stein gut kennenlernen.
Danach zeigt jedes Kind der Reihe nach seinen Stein der Gruppe und beschreibt, wie er sich anfühlt. Die Spielleitung unterstützt bei Bedarf, indem sie dem Kind passende Begriffe vorschlägt.
Daraufhin darf ein Kind nach dem anderen in die Mitte zur Wanne kommen. Die Spielleitung schreibt auf die Unterseite des Steins mit einem wasserfesten Stift die Anfangsbuchstaben des Kindes. Dann legt das Kind seinen Stein in die Wanne.
Wenn alle wieder auf ihren Plätzen sitzen, darf ein Kind beginnen und seine Hand ins Wasser tauchen. Es versucht, den eigenen Stein zu ertasten und wiederzufinden. Wenn es seinen Stein gefunden hat, darf es

ihn mit zu sich an den Platz nehmen, wenn es den Stein eines anderen Kindes genommen hat, legt es ihn wieder zurück ins Wasser.

Material

große Wanne, Wasser, großes Tuch, Steine in unterschiedlichen Größen und Formen, wasserfester Stift

Fühl-Bild

Zunächst stellt die Spielleitung mit den Kindern kindgerechten Kleister oder Leim selbst her (zum Beispiel aus Stärke, Essig, Salz und Wasser). Nun erhält jedes Kind mehrere Pinsel in verschiedenen Stärken, ein Schälchen mit dem Leim und ein großes Stück Pappe oder festes Tonpapier. Die Spielleitung stellt in die Mitte des Tisches ein großes Tablett mit Fühl-Materialien für das Fühl-Bild (Pfefferkörner, Büroklammern, Sand, Glasperlen, Baumrinde, Moos, Sägespäne, Papierschnipsel, Wollfäden, Watte, Federn, Muscheln, Knöpfe, Taschentücher, Papierbällchen, Kreppband, Alufolie, Filz, gepresste Herbstblätter, Stöckchen oder Zweige aus Holz, Tannennadeln, Tonkügelchen, Stroh, Muggelsteine, getrocknete Linsen, Salz, Knisterpapier, Reiskörner, Heu, Gras, Weidenkätzchen, kleinere Kieselsteine, Stücke eines Küchenschwamms, Pfeifenputzer, kleine Schneckenhäuser ...).
Nun dürfen die Kinder ihr Tonpapier oder die Pappe mit Leim bestreichen und ein kreatives Fühl-Bild mit den Materialien gestalten.

Variation

Die Kinder erhalten jeweils einen dicken Bleistift, einen schwarzen Buntstift oder einen schwarzen Filzstift und zeichnen zunächst ein Bild auf das Tonpapier oder die Pappe, zum Beispiel eine Landschaft. Danach bekleben sie die verschiedenen Flächen des Bildes mit unterschiedlichen Fühl-Materialien.

Material

kindgerechter Leim oder Kleister (frei von Lösungsmitteln), großes Tablett, Fühlmaterialien (Beispiele siehe oben), pro Kind ein großes Stück Pappe oder festes Tonpapier, Pinsel in verschiedenen Stärken, evtl. Bleistifte, schwarze Buntstifte oder Filzstifte

Fühl-Vergnügen mit Wasser

Dieses Spiel kann in einem gefliesten Waschraum, einem Raum mit PVC-Boden oder draußen auf einer Terrasse oder Wiese gespielt werden.
Der Boden wird mit Wachstuchtischdecken oder mit Abdeckfolie ausgelegt. Die Kinder erhalten Becher, Eimer, Wannen, Schalen, Gießkannen und andere Behälter, außerdem Wasser aus dem Wasserhahn oder im Garten aus dem Gartenschlauch.
Im Sommer dürfen die Kinder für dieses Spiel ihre Badesachen anziehen. Zu anderen Jahreszeiten bzw. wenn das Spiel drinnen durchgeführt wird, sind die Kinder je nach Temperatur so leicht wie möglich bekleidet.
Nun kann das Spiel beginnen! Die Kinder experimentieren nach Herzenslust mit dem Wasser: mit nackten Füßen in die mit Wasser gefüllten Wannen oder Behälter steigen, Becher oder Eimer mit Wasser befüllen, sich das Wasser in einer größeren Wanne stehend über die Beine oder Arme laufen lassen, das Wasser von einem Behälter in einen anderen schütten ...

Tipp

Die Spielleitung kann auch unterschiedlich warmes Wasser zur Verfügung stellen, sodass die Kinder ihre Wahrnehmungsfähigkeit für Temperaturunterschiede entdecken können.

Material

Wachstuchtischdecken oder Abdeckfolie, verschiedene Behälter (siehe oben), Wasser

Heubad

Dieses Spiel eignet sich für draußen oder für Räume, in denen wenig Möbel stehen. Wenn das Spiel drinnen gespielt wird, kann der Boden zum Schutz mit Wachstuchtischdecken, Abdeckfolie oder Zeitungspapier ausgelegt werden.
Je nach Gruppengröße erhalten die Kinder mehrere große, aufblasbare Planschbecken oder große Wannen und drei oder vier große Säcke prall gefüllt mit Heu. Alternativ können auch zwei oder drei Heuballen zur Verfügung gestellt werden. Zunächst lösen die Kinder das Heu aus den Säcken bzw. den Ballen und füllen es in die Planschbecken oder die großen Wannen. Danach dürfen die Kinder in die Planschbecken oder Wannen steigen und das Heu befühlen. Wenn ausreichend Wannen vorhanden sind, kann sich ein Teil der Kinder bequem in jeweils eine Wanne setzen und von ein oder zwei anderen Kindern ganz mit Heu bedecken lassen.

Hinweis

Dieses Spiel ist nicht geeignet für Kinder mit Heu- oder Stauballergie. Außerdem ist es wichtig, den Eltern vorab mitzuteilen, dass die Kinder nach dem Spiel duschen oder baden und für dieses Spiel alte Kleidung tragen sollten.

Material

Wachstuchtischdecken, Abdeckfolie oder Zeitungspapier, mehrere große aufblasbare Planschbecken oder große Wannen, drei oder vier große Säcke mit Heu oder zwei bis drei Heuballen

Sackhüpfen mit Heu

Dieses Spiel eignet sich für draußen. Die Spielleitung legt eine Start- und Ziellinie für das spätere Sackhüpfen fest.
Jedes Kind erhält einen Sack, steigt in den Sack hinein und zieht den Sack mit beiden Händen an den Rändern bis unter die Arme hoch. Die Spielleitung oder andere Kinder füllen den Sack nun bis zum Rand mit Heu. Je nach Wunsch des Kindes darf das Heu auch in großen Mengen in den Sack gestopft werden.
Anschließend hüpfen alle Kinder in ihren Säcken zur Startlinie und dürfen auf ein Signal hin loshüpfen. Das Kind, das auf der Strecke am wenigsten Heu verliert, gewinnt. Es geht also nicht um Schnelligkeit, sondern um achtsames Hüpfen.

10

Hinweis

Dieses Spiel ist nicht geeignet für Kinder mit Heu- oder Stauballergie. Außerdem ist es wichtig, den Eltern vorab mitzuteilen, dass die Kinder nach dem Spiel duschen oder baden und für dieses Spiel alte Kleidung tragen sollten.

Variation

Statt Heu werden Luftballons in die Säcke gefüllt.

Material

pro Kind ein Sack, große Menge Heu, evtl. Luftballons

Fühlen und Tasten mit Fingern und Füßen

Mikado

Ein Kind umfasst alle Mikado-Stäbchen und nimmt hierzu, wenn nötig, beide Hände. Das Kind hält die Stäbchen in der Mitte des Tisches, spricht mit allen Kindern zusammen einen Spruch (z. B. „Auf die Stäbchen – fertig – los!“) und lässt dann die Stäbchen auseinanderfallen.
Ein Kind beginnt und nimmt so viele Stäbchen wie möglich vorsichtig aus dem Stäbchen-Haufen weg, ohne dass andere Stäbchen ins Wackeln geraten oder verrutschen. Es darf immer nur ein Stäbchen weggenommen werden und dann erst das nächste. Sobald das Kind beim Wegnehmen eines Stäbchens andere Stäbchen zum Wackeln gebracht hat, ist das nächste Kind an der Reihe. Das Kind, das die meisten Stäbchen sammeln konnte, gewinnt.

Material

Mikado-Stäbchen

Fühl-Socken

Jedes Kind bringt von zuhause eine Socke und einen Gegenstand aus dem Alltag mit. Der Gegenstand sollte nicht länger als zehn Zentimeter und nicht breiter als fünf Zentimeter sein (Beispiele: Löffel, Knöpfe, Schlüssel, Wäscheklammer, Rolle mit Klebeband, Radiergummi, Wollfäden, Packung Backpulver, Taschentuch, Schnürsenkel, Spielfigur, Murmel, Holzringe, Tischtennisball, Haarspange, Korken, Armband, Küchenschwamm).
Nun stecken die Kinder in jeweils eine Socke einen Gegenstand hinein. Die Socken werden an einer Wäscheleine oder an einem dünnen Seil mit Wäscheklammern befestigt.
Jetzt kann der Fühl-Spaß beginnen: Immer ein Kind sucht sich eine Socke aus und fühlt, welcher Gegenstand sich darin befindet. Wenn es sich sicher ist, darf es die Socke abnehmen und im Sitzkreis bei sich behalten. Wenn alle Socken von der Leine genommen wurden, wird aufgelöst: Die Kinder zeigen nacheinander, was tatsächlich in ihrer Socke steckt und finden so heraus, ob sie richtig geraten haben.

12

Variation

Für die Fühl-Socken eignen sich auch Gegenstände und Materialien aus der Natur, z. B. Kastanien, Walnüsse, Kieselsteine, Tannenzapfen oder Stöckchen.

Material

pro Kind eine Socke, verschiedene Alltagsgegenstände (Beispiele siehe oben), Wäscheleine/dünnes Seil, Wäscheklammern, evtl. Naturmaterialien

Kurz, lang, länger

Die Kinder setzen sich jeweils eine Augenbinde auf. Die Spielleitung legt vor jedes Kind die gleichen Gegenstände, die unterschiedlich lang sind, z. B.: Stifte, Papierrollen, Lineale, Stöcke und Stäbe.
Anschließend erhalten die Kinder die Aufgabe, die Gegenstände der Länge nach zu sortieren. Erst, wenn alle Kinder „Fertig!" gerufen haben, werden die Augenbinden abgenommen und die Ergebnisse der Kinder von allen verglichen.

Variation

Dieses Spiel kann auch mit unterschiedlich langen Schnüren, dünnen Seilen oder Wollfäden gespielt werden.

Material

pro Kind eine Augenbinde und die gleichen Gegenstände mit unterschiedlicher Länge (Beispiele siehe oben), evtl. Wollfäden, Schnüre oder Seile

Fädeln

Jede Art von Fädeln ist eine spannende und vielseitige Anregung für den Tastsinn und für die Feinmotorik. Die Kinder erhalten Fäden, Schnüre oder Bänder und Fädelperlen in verschiedenen Formen und Farben (Kugeln, Würfel, Ovale, Scheiben aus Holz ...). Auch Fädelknöpfe oder andere Knöpfe mit ausreichend großen Löchern sind gut geeignet. Anschließend beginnt der Fädel-Spaß. Die Spielleitung kann hierzu auch eine bestimmte Reihenfolge von Formen oder Farben vorgeben. Das Kind, das am Ende die längste Fädelreihe hat, gewinnt.

Material

Fäden, Schnüre oder Bänder, Fädelperlen, Fädelknöpfe, Knöpfe mit ausreichend großen Löchern

Gut zu Fuß

Dieses Spiel ist ein Verwöhnprogramm für die Füße, zu dem die Spielleitung eine sanfte Entspannungsmusik erklingen lassen kann.
Die Kinder gehen zu zweit zusammen und erhalten ein kleines Stück Seife, eine Wanne mit warmem Wasser, ein Handtuch, einen Stuhl und eine Creme oder ein Öl, das für Füße geeignet ist.
Zuerst darf sich eines der beiden Kinder auf den Stuhl setzen. Das andere Kind verwöhnt die Füße des sitzenden Kindes: Erst werden sie gebadet und achtsam eingeseift, dann werden die Füße sanft abgetrocknet und schließlich eingecremt. Wenn die Creme eingezogen ist, wird gewechselt und das andere Kind ist an der Reihe.

Tipp

Wenn den Kindern das Einseifen zu intim ist, können auch Waschlappen, weiche Bürsten oder Schwämme verwendet werden.
Um den Boden zu schonen, eignet sich eine Wachstuchtischdecke gut.

Variation

Für jüngere Kinder eignet sich auch eine Variante mit Sand: Die Kinder erhalten statt Wasser Sand, der nach und nach mit einem Becher oder mit den Händen über die Füße des sitzenden Kindes rieseln darf. Wenn die Füße ganz mit Sand bedeckt sind, schüttet das kniende Kind ein bisschen Wasser in die Sandwanne und knetet die Füße im Sand sanft durch („Sand-Massage" oder auch „Matsch-Massage").

Material

pro Kinderpaar ein Stuhl, kleines Stück Seife, Wanne mit warmem Wasser, Handtuch, Creme oder Öl, Entspannungsmusik, evtl. Waschlappen, weiche Bürsten oder Schwämme, Wachstuchtischdecke, Sand, Becher

Ich gehe meinen Weg

Dieses Spiel ist auf glatten Böden (Laminat, Parkett, PVC ...) durchführbar, nicht auf Teppichböden. Die Spielleitung legt mit den Kindern zusammen Straßen aus Seilen auf dem Boden aus. Jede Straße besteht aus zwei Seilen, die parallel am Boden entlangführen und die Ränder der Straße bilden. Es kann auch ein Netzwerk aus Straßen mit Abbiegungen ausgelegt werden. Die verwendeten Seile sollten an mehreren Stellen auf dem Boden mit Krepp-Klebeband fixiert werden, sodass sie nicht verrutschen.
Anschließend gehen die Kinder hintereinander die Straßen entlang. Die Kinder können auch hüpfen, schleichen oder tanzen. Die Spielleitung legt dazu fröhliche Musik auf und gibt die Gangart vor.
Daraufhin erzählt die Spielleitung, dass Nebel aufzieht und man die Straße nicht mehr sehen kann. Alle Kinder erhalten eine Augenbinde und die Musik wird leiser gestellt oder ausgemacht. Die Kinder gehen nun mithilfe ihres Tastsinns die Straßen entlang. Hierfür tasten sie mit den Füße auf dem Boden nach den Seilen, sodass sie sich orientieren können. Kinder, die mit der Augenbinde nicht aufrecht gehen möchten, dürfen auf allen Vieren krabbeln und die Seile der Straßen mit Händen und Füßen ertasten.

Material

mehrere Seile, Krepp-Klebeband, Musik, pro Kind eine Augenbinde

Angeln mal anders

Die Spielleitung stellt eine große Kiste oder eine große Wanne, die mit getrockneten Bohnen, Linsen, Kichererbsen oder Erbsen gefüllt ist, bereit.
Zunächst steckt jedes Kind einen mitgebrachten Gegenstand (z. B. Muggelstein, Murmel, Alltagsgegenstand) in die Bohnen hinein. Anschließend wird durchgezählt, sodass jedes Kind eine feste Zahl erhält.
Nun würfelt die Spielleitung (bei mehr als sechs Kindern werden zwei Würfel benötigt). Das Kind, dessen Zahl gewürfelt wird, darf sich neben die Kiste knien, einen Gegenstand ertasten und seine Vermutung äußern. Daraufhin „angelt" es den Gegenstand heraus. Lag es mit der Vermutung richtig, darf es den Gegenstand behalten. Danach wird erneut gewürfelt.
Wer am Ende die meisten Gegenstände geangelt hat, gewinnt.

Material

große Kiste oder Wanne, getrocknete Bohnen, Linsen, Kichererbsen oder Erbsen, ein bis zwei Würfel, von den Kindern mitgebrachte Gegenstände

Post für dich

Die Kinder stehen im Kreis und halten sich an den Händen. Ein Kind beginnt und sagt laut den Namen eines anderen Kindes im Kreis, dem es „Post“ schicken will. Die „Post“ ist ein Tast-Impuls, den das Kind losschickt, indem es die Hand seines Nachbarkindes einmal fest drückt. So wird der Impuls von Kind zu Kind weitergegeben. Wenn er schließlich das genannte Kind erreicht hat, ruft dieses Kind: „Angekommen!“

Eislaufen mit Schwämmen

Für dieses Spiel wird der Boden freigeräumt und mit Abdeckfolie gründlich ausgelegt. Die Abdeckfolie sollte glatt ausgebreitet werden und an den Rändern mit Krepp-Klebeband festgeklebt werden, sodass sie nicht verrutschen kann und auch keine Wellen wirft oder Falten bekommt. Alternativ können auch Wachstuchtischdecken eng aneinandergelegt werden.
Jedes Kind erhält zwei große Küchenschwämme oder alternativ zwei große Badeschwämme. Auf der Abdeckfolie wird ein dünner Film aus seifenhaltigem Wasser verteilt. Nun dürfen die Kinder ihre Füße barfuß auf die Schwämme stellen und über die Folie rutschen und gleiten. Die Spielleitung kann eine kindgerechte Tanzmusik auflegen und den Kindern verschiedene Tanzelemente zeigen.

Variation

Die Kinder dürfen sich an jedes Knie einen großen Schwamm binden und beide Hände auf je einen Schwamm legen. Jetzt können sie auf allen vieren über die Folie rutschen.

Hinweis

Die Spielleitung beobachtet bei diesem Spiel die Kinder genau und greift rechtzeitig ein, wenn einzelne Kinder zu wild oder zu rasant über die Folie rutschen. Als Einstiegsübung sollte langsame Musik aufgelegt werden, damit die Kinder erst mal das Rutschen üben können.

Material

Abdeckfolie, Krepp-Klebeband, pro Kind zwei große Küchenschwämme oder Badeschwämme, Wasser, Seife, Tanzmusik, evtl. Wachstuchtischdecken und weitere Schwämme

Fühl-Straße für die Füße

Die Kinder bauen zusammen mit der Spielleitung eine Fühl-Straße: Dazu legen sie zwei Seile parallel auf den Boden. Die Seile sind die Ränder der Straße. Nun verteilen die Kinder verschiedene Fühlmaterialien auf der Straße, z.B. Kastanien, Wolltücher, zusammengeknülltes Papier, Kugeln aus Styropor, Stroh, Watte, runde Kieselsteine, Sand, Laub, Knisterpapier, Korken, Schwämme, mit Wasser halb befüllte und gut verschlossene Tüten (beispielsweise Gefrierbeutel).
Anschließend werden alle Fühlmaterialien auf der Straße mit blickdichten Stoffen überdeckt. Nun dürfen die Kinder nacheinander tastend und fühlend die Straße entlanggehen. Alle Kinder tragen Socken oder gehen barfuß.

Material

zwei lange Seile, Fühlmaterialien für die Füße (Beispiele siehe oben), blickdichte Stoffe

Fühlend raten und rätseln

Fühl-Tunnel

Die Kinder bauen zusammen mit der Spielleitung einen Fühl-Tunnel auf. Dazu stellen sie mindestens 12 Stühle in einer Reihe nebeneinander auf und hängen viele Tücher, Decken oder auch Handtücher so über die Stühle, dass darunter ein Tunnel entsteht, der möglichst dunkel ist. Anschließend werden in diesen Tunnel verschiedene Fühlmaterialien oder Alltagsgegenstände gelegt, z. B. Tischtennisbälle, Reissäckchen, Seidentücher, ein Schlüsselbund, Steine, ein Handschuh, ein Stofftier, ein Waschlappen, Küchenschwämme, Bauklötze, Igelbälle.
Die Kinder dürfen mit etwas zeitlichem Abstand zueinander durch den Tunnel krabbeln und alle Materialien ertasten. Jedes Kind merkt sich, was es im Tunnel ertastet hat, und flüstert der Spielleitung am Ende des Tunnels seine Entdeckungen ins Ohr. Das Kind, das die meisten Gegenstände ertastet und richtig erraten hat, gewinnt.

Hinweise

- Falls der Tunnel nicht dunkel genug ist, sollten die Kinder Augenbinden tragen.
- Wenn Kinder ab vier Jahren mitspielen, sollten nicht mehr als acht Gegenstände im Tunnel liegen.

Material

mindestens 12 Stühle, viele Tücher, Decken oder Handtücher, Fühlmaterialien (Beispiele siehe oben), evtl. Augenbinden

Was ist da wohl drin?

Für dieses Spiel wird ein großer Schuhkarton benötigt. Die Spielleitung schneidet in diesen Karton ein Loch, durch das die Kinder mit den Händen in den Karton greifen können. Von innen wird vor dieses Loch mit Klebestreifen ein Vorhang aus einem zurechtgeschnittenen Tuch gehängt, sodass niemand von außen in den Karton sehen kann.
Anschließend dürfen die Kinder der Spielleitung flüsternd Vorschläge machen, was man in dem Karton verstecken könnte. Das Kind darf den vorgeschlagenen Gegenstand herbeiholen und in den Karton legen, ohne dass die anderen Kinder ihn sehen.
Nun darf ein anderes Kind mit der Hand in den Karton greifen und versuchen, den Gegenstand im Karton zu ertasten. Wenn es keine Idee hat, was im Karton sein könnte, kommt das nächste Kind an die Reihe.
Sobald der Gegenstand richtig erraten wurde, wird ein neuer Gegenstand im Karton versteckt.

Material

großer Schuhkarton, Schere, Tuch, Klebestreifen, verschiedene Gegenstände zum Fühlen

Was fehlt?

Jedes Kind bringt einen Gegenstand mit, z.B. ein Spielzeug, ein Naturmaterial oder einen Alltagsgegenstand. Die Gegenstände werden alle auf ein großes Tablett oder auf ein schönes Tuch in der Mitte des Sitzkreises oder auf dem Tisch gelegt. Alle dürfen die Gegenstände betrachten, anfassen und benennen.
Anschließend wird ein weiteres blickdichtes Tuch über alle Gegenstände gebreitet. Ein Kind verlässt den Raum oder dreht sich mit dem Rücken zur Mitte. Die anderen Kinder holen leise einen der Gegenstände unter dem Tuch hervor und verstecken diesen außerhalb des Sitzkreises. Nun kommt das Kind wieder in den Raum oder dreht sich um und befühlt und ertastet von außen alle Gegenstände, die unter dem Tuch liegen, um herauszufinden, welcher Gegenstand fehlt. Je nach Alter dürfen aufgrund der Merkspanne der Kinder nicht zu viele Gegenstände verwendet werden.

Material

verschiedene Gegenstände, großes Tablett oder Tuch, großes und blickdichtes Tuch

Hier spukt's wohl

Alle Kinder legen sich ein Reissäckchen auf den Kopf und bewegen sich dann zu leiser Musik im Raum. Nach und nach wird der Raum abgedunkelt. Wenn es richtig dunkel ist, tippt die Spielleitung ein Kind vorsichtig an, das dann mit der Spielleitung kurz den Raum verlässt, ohne von den anderen Kindern gesehen zu werden. Die Spielleitung hängt dem Kind ein blickdichtes, langes Tuch über den Kopf und gibt ihm eine Taschenlampe, die unter dem Tuch nicht allzu hell strahlen darf.

Nun betritt das „Gespenst" den dunklen Raum wieder. Die anderen Kinder dürfen das Gespenst abtasten und raten, wer sich unter dem Tuch verbirgt. Das Gespenst darf natürlich kein Geräusch von sich geben, denn sonst verrät es sich über die Stimme. Beim Abtasten und Raten achten die Kinder darauf, dass ihr Reissäckchen auf dem Kopf nicht herunterfällt. Die Reissäckchen sollten so groß sein (zum Beispiel mit Reis gefüllte Waschlappen), dass sie gut auf dem Kopf der Kinder liegen bleiben, damit die Kinder sich entspannt zur Musik bewegen können und das „Gespenst" nicht zu stürmisch abtasten. Wer sein Reissäckchen verloren hat, muss sich an den Rand stellen und warten, bis das „Gespenst" von den anderen Kindern erraten wurde.

Hinweis

Dieses Spiel sollte in einer vertrauensvollen und respektvollen Gruppenatmosphäre gespielt werden, wenn alle Kinder sich mit der Dunkelheit wohlfühlen.

Material

pro Kind ein Reissäckchen, Musik, langes und blickdichtes Tuch, Taschenlampe

Verpackungsspiel

Als Vorbereitung für dieses Spiel reißen die Kinder große Zeitungspapierblätter in breite Streifen.

In der Mitte liegen für alle sichtbar viele Alltagsgegenstände bereit: ein Tennisball, ein kleines Buch, ein Tuch, eine Plastikbrille, eine Tierfigur, eine Zahnbürste, eine Tafel Schokolade, ein Bleistift, eine Socke, ein kleines Stofftier, ein Kamm, ein Schuhlöffel ...

Jedes Kind erhält einen dieser Alltagsgegenstände und viele Zeitungspapierstreifen. Alle Kinder verpacken ihren Alltagsgegenstand in Zeitungspapier und zwar Schicht für Schicht. Wenn alle Gegenstände mit vielen Schichten Zeitungspapier umhüllt sind, legen alle Kinder ihren verpackten Gegenstand in die Mitte. Die Spielleitung schreibt nun auf jedes Päckchen mit einem dicken Filzstift eine Zahl von 1 bis 6.

Nun beginnt das Ratespiel: Ein Kind darf würfeln und sich unter den Päckchen eines aussuchen, dessen Zahl den Augen auf dem Würfel entspricht. Jetzt darf es raten, welchen Gegenstand es in Händen hält. Falls es noch keine Idee hat, löst es Schicht für Schicht das Papier vom Gegenstand, bis es sich sicher ist, dass es den verpackten Gegenstand ertastet und erraten hat. Es benennt den Gegenstand und packt dann den Gegenstand komplett aus.

Hat es den Gegenstand richtig ertastet, erhält es vier Punkte. Kinder, die erst bei der letzten Schicht erkennen, welchen Gegenstand sie vor sich haben, erhalten nur zwei Punkte.

Tipp

Falls Kinder dabei sind, die auf die Druckerschwärze des Zeitungspapiers empfindlich reagieren, kann die Spielleitung alternativ Mullbinden, Küchentücher, Papierservietten, Klopapier, Tücher aus Stoff oder anderes Material zum Verpacken anbieten.

Material

große Blätter Zeitungspapier, verschiedene Alltagsgegenstände (Beispiele siehe oben), dicker Filzstift, Würfel

Ich fühle was, was du nicht siehst

Die Kinder sitzen in einem Sitzkreis auf dem Boden. Die Spielleitung stellt nacheinander verschiedene Gegenstände vor (z. B. Spielzeug-Obst aus Holz, Bauklötze, Kastanien, Löffel, großer Schlüssel, Kreisel aus Holz, Becher, kleine Schale aus Plastik oder aus Porzellan): Sie gibt dem Kind, das rechts neben ihr sitzt, den ersten Gegenstand. Das Kind darf den Gegenstand betrachten und ertasten und gibt ihn dann an das nächste Kind im Kreis. So geht es weiter, bis alle Kinder den Gegenstand einmal in den Händen gehalten haben. Die Spielleitung hilft den Kindern, beschreibende Worte für den Gegenstand zu finden und die Eigenschaften des Gegenstandes zu benennen. Dies ist wichtig für das spätere Ratespiel.
Anschließend wird der Gegenstand in der Mitte auf dem Boden abgelegt und der nächste Gegenstand wird von der Spielleitung auf die gleiche Weise in den Kreis gegeben. Danach werden alle Gegenstände in einen Sack gesteckt. Dieser Sack hat zwei Öffnungen. Nun darf ein Kind beginnen und beide Hände durch die zwei Öffnungen in den Sack stecken. Es ergreift einen der Gegenstände und ertastet ihn. Jetzt können

die anderen Kinder Fragen zu dem Gegenstand stellen, bis sie erraten haben, um welchen Gegenstand es sich handelt.

Material

verschiedene Gegenstände zum Fühlen (Beispiele siehe oben), Sack mit zwei Öffnungen

Mit dem Tastsinn zählen

Für dieses Spiel werden Säckchen aus blickdichtem Stoff mit jeweils der gleichen Menge Sand oder Reis befüllt. In jedes Säckchen werden dann unterschiedlich viele Murmeln gesteckt. Die Anzahl der Murmeln in den Säckchen sollte den Mengenbegriff (Zahlenraum) der mitspielenden Kinder nicht überschreiten. Die meisten vier- bis sechsjährigen Kinder können einen Zahlenraum von eins bis fünf oder sechs erfassen. Kinder ab etwa sechs Jahren und älter können einen größeren Zahlenraum erfassen. Wenn Kinder ab sechs Jahren und älter mitspielen, dürfen in manchen Säckchen bis zu acht Murmeln sein.
Die Säckchen werden verknotet und an einem dünnen Seil oder einer Wäscheleine aufgehängt. Nun kann das eigentliche Spiel beginnen: Das jüngste Kind der Runde beginnt und würfelt (bei mehr als sechs Murmeln werden zwei Würfel benötigt). Anschließend tastet es nach dem Säckchen, das so viele Murmeln enthält, wie die Anzahl der Augen auf dem Würfel beträgt.

Material

mehrere Säckchen aus blickdichtem Stoff, Sand oder Reiskörner, viele Murmeln, Schnur, Schere, Wäscheleine oder Seil, Wäscheklammern

Blinde Kuh mit dem Mund

Die Kinder erhalten dicke Apfelscheiben, aus denen sie mit kleinen Ausstechformen verschieden geformte Apfelstückchen ausstechen. Erst wenn die Kinder verschiedene Formen in ausreichender Anzahl ausgestochen haben, kann das Spiel beginnen: In der Mitte steht der Teller mit den ausgestochenen Apfelstückchen. Das jüngste Kind beginnt. Es schließt die Augen, öffnet den Mund und die Spielleitung legt dem Kind vorsichtig ein Apfelstückchen auf die Zunge. Das Kind tastet das Apfelstückchen mit der Zunge ab und versucht zu erfühlen, welche Form es hat. Dann äußert es seine Vermutung. Wenn es richtig geraten hat, erhält es einen Punkt und das nächste Kind ist an der Reihe. Wenn ein Kind die Form falsch benennt, darf es das Apfelstückchen trotzdem essen, erhält aber keinen Punkt.
Das Kind mit den meisten Punkten am Ende des Spiels gewinnt.

Material

Äpfel, Messer, Brett, Ausstechformen, Teller

Verborgenes mit den Füßen erspüren

Die Kinder sitzen im Kreis auf dem Boden. Ein Kind verlässt den Raum. Nun dürfen drei bis vier Kinder mit einem Seil eine Form auf den Boden legen, zum Beispiel eine Wolke, einen Buchstaben oder eine Zick-Zack-Linie. Danach decken die anderen Kinder das auf dem Boden ausgelegte Seil mit mehreren blickdichten Tüchern ab.
Anschließend wird das Kind, das vor der Tür wartet, wieder hereingeholt. Es darf nun auf den Tüchern über das Seil gehen und die Form des Seils mit den Füßen ertasten und beschreiben (am besten barfuß oder mit Socken).

Material

Seil (ca. 3 bis 6 Meter lang), mehrere dünne und blickdichte Tücher

Immer am Seil bleiben

Die Spielleitung spannt auf Höhe der Kinder ein langes Seil durch den ganzen Raum. Die Kinder können hierbei helfen. Je mehr Abbiegungen das gespannte Seil zu bieten hat, desto spannender wird das Spiel. Zunächst stellen sich die Kinder an einem Ende des Seils hintereinander auf, verbinden sich die Augen und gehen mit einer Hand am Seil bis zum anderen Ende des Seils. Nach diesem ersten Durchgang hängt die Spielleitung verschiedene Alltagsgegenstände an das Seil, z. B. ein Tuch, ein kleines Sieb, eine Tüte, einen Kochlöffel, einen Schlüssel und ein Stofftier. Die Kinder tasten sich erneut mit verbundenen Augen am Seil entlang und entdecken und ertasten die Gegenstände. Anschließend raten die Kinder, was sie alles ertastet haben.

Material

langes Seil, pro Kind eine Augenbinde, Alltagsgegenstände (Beispiele siehe oben)

Fühlen mit dem ganzen Körper

Oh, wie wohl ist mir am Rücken

Die Kinder gehen in Kleingruppen von zwei bis maximal vier Kindern zusammen. Pro Gruppe liegt auf dem Boden im Raum eine Matte bereit. In jeder Gruppe darf sich immer ein Kind bäuchlings oder rücklings auf die Matte legen und entspannen. Die anderen Kinder setzen sich rechts und links neben das liegende Kind und erhalten mehrere Reissäckchen, Sandsäckchen oder Kissen in verschiedenen Größen. Die Spielleitung lässt Entspannungsmusik erklingen und die sitzenden Kinder belegen das liegende Kind sanft und achtsam mit den Säckchen: auf die Schulterblätter, auf die Arme, auf den Rücken, auf den Po, auf die Beine, auf die Füße. Das Kind darf eine Weile liegen bleiben und das Gewicht der Säckchen spüren. Nach einer gewissen Zeit und auf ein Signal der Spielleitung hin nehmen die Kinder die Säckchen nacheinander wieder weg und ein anderes Kind der Kleingruppe darf sich auf die Matte legen.

Hinweis

Dieses Spiel sollte nur in Kindergruppen durchgeführt werden, in denen sich die Kinder bereits gut kennen und respektvoll miteinander umgehen. Das Vertrauen der Kinder untereinander sollte sehr ausgeprägt sein.

Material

pro Gruppe eine Matte und mehrere Reissäckchen, Sandsäckchen oder Kissen in verschiedenen Größen, Entspannungsmusik

Notarzt-Team

Die Kinder werden in zwei Gruppen aufgeteilt: Die Kinder der einen Gruppe sind die Patienten und dürfen sich im Raum verteilt auf den Boden setzen. Die Kinder der anderen Gruppe gehen immer zu zweit zusammen: ein Kind ist der Arzt/die Ärztin, das andere Kind ist die Krankenschwester oder der Rettungssanitäter. Arzt und Krankenschwester sind ausgestattet mit einer Decke oder einem großen gefalteten Handtuch und mit einer Tasche oder einem Köfferchen mit breiten Stoffbändern, Mullbinden aus dem Verbandskasten oder anderem „Verbandsmaterial“ (zum Beispiel in Streifen gerissenes Zeitungspapier). Auch Bänder aus Krepppapier sind als Verbandsmaterial gut geeignet.

Nun kann das Spiel beginnen: Immer wenn einer der kleinen Patienten „Schmerzen“ verspürt oder eine ärztliche Behandlung benötigt, ruft das Kind: „112 bitte kommen! 112 bitte kommen!“ Daraufhin eilt ein „Notarzt-Team“ herbei, breitet die Decke oder das Handtuch auf dem Boden aus und legt den Patienten vorsichtig darauf. Der Patient wird untersucht und befragt, beispielsweise: „Wo genau tut es weh? Können Sie den Arm noch bewegen?“ Bei „Kopfschmerzen“ verbinden Arzt und Krankenschwester dem Patienten

den Kopf oberhalb der Ohren. Bei „gebrochenem Arm" oder „Schmerzen in den Beinen" wird der Arm oder das Bein verbunden. Wenn der ganze Körper wehtut, wird der ganze Patient versorgt. Hierfür können Arzt und Krankenschwester dann auch Tücher oder Schals verwenden.
Das Spiel ist zu Ende, wenn alle „Patienten" gut versorgt sind und sich wieder wohlfühlen, dabei dürfen sich die „Notarzt-Teams" auch gegenseitig helfen. Die Spielleitung kann einen zweiten Durchgang starten, bei dem die Rollen getauscht werden.

Hinweis

Die Spielleitung achtet darauf, dass die Kinder respektvoll miteinander umgehen und auf die Reaktionen der „Patienten" achten.

Material

pro „Notarzt-Team" eine Decke oder ein großes Handtuch, eine Tasche oder ein Köfferchen mit „Verbandsmaterial" (siehe oben)

Wellness für das Gesicht

Die Spielleitung erzählt den Kindern, dass es Schönheitsstudios gibt, in denen Kosmetikerinnen und Kosmetiker arbeiten, die insbesondere das Gesicht ihrer Kunden pflegen und mit einer angenehmen Behandlung versorgen. Dann fragt sie die Kinder, was sich alles gut anfühlt im Gesicht, und wie die Kinder bisher schon selbst für ihr Gesicht und ihren Kopf sorgen. Antworten können hier beispielsweise sein: eine Mütze aufsetzen, wenn der Wind draußen bläst, oder das Gesicht mit Wasser waschen und anschließend eincremen.
Anschließend reiben die Kinder beide Hände fest aneinander, sodass Wärme zwischen den Händen entsteht. Dann legen sie die Handinnenflächen über ihr Gesicht und spüren die Wärme der Hände im Gesicht. Danach dürfen sie sich selbst eine Ohren-Massage verabreichen. Die Spielleitung zeigt, wie die Kinder sich mit den Fingerspitzen an den Ohren anfassen können und die Ohrmuschel sanft massieren können. Anschließend bekommt jedes Kind einen angefeuchteten Waschlappen. Die Kinder dürfen wählen, ob der Waschlappen kalt oder warm sein soll. Den Waschlappen legen sich die Kinder selbst auf das Gesicht und lassen ihn einige Momente dort wirken.

Zum Abschluss der Wellness-Behandlung dürfen die Kinder ihr Gesicht mit einem Wattebausch sanft trocken tupfen und ausstreichen. Nachdem das Gesicht trocken getupft wurde, dürfen die Kinder mit den Fingerspitzen Gesichtscreme auf Wangen, Stirn, Kinn und Nase verteilen. Die Spielleitung hilft, indem sie jedem Kind ein bisschen Creme auf Wangen, Stirn, Nase und Kinn tupft.

Material

pro Kind ein Waschlappen und ein Wattebausch, geruchsneutrale Gesichtscreme ohne Farb- oder Konservierungsstoffe

Im Schönheitsstudio

Zu Beginn des Spiels erzählt die Spielleitung den Kindern, dass es den Beruf der Kosmetiker gibt, die die Gesichter ihrer Kunden pflegen und verschönern. Sie wissen, was eine gesunde Haut braucht und wie das Gesicht gut gepflegt werden kann. Zu den kosmetischen Behandlungen gehört immer auch eine sanfte, hautfreundliche und angenehme Gesichtsreinigung.

Das dürfen die Kinder in diesem Spiel dann selbst ausprobieren: Die Kinder gehen zu zweit zusammen und setzen sich einander gegenüber an Tische. Auf dem Tisch vor ihnen steht ein Becher mit Wasser und einige Wattebausche. Außerdem liegt ein kleines, weiches Handtuch bereit. Ein Kind schließt die Augen, das andere Kind taucht einen Wattebausch in das Wasser, drückt ihn aus, benennt die Stelle im Gesicht des Partners, die es gleich berühren wird, und tupft dann sanft mit dem befeuchteten Wattebausch an die genannte Stelle im Gesicht des Partners.

Das Kind mit den geschlossenen Augen spürt nach und bestätigt dann mit einem Kopfnicken, dass es die Berührung wahrgenommen hat. Es darf sich zwischendurch immer wieder mal das Gesicht mit dem kleinen Handtuch abtupfen.

Nach einer gewissen Zeit gibt die Spielleitung ein Signal und die Kinder tauschen die Rollen.

Hinweis

Dieses Spiel ist für eine Gruppe geeignet, in der eine achtsame und vertrauensvolle Atmosphäre herrscht.

Material

pro Paar ein Becher mit Wasser, ein kleines Handtuch und einige Wattebausche

Rucksack-Safari

Die Kinder gehen in Kleingruppen zu fünft zusammen. Sie stellen sich hintereinander in einer Reihe auf und legen beide Hände auf die Schulterblätter oder auf die Hüften des davor stehenden Kindes. Die ersten vier Kinder in der Reihe erhalten eine Augenbinde. Das letzte Kind am Ende der Reihe ist der Leiter der Safari und erhält einen Rucksack. Es trägt keine Augenbinde. Die Spielleitung verteilt im Raum verschiedene Gegenstände (z. B. Bälle, Spielsachen, Bauklötze, Kuscheltiere, Kegel, Tücher). Das sind die „Schätze", die die Kinder finden und bergen sollen. Nun kann die Safari beginnen! Das letzte Kind der Reihe (der Safari-Leiter) hat folgende Kommandos zur Verfügung:

- geradeaus
- nach rechts
- nach links
- rückwärts
- anhalten
- Schatz bergen

Mit diesen Kommandos navigiert der Safari-Leiter das erste Kind der Reihe durch den Raum zu den „Schätzen", die auf dem Boden verteilt liegen. Alle Kinder in der Reihe folgen den Bewegungen des ersten Kindes. Beim Kommando „Schatz bergen!" beugt sich das erste Kind nach unten – alle anderen beugen sich mit – und tastet mit den Händen auf dem Boden, bis es den „Schatz" gefunden hat. Dann erhebt sich das Kind und reicht den Schatz von Kind zu Kind bis ans Ende der Reihe.
Das letzte Kind der Reihe steckt den Schatz in den Rucksack und gibt die Kommandos für den nächsten Einsatz.

Material

pro Gruppe ein Rucksack, Augenbinden, verschiedene Gegenstände für den Rucksack (Beispiele siehe oben)

Die Igel machen Winterschlaf

Je nach Gruppengröße dürfen zwei oder mehr Kinder Herbst-Kinder sein. Sie bringen den Herbst. Alle anderen Kinder sind Igel. Die Igel werden langsam müde und schläfrig und wollen sich zum Winterschlaf zurückziehen. Deshalb schieben sie Matten, Decken und Kissen in die Mitte des Raumes auf dem Boden aneinander und legen sich darauf. Die Spielleitung kann eine entspannende Musik erklingen lassen oder die Kinder singen ein passendes Igel-Lied (z. B.: „Kleine Igel schlafen gern den ganzen Winter lang").

Nun kommen die Herbst-Kinder, steigen vorsichtig zwischen den liegenden Kindern umher und legen den Kindern Reissäckchen, kleine Kissen oder auch Tücher auf die Beine, den Rücken oder den Bauch und auf die Arme und Hände. Danach breiten die Herbst-Kinder große Stücke Zeitungspapier über den liegenden Kindern aus und lassen sie langsam auf die schlafenden Igel herabsinken, bis alle Igel-Kinder mit Zeitungspapier bedeckt sind. Daraufhin summen oder singen die Herbst-Kinder mit der Spielleitung ein bekanntes Schlaflied.

Anschließend werden die Igel-Kinder vom Frühling wieder geweckt: Die Spielleitung legt eine fröhliche Melodie auf und die Herbst-Kinder ziehen sanft die Zeitungspapiere weg. Die Igel-Kinder dürfen sich recken, strecken, gähnen und langsam wieder aufstehen.

Material

Matten, Decken, Kissen, Reissäckchen, kleine Kissen, Tücher, Zeitungspapier, fröhliche Musik, evtl. Entspannungsmusik

Mit Luftballons tanzen

Jedes Kind schiebt sich vorn und hinten einen Luftballon unter den Pullover. Die Spielleitung lässt lustige Tanzmusik erklingen und die Kinder tanzen zunächst durch den Raum. Die Spielleitung lädt die Kinder dazu ein, einander zu begrüßen. Um sich zu begrüßen, tanzen die Kinder aufeinander zu und drücken sich gegenseitig ihre Luftballons am Bauch entgegen, dann rudern sie kurz seitlich mit den Armen, verneigen den Kopf voreinander und tanzen wieder auseinander.
Zudem kann die Spielleitung noch folgende Kommandos geben:

- **Sonnenstrahlen**: Die Kinder legen sich mit dem Rücken auf den Boden, breiten auf dem hinteren Luftballon liegend die Arme aus, schließen die Augen und „tanken" Sonnenstrahlen.
- **Maulwurf**: Die Kinder legen sich mit dem Bauch auf den Boden und legen den Kopf auf den Händen ab. Der vordere Luftballon wird auf dem Boden platt gedrückt.

- **Immer zwei**: Die Kinder suchen sich tanzend einen Partner, stellen sich Rücken an Rücken und haken sich mit den Armen beim Partner unter, sodass die Luftballons auf den Rücken der Kinder platt gedrückt werden.
- **Zu dritt/zu viert**: Die Kinder finden sich in der genannten Anzahl zusammen, bilden eine Reihe und umschließen den Vordermann mit den Armen, so gut es geht.
- **Alle zusammen**: Die Kinder bilden eine lange Reihe hintereinander und fassen den Vordermann um den Bauch.

Material

viele Luftballons, lustige Tanzmusik

Luftiges Liegen

Für dieses Spiel dürfen die Kinder viele Luftballons in einen Bettbezug stecken. Wenn die Grundfläche des Bettbezugs eng mit Luftballons bestückt ist, wird der Bettbezug verschlossen. Hierfür eignet sich am besten ein Bezug mit Reißverschluss.
Nun dürfen sich drei bis sechs Kinder nebeneinander auf diese „Luftmatratze“ legen und spüren, wie sie von den Luftballons sanft getragen werden. Die anderen Kinder können verschiedene Aufgaben übernehmen: Sie können weiche und dünne Tücher über die liegenden Kinder wehen oder streifen lassen, als würde ein Windhauch wehen. Sie können sich aber auch an den Rändern des Bettbezugs aufstellen, den Stoff mit den Händen fassen und die liegenden Kinder auf den Luftballons sanft oder sogar wild schaukeln – wie bei einem auf dem Wasser treibenden Boot oder wie bei einem Windsturm. Nach einer Weile tauschen die Kinder die Rollen.

Material

Bettbezug mit Reißverschluss, viele Luftballons, weiche und dünne Tücher

Sandwich

Die Kinder dürfen zwei Bettbezüge vollständig mit Luftballons befüllen und verschließen. Hierfür eignen sich am besten Bettbezüge mit Reißverschlüssen. Nun legen sich die Kinder auf einen Bettbezug nebeneinander und spüren die Luftballons unter sich. Die Spielleitung oder andere Kinder legen den zweiten befüllten Bettbezug auf die liegenden Kinder. Natürlich entscheiden die Kinder selbst, ob auch ihr Gesicht bzw. der Kopf bedeckt wird oder ob der Kopf frei bleibt. Jetzt liegen die Kinder wie in einem Sandwich aus luftgefüllter Weichheit und Bequemlichkeit. Die liegenden Kinder können dieses „Luftschiff" durch wippende Bewegungen des Körpers selbst zum Schaukeln bringen.
Die Spielleitung achtet darauf, dass sich alle Kinder wohlfühlen, sich nicht beengt fühlen und einen guten Platz im „Sandwich" haben.

Material

Luftballons, zwei Bettbezüge mit Reißverschlüssen

Wildbach

Die Kinder befüllen mehrere Bettbezüge mit Kissen, weichen Bällen (z.B. Softbälle, Schaumstoffbälle, kleine Gymnastikbälle, Zeitlupenbälle, aufblasbare Wasserbälle ...), Polstern und Luftballons. Diese befüllten Bettbezüge werden eng nebeneinander flach auf den Boden gelegt und an allen vier Seiten von Langbänken begrenzt. Die Aufgabe der Kinder ist es nun, den Wildbach zu überqueren, um die gegenüberliegende Langbank zu erreichen. Dazu dürfen die Kinder bäuchlings über die wabbelige, unebene Unterlage robben und kriechen. Die Gruppe kann aufgeteilt werden in Wildbach-Überquerer und Helfer. Die Helfer stehen auf der Langbank und ziehen die ankommenden Kinder an den Armen hoch oder sind in anderer Weise behilflich, beispielsweise durch Anfeuern und Motivieren.

Material

mehrere Bettbezüge, Kissen, Luftballons, weiche Bälle (siehe Beispiele oben), Polster, vier Langbänke

Kreatives Fühlen und Tasten

Fühl-Kiste

Jedes Kind bekommt einen Schuhkarton, in dessen kurze Seiten je ein Loch geschnitten wurde, sodass das Kind von beiden Seiten mit den Händen in den Karton greifen kann.
Nun kann die Spielleitung eine Tasterfahrung anleiten: Jedes Kind erhält ein großes Stück Knete oder Ton, das in den Karton hineingelegt wird. Der Karton wird nun mit dem zugehörigen Deckel verschlossen. Die Spielleitung gibt vor, was die Kinder kneten sollen, und alle sprechen zusammen ein Startsignal, beispielsweise „Auf die Knete – fertig – los!". Daraufhin stecken alle Kinder ihre Hände rechts und links in den Karton und versuchen, die entsprechende Figur zu formen. Am Ende werden alle Werke in die Mitte gelegt und begutachtet. Die Kinder dürfen abstimmen, wer gewonnen hat.

41

Material

pro Kind ein Karton mit Deckel, Schere, Ton oder Knete

Rein ins Glas

Jedes Kind bekommt einen Schuhkarton, in dessen kurze Seiten je ein Loch geschnitten wurde, sodass das Kind von beiden Seiten mit den Händen in den Karton greifen kann.
In jedem Karton befindet sich ein leeres Marmeladenglas, der Schraubdeckel des Glases und verschiedene kleinere Gegenstände, beispielsweise Murmeln, Münzen, Knöpfe, Büroklammern, Würfel, Nüsse mit Schale, Spielsteine, kleine Holzperlen, Kastanien, Streudeko aus Filz, Korken. Nun gibt die Spielleitung vor, welche Gegenstände in das Glas gelegt werden sollen. Die Kinder führen diese Aufgabe im Karton mit beiden Händen aus, ohne dabei in den Karton hineinsehen zu können. Am Ende wird das Marmeladenglas zugeschraubt und auf ein Signal der Spielleitung hin darf jedes Kind sein Ergebnis zeigen.

Material

Schere, pro Kind ein Karton mit Deckel, ein leeres Marmeladenglas mit Deckel und verschiedene Gegenstände zum Ertasten (Beispiele siehe oben)

Fühlendes Malen

Für dieses Spiel erhält jedes Kind einen Karton mit Deckel, auf dessen kurzen Seiten je ein Loch zum Reingreifen ausgeschnitten wurde.

In jeden Karton wird ein kleiner Malblock oder ein Stück Papier gelegt und ein kurzer, gespitzter Bleistift oder ein kurzer Buntstift. Sobald der Deckel wieder auf dem Karton liegt, beginnt das Spiel. Die Kinder dürfen sich entweder selbst etwas ausdenken, das sie malen möchten – natürlich ohne sehen zu können, was sie in der Kiste malen. Oder die Kinder malen etwas nach der Vorgabe der Spielleitung. Die Spielleitung kann den Kindern beispielsweise Formen oder Symbole vorgeben (Kreis, Viereck, Schneemann, Blume, Sonne, Haus, Dreieck, Mond, Baum, Fisch, Wolke ...), die sie fühlend im Karton malen.

Wenn alle Kinder fertig sind, dürfen sie den Deckel ihres Kartons abnehmen und ihr Werk betrachten. Wenn sich die Kinder selbst etwas ausgedacht haben, das sie malen möchten, dürfen die anderen Kinder raten, was es ist.

Hinweis

Je nach Alter der Kinder sollten die Mal-Vorgaben der Spielleitung einfacher oder schwieriger sein.

Material

pro Kind ein Karton mit Deckel, ein kleiner Malblock und ein kurzer Bleistift oder Buntstift, Schere

Fühlen vom Band

Die Kinder stellen Fühl-Bänder selbst her. Jedes Kind erhält hierfür einen langen, dicken, reißfesten Faden, ein reißfestes Band oder ein dünnes Seil (ca. 2 bis 3 Meter lang). An diesem Band dürfen die Kinder Gegenstände befestigen, die ertastet werden sollen, beispielsweise Knitterfolie, Tücher, Taschentücher, Stöcke aus der Natur, Tannenzapfen, ein Stück Holz, Holzperlen, unterschiedliche Stoffreste (zum Beispiel aus Cord, Jute, Leinen, Baumwolle, Leder, Kunstleder, Seide ...), Watte, Filz, Baumrinde, Pappe, Stroh, Heu, Knöpfe in unterschiedlichen Größen, ein Kuscheltier.
Anschließend werden im Raum zwei dickere Seile parallel gespannt und die Fühl-Bänder der Kinder werden zwischen diesen beiden Seilen aufgehängt.
Zunächst darf jedes Kind sein eigenes Fühl-Band abtasten – zuerst mit offenen und dann mit geschlossenen Augen.
Danach dürfen die Kinder auch die Fühl-Bänder der anderen Kinder ertasten. Daraufhin tauschen sich die Kinder über ihre Fühl-Erfahrungen aus.

Material

pro Kind ein langer, dicker, reißfester Faden, ein reißfestes, breites Band oder ein dünnes Seil (ca. 2 bis 3 Meter lang), Fühlmaterialien (Beispiele siehe oben), zwei dickere Seile

Sandbilder

Die Kinder gehen zu zweit zusammen und erhalten gemeinsam ein großes Tablett mit Rand (alternativ eine große Wanne oder einen großen Karton mit niedrigem Rand), das mit Sand gefüllt ist. Dieses Tablett steht zwischen den Kindern. Außerdem haben die Kinder zuvor verschiedene Naturmaterialien gesammelt, die sie für dieses Spiel verwenden dürfen (zum Beispiel: Kieselsteine, Zweige, Blätter, Moos, Muscheln, Hagebutten, Steine, Kastanien, Blüten, Holz, Stroh, Eicheln, Tannenzapfen, Rinde, Kiefernnadeln).
Zu Beginn des Spiels dürfen die Kinder ihre Hände in den Sand tauchen und den Sand sanft „umgraben". Dann streichen sie den Sand wieder glatt, z. B. mit einem flachen Stück Holz oder mit Baumrinde. Daraufhin gestalten die Kinder eine Sandlandschaft oder ein Sandbild und stecken dazu die verschiedenen Naturmaterialien in den Sand. Bei dem Bild kann es sich beispielsweise um eine Landschaft handeln, in der ein bestimmtes Tier wohnt, oder um einen Ort, an dem die Kinder Urlaub machen möchten. Der Fantasie sind hierbei keine Grenzen gesetzt.

Tipp

Dieses Spiel kann gut draußen auf einer Wiese gespielt werden. Falls drinnen gespielt wird, können Wachstuchtischdecken oder alte Zeitungen verwendet werden, um die Möbel vor dem Sand zu schützen.

Material

pro Paar ein großes Tablett mit Rand (alternativ: eine große Wanne/großer Karton mit niedrigem Rand), viel Sand, Naturmaterialien (Beispiele siehe oben), evtl. flaches Stück Holz, Baumrinde, Wachstuchtischdecken oder Zeitungen

Wer hat die schönsten Beine?

Die Kinder gehen zu zweit zusammen und erhalten ein altes Handtuch oder einen Stapel Zeitungspapier, einen Malerkittel, verschiedene Pinsel und eine Maler-Palette mit Fingerfarben in verschiedenen Farben. Als Maler-Palette kann ein großes Stück Pappe oder ein Pappteller dienen. Die Fingerfarben werden als große Kleckse nebeneinander auf der Pappe angebracht.
Eines der Kinder trägt entweder eine kurze Hose oder es krempelt die Hosenbeine seiner Hose bis über die Knie nach oben. Dann stellt es sich auf das ausgebreitete Zeitungspapier oder auf das alte Handtuch. Das andere Kind zieht den Malerkittel an und hält in der einen Hand die Maler-Palette und in der anderen Hand einen der Pinsel. Es kniet neben den Beinen des stehenden Kindes und beginnt in Absprache mit seinem Partner, die Waden, Schienbeine und eventuell auch die Füße des Partners kreativ zu bemalen. Wenn alle Paare fertig sind, lässt die Spielleitung passende Musik erklingen und die Kinder dürfen die Fingerfarben-Kunstwerke wie bei einer Modenschau vorzeigen.
Die Kindergruppe stimmt gemeinsam darüber ab, wer die schönsten Beine hat. Dieses Pärchen gewinnt.

Material

pro Paar ein altes Handtuch oder Zeitungspapier, Malerkittel, verschiedene Pinsel, Maler-Palette (z. B. Pappteller) und Fingerfarben

Fühl-Freude mit Bierdeckeln

Die Kinder stellen aus Bierdeckeln Fühlscheiben her. Dazu erhalten sie viele Bierdeckel, Kleber und verschiedene Fühlmaterialien, beispielsweise Watte, Schleifpapier, kleine Korkplatten, Plastikfolie, Stoffreste, Wollfäden, Knöpfe, getrocknete Bohnen, kleine Kieselsteine, Sägespäne, getrocknete Maiskörner, Plüschstoff, Styropor, Knöpfe, Sand, Papierbällchen, Holzscheiben, ein Stück einer Teppichfliese. Auf jeden Bierdeckel wird eines dieser Materialien geklebt, sodass eine interessante Fühlfläche entsteht.
Sobald der Kleber getrocknet ist, legen die Kinder alle Fühlscheiben in die Mitte des Tisches und setzen Augenbinden auf. Nun reicht die Spielleitung jedem Kind eine Fühlscheibe. Das Kind gibt diese Fühlscheibe im Uhrzeigersinn an den Sitznachbarn weiter, wenn es erkannt hat, was darauf zu fühlen ist.

Variation

Nur ein Kind setzt eine Augenbinde auf, erhält von den anderen Kindern eine Fühlscheibe und beschreibt allen, wie sich das Material auf der Fühlscheibe anfühlt. Gemeinsam finden die Kinder passende Worte und Begriffe für ihre Tastempfindungen.

Material

Bierdeckel, Kleber, Schere, Fühlmaterialien (Beispiele siehe oben), Augenbinden

Fühlerfahrung mit Ton

Wenn Kinder Ton als Fühlmaterial zur Verfügung gestellt bekommen, sollten sie zunächst in Ruhe mit dem Material experimentieren dürfen – ohne weitere Vorgaben oder Einschränkungen durch die Spielleitung. Für Kinder ist es eine intensive Tasterfahrung, wenn sie den Ton ganz nach ihren spontanen Ideen bearbeiten und entdecken dürfen. Idealerweise erhalten die Kinder auch mehrere Schüsseln unterschiedlicher Größe gefüllt mit Wasser, in denen sie den Ton einweichen dürfen oder ihre Hände immer wieder zwischendurch vom Ton befreien können. Als Unterlage eignen sich mehrere Wachstuchtischdecken.
Nach einer Weile kann die Spielleitung den Kindern Ideen oder Impulse für Formen geben (beispielsweise Tiere), die die Kinder mit dem Ton gestalten können. Auch Ausstechförmchen oder stumpfe, kindgerechte Werkzeuge, mit denen der Ton bearbeitet werden kann, sind eine gute Möglichkeit, diese Tast- und Fühlerfahrung zu bereichern.

Tipp

In altersmäßig gemischten Gruppen sollten die Gestaltungsanforderungen bzw. Vorgaben nicht zu hoch gesteckt werden, denn sonst geraten die jüngeren Kinder unter Druck und vergleichen ihre Werke aus Ton mit den Werken der älteren Kinder. Das nimmt der Fühlerfahrung die kindliche Unbeschwertheit und den Gewinn für die Wahrnehmungsentwicklung.

Material

Ton, Wachstuchtischdecken, Schüsseln mit Wasser, Ausstechformen, kindgerechte Werkzeuge

Formen ertasten

Die Kinder zeichnen für dieses Spiel Formen oder Umrisse von Tieren oder Gegenständen auf festen Pappkarton, dickes Tonpapier oder auf Bierdeckel und schneiden sie anschließend aus. Daraufhin dürfen die Kinder alle Formen ansehen, befühlen und benennen, sodass alle Kinder alle Formen gut kennen und zuordnen können.
Anschließend werden alle Formen in einer Schachtel in der Mitte des Tisches abgelegt und ein Kind bekommt die Augen verbunden. Dieses Kind darf in die Schachtel greifen, einen Gegenstand auswählen, ertasten und erraten, um welchen Gegenstand es sich handelt.

Variation

Die Kinder dürfen mit verschiedenen Ausstechformen Plätzchen backen. Sobald die Plätzchen abgekühlt sind, waschen sich alle Kinder die Hände. Nun werden einem Kind die Augen verbunden. Ein anderes Kind legt dem Kind mit den verbundenen Augen ein Plätzchen in die Hand. Es darf dieses erste Plätzchen ertasten und erhält dann ein zweites. Nun soll das Kind ertasten, ob das zweite Plätzchen die gleiche Form hat wie das erste oder anders geformt ist. Wenn es richtig rät, darf es beide Plätzchen essen.

Material

Pappkarton, dickes Tonpapier oder Bierdeckel, Stifte, Schere, Schachtel, Augenbinde, evtl. Zutaten für Plätzchen und Ausstechformen

Fühl-Post

Dieses Spiel folgt den Grundprinzipien von „Flüster-Post“. Der Unterschied besteht darin, dass die Information nicht per Flüstern weitergegeben wird, sondern per Tastsinn.

Die Kinder sitzen in einem Kreis auf dem Boden nebeneinander. Ein Kind überlegt sich ein Symbol, einen Buchstaben, eine Zahl oder eine Form (Kreuz, Lachgesicht, Sonne, Mond, Blume, Haus, Kreis, Dreieck, Viereck ...). Es steht auf und zeichnet seinem Nachbarkind dieses Symbol mit der Fingerspitze auf den Rücken. Die anderen Kinder richten währenddessen ihre Blicke zur Mitte des Kreises, sodass sie nicht sehen können, was das Kind dem anderen Kind auf den Rücken zeichnet. In der Mitte des Kreises kann hierfür beispielsweise eine Kerze als Orientierungspunkt stehen. Nun gibt das andere Kind das Symbol wieder per Zeichnen auf dem Rücken an das nächste Kind weiter. So geht es bis zum letzten Kind im Kreis weiter.

Am Ende stellt sich schließlich heraus, ob tatsächlich das ausgewählte Symbol weitergegeben wurde oder ob beim Zeichnen Abwandlungen oder Veränderungen passiert sind.

Don Bosco MiniSpielothek
Klein, fein, alles drin

ISBN 978-3-7698-2449-0

ISBN 978-3-7698-2450-6

ISBN 978-3-7698-2397-4

ISBN 978-3-7698-2398-1

ISBN 978-3-7698-2399-8

ISBN 978-3-7698-2400-1

ISBN 978-3-7698-2374-5

ISBN 978-3-7698-2373-8

ISBN 978-3-7698-2376-9

ISBN 978-3-7698-2375-2

ISBN 978-3-7698-2356-1

ISBN 978-3-7698-2358-5

ISBN 978-3-7698-2359-2

ISBN 978-3-7698-2357-8

ISBN 978-3-7698-2313-4

ISBN 978-3-7698-2312-7

ISBN 978-3-7698-2314-1

ISBN 978-3-7698-2228-1

Jakobusfigur, Etappe 12

Pilgerweg durch Wiesen und Weiden, Etappe 11

Band 492
OutdoorHandbuch
Annika Wollweber
Der Voralpine Jakobsweg von Salzburg zum Hohen Peißenberg

Der Voralpine Jakobsweg von

Dieses OutdoorHandbuch wurde konzipiert und redaktionell erstellt vom:

Conrad Stein Verlag GmbH
Kiefernstr. 6, 59514 Welver
023 84/96 39 12
info@conrad-stein-verlag.de
www.conrad-stein-verlag.de
www.facebook.com/outdoorverlag
www.instagram.com/outdoorverlag

Als Outdoor-Verlag sind uns der Schutz und die Erhaltung der Natur seit jeher ein besonderes Anliegen. Auch in Sachen Klimaschutz haben wir eine Vorreiterrolle inne: Wir sind der einzige Buchverlag in Deutschland, der bereits seit 2008 seine Bücher konsequent klimaneutral in Deutschland produzieren und transportieren lässt. Dabei wird nicht nur klimaneutral, sondern auch nachhaltig, d. h. so umweltschonend wie möglich produziert, z. B. durch die Auswahl von umweltfreundlichen Materialien. Die bei der Produktion der Bücher entstandenen CO_2-Emissionen werden durch die Unterstützung von zertifizierten Klimaschutzprojekten ausgeglichen. Jedes Buch wird daher mit dem Logo „klimaneutral“ und einer Climate-Partner-Zertifikatsnummer versehen. Mithilfe dieser Nummer können Sie unter www.climatepartner.com Informationen zu der eingesparten CO_2-Menge und dem Projekt finden, das mit der Abgabe gefördert wird.

Das Engagement des Conrad Stein Verlags wurde im Rahmen des Projekts „Klimaneutraler Buchverlag“ mit dem Westenergie Klimaschutzpreis 2022 ausgezeichnet.

Salzburg zum Hohen Peißenberg

OutdoorHandbuch Band 492

ISBN 978-3-86686-780-2 1. Auflage 2023

Text und Fotos: Annika Wollweber
Karten: Dieter Großelohmann
Lektorat: Anna-Lena Ebner
Layout: Ulrich Clasen

Gesamtherstellung: AZ Druck und Datentechnik GmbH, Kempten

Dieses OutdoorHandbuch hat 160 Seiten mit 49 farbigen Abbildungen sowie 22 farbigen Kartenskizzen im Maßstab 1:100.000, 12 farbigen Höhenprofilen, 3 farbigen Stadplänen und einer farbigen, ausklappbaren Übersichtskarte.

Autorin und Verlag freuen sich über Ihr Feedback. Schreiben Sie Ihre Tipps und Verbesserungen an info@conrad-stein-verlag.de oder nutzen Sie unsere Social-Media-Kanäle. Bitte nennen Sie dabei Titel, Auflage und Seitennummer.

Dieses Buch ist im Buchhandel und in Ausrüstungsläden erhältlich und kann im Internet oder direkt beim Verlag bestellt werden.

Titelfoto: Bildstöckl bei Reichersdorf, Etappe 7

Inhalt

Einleitung

Maibaum, 7. Etappe

„Das unruhige Herz ist die Wurzel der Pilgerschaft. Im Menschen lebt eine Sehnsucht, die ihn hinaustreibt aus dem Einerlei des Alltags und aus der Enge seiner gewohnten Umgebung. Immer lockt ihn das Andere, das Fremde.
Doch alles Neue, das er unterwegs sieht, kann ihn niemals ganz erfüllen. Seine Sehnsucht ist größer."
– Aurelius Augustinus

Im Süden Bayerns verbindet der Voralpine Jakobsweg den Jakobsweg Österreich und den Münchner Jakobsweg entlang alter Handelsstraßen miteinander und hält immer wieder traumhafte Blicke auf eine beeindruckende Bergkulisse bereit. Von Salzburg im Osten verläuft er durch beschauliches Voralpenland und geschichtsträchtige Orte wie Bad Reichenhall, Traunstein, Bernau am Chiemsee, Bad Feilnbach und Bernried am Starnberger See, um auf dem Hohen Peißenberg auf den Münchner Jakobsweg zu treffen. Mit etwas Glück wird das Erreichen des Gipfels nach den etwa 270 km mit dem wohl schönsten Panoramablick Bayerns gekrönt und lässt die Gedanken zurückschweifen – zu den idyllischen Dörfern, den hübschen Kirchen, den weiten Wiesen, den ruhigen Wäldern und den klaren Seen, zu den Eindrücken zahlreicher Jakobsspuren und den Einblicken in die Traditionen, den Glauben und die Geschichte, die diese facettenreiche Kulturlandschaft geprägt haben und auch heute noch das Leben im Voralpenland lebendig gestalten und bereichern.

Was auch immer Sie auf den Voralpinen Jakobsweg lockt, für viele wird er nur ein Teilstück auf dem Weg zum Grab des heiligen Jakobus in Santiago de Compostela sein, seit Jahrhunderten das Ziel von Millionen von Pilgernden.

Im Mittelalter entwickelte sich Santiago de Compostela neben Rom und Jerusalem zu einem heiligen Ort für die christliche Pilgerfahrt. Als Ausdruck ihres Glaubens machten sich die Menschen auf den Weg und baten am Grab des Heiligen um Sündenablass, Erlösung und Heilung.

Wie Jakobus der Ältere, ein Jünger und späterer Apostel Jesu Christi, nach Santiago gelangte und wie es zum Jakobuskult kam, lässt sich nicht eindeutig erklären, vielmehr ranken sich einige Legenden und Überlieferungen um diese Fragen.

Eine Legende besagt, dass der Apostel Jakobus auszog, um den Glauben im Namen Christi zu verkünden, doch König Herodes ihn im Jahre 44 n. Chr. in Jerusalem mit dem Schwert hinrichten ließ. Zwei seiner Jünger nahmen seinen Leichnam und übergaben ihn einem Engelsschiff, das schließlich an der galizischen Küste anlandete. Von dort wurde er weiter ins Landesinnere gebracht und beigesetzt. Das Grab geriet in Vergessenheit und erst viele Jahrhunderte später, um 800 n. Chr., bemerkte ein frommer Einsiedler in mehreren Nächten nacheinander mysteriöse Sternenlichter über dem Flecken Erde und das Grab des Jakobus wurde wiederentdeckt.

Durch den Klerus und das herrschende Königshaus Nordspaniens verbreitete sich die Kunde vom wundersamen Grabfund und löste eine Pilgerbewegung aus, die ganz Europa erfasste.

Heutzutage strömen zahlreiche Jakobswege südwestlich, münden in einen der vier französischen Hauptwege und schließlich in den nordspanischen Jakobsweg zum Heiligen Grab des Jakobus nach Santiago de Compostela.

Stele am Weg, 5. Etappe

Und seit jeher dient die Jakobsmuschel den Jakobspilgerinnen und Jakobspilgern als Erkennungszeichen und war in früherer Zeit Nachweis der Pilgerschaft, denn diese Muscheln wurden in Santiago als Souvenir verkauft oder am Kap Finisterre von den Pilgernden selbst gesammelt.

Hierzu erzählt die Legende, dass ein junger Adliger dem Schiff, das den Leichnam des Apostels trug, entgegenritt und dabei tragischerweise im Meer versank. Auf wundersame Art rettete Jakobus das Leben des Ritters und half ihm ans Ufer. Dabei war sein Körper von Kopf bis Fuß von Muscheln bedeckt. Und so gilt die Jakobsmuschel als Schutzzeichen der Pilgerinnen und Pilger

Fresko in St. Peter und Paul in Westerbuchberg, 4. Etappe

Unter dem Symbol der Jakobsmuschel sind die Beweggründe für eine heutige Pilgerfahrt meist viel individueller, sei es die Verbundenheit mit einer alten Tradition, die Lust an der Bewegung in der Natur, das Ausbrechen aus dem Alltag, der Wunsch nach Entschleunigung, das Erleben von Spiritualität oder die Suche nach sich selbst.

Wenn Sie auf dem Weg durch die Orte und Landstriche als Pilgernde gesehen und als solche erkannt werden, wird Ihnen im Gespräch ganz sicher die Frage „Woher kommst Du?" gestellt und Sie werden bemerken, dass Sie „fremd in der Fremde" sind, was Pilgerin und Pilger (im Spanischen *peregrina peregrino*) auch bedeutet.

Doch damit Sie sich in der Fremde gut zurechtfinden, hoffe ich, dass Ihnen dieser Pilgerführer mit detaillierten Wegbeschreibungen, Adressen für Unterkünfte und Einkehr- und Versorgungsmöglichkeiten auf dem Voralpinen Jakobsweg ganz praktisch helfen wird.

Und was auch immer Ihre Sehnsucht ist, die Sie als Pilgerin oder Pilger losgehen lässt, ich wünsche Ihnen von Herzen unerschöpfliche Kraft und Neugier, wunderbare Erlebnisse, bereichernde Begegnungen, glückliche Momente und einfach einen guten Weg – buen camino!

Danke

Und an dieser Stelle möchte ich gern den Menschen meines Lebens danken, die mich liebevoll und zuverlässig begleiten und mir gleichzeitig immer wieder Mut machen, meine eigenen Wege zu beschreiten.

Ein herzliches Danke meinen lieben Ellis, meinem wundervollen Mann und meinen engen Freundinnen und Freunden. Es tut so gut, dass es Euch gibt!

☺ Eine **Übersichtskarte** des Weges, **Autorinnenprofil** sowie eine Liste aller verwendeten **Symbole** in diesem Buch finden Sie auf den vorderen und hinteren Umschlagseiten bzw. -klappen.

Reise-Infos von A bis Z

Historische Landesgrenze
3. Etappe

Blühende Wiesen, 6. Etappe

An- und Abreise

Der Pilgerweg beginnt immer vor der eigenen Haustür. Deshalb können Sie die Anreise auch als „zum Weg gehörend" betrachten, selbst wenn Sie nicht zu Fuß nach Salzburg kommen.

Anreise

Der zentrumsnahe Salzburg Airport W. A. Mozart (SZG) wird direkt von Berlin, Düsseldorf, Frankfurt, Hamburg, Köln und Lübeck aus angeflogen. Das etwa 4 km entfernte Stadtzentrum ist mit Taxi oder Bus (Linie 10) in ungefähr 15 Min. zu erreichen.

Der Salzburger Hauptbahnhof gehört durch die Grenznähe sowohl den Österreichischen Bundesbahnen (ÖBB) als auch der Deutschen Bahn (DB). Somit gelten alle Tarife und Vergünstigungen, wie zum Beispiel das Bayernticket, bis nach Salzburg. Die Bayerische Regiobahn fährt stündlich von München Hbf. nach Salzburg und zurück.

Von Wien fährt die Westbahn mehrmals täglich nach Salzburg. Auch die Schweizer Bundesbahn (SBB) bietet tägliche Verbindungen in die Mozartstadt an.

Eine Anreise mit dem Pkw ist absolut nicht zu empfehlen, auch wenn Salzburg günstig an den Autobahnen A4 von München kommend und der Westautobahn

A1 aus Wien kommend liegt. Die Kosten für Langzeitparkplätze im Stadtzentrum oder Park and Ride am Messezentrum und am Airport Salzburg sind entsprechend hoch.

Abreise

Der Zielort Hohenpeißenberg ist ans Netz der Deutschen Bahn angeschlossen. Mit der BRB RB 67 finden Sie von dort in Weilheim Anschluss an die RB 6 und RB 65, die regelmäßig nach München Hbf. fahren, der ein guter Knotenpunkt für sämtliche Verbindungen ist.

Ausrüstung

Zur Ausrüstung zählt im Prinzip alles, was Sie während Ihrer Pilgereise Tag für Tag tragen werden – am Körper und auf dem Rücken. Jedes Gramm wird Sie zuverlässig begleiten. Und auch Dinge, die einzeln nicht viel ins Gewicht zu fallen scheinen, summieren sich schnell mit allem andern auf. Hinzu kommen Proviant und Wasser, was beides mit einkalkuliert werden muss. Deshalb gilt, so wenig wie möglich, so viel wie nötig. Eine viel zitierte Regel lautet, maximal 10 % des Körpergewichts oder höchstens 8 kg, auf keinen Fall über 10 kg mit dem Rucksack zu tragen. Bei jedem Gepäckstück lohnt sich also die Frage: „Brauche ich das wirklich?"

Kosmetikartikel sind in kleinen Abpackungen ausreichend oder lassen sich in den Drogerien unterwegs nachkaufen.

☺ Dr. Bronners 18-in-1 Naturseife ist sehr vielseitig anwendbar, z.B. als Duschgel, Shampoo, Handseife, Waschmittel, Zahnpasta, Mundwasser und vieles mehr.

Wählen Sie Kleidungsstücke so, dass sie sich gut kombinieren und variabel nutzen lassen und Sie sich darin wohlfühlen. Leichte, atmungsaktive und schnell trocknende Materialien, die sich bequem tragen lassen, sind am besten geeignet. Shirts und Socken aus Merinowolle regulieren die Körpertemperatur bei allen Wetterlagen und verhindern die Geruchsbildung. Sie können tagelang getragen werden und bleiben angenehm auf der Haut.

Der Rucksack sollte auf Ihre Statur abgestimmt sein, mit Schulter- und Beckengurten fest am Körper sitzen, eine gute Organisation Ihrer sieben Sachen zulassen und bestenfalls eine integrierte Regenhülle haben.

Viele Pilgerinnen und Pilger schätzen zusätzlich eine kleine Bauchtasche für Geld, Handy, Pilgerführer, Pilgerausweis, Karten und Kleinigkeiten.

Mit den Schuhen sollten Ihre Füße schon vertraut sein und ausreichend Platz darin haben, ohne den Halt zu verlieren. Unterschiedliche Schuhmarken unterstützen unterschiedliche Fußformen. Empfehlenswert sind wasserabweisende, knöchelhohe Wander- oder Trekkingschuhe, deren Festigkeit und Sohle für mäßige Anstiege auf langen Asphaltstrecken geeignet sind. Lassen Sie sich dazu beraten!

Zur Entlastung der Gelenke hat manch einer gern Wanderstöcke dabei. Das ist eine persönliche Entscheidung je nach körperlichem Zustand. Wenn sie mitgenommen werden sollen, dann möglichst als leichtes Modell zum Zusammenfalten oder mit Teleskopfunktion.

Ein Schlafsack ist auf dem Voralpinen Jakobsweg nicht nötig, da Sie hauptsächlich in Pensionen oder Hotels übernachten werden. Ein Schlafsackinlett aus Seide hingegen wiegt kaum 150 g, wärmt zusätzlich oder dient als private Hülle in spontan angebotenen Unterkünften.

Mit Handtüchern ist es ebenso, ein kleines Badetuch aus Mikrofaser für das Planschvergnügen am See oder im Schwimmbad ist völlig ausreichend.

Für Regenschauer reichen meist eine Regenjacke mit Kapuze und die Regenhülle über dem Rucksack aus. An Regentagen ist es besser, auch die Schultergurte nicht nass werden zu lassen, entweder mit einen Regenponcho, unter den auch der ganze Rucksack passt, oder mit einem Schirm. Es gibt leichte Trekkingschirme, die am Rucksack befestigt werden und die Hände frei lassen, sogenannte „Handsfree"-Modelle, die auch vor starker Sonneneinstrahlung schützen.

Packlisten finden Sie in sämtlichen Pilgerportalen. Holen Sie sich gern Anregungen, doch stellen Sie Ihr individuelles, leichtes Gepäck je nach Jahreszeit zusammen und überprüfen Sie es immer mal wieder.

Wenn ich meinen Rucksack packe, nehme ich mit:

- ☐ Unterwäsche (für zwei bis drei Tage)
- ☐ Wandersocken (zwei bis drei Paar)
- ☐ lange Funktionsunterwäsche (auch als Schlafanzug)
- ☐ Wanderhosen (zwei Paar zum Abzippen oder im Sommer eine mit Zipp und eine kurze)
- ☐ T-Shirt (Merino) und/oder Funktionshemd zum Wechseln
- ☐ Fleecejacke, ggf. mit Kapuze (besser als Pullover, auch im Sommer)
- ☐ Jacke mit Kapuze (wind- und wasserabweisend)
- ☐ Multifunktionstuch (z. B. Buff, als Halstuch, Stirnband, Mütze)
- ☐ Sonnenschutz (Hut, Basecap)
- ☐ Handschuhe (wenn es morgens noch frisch ist)
- ☐ Wanderschuhe

- ☐ Trekkingsandalen (für abends oder zur Not für unterwegs)
- ☐ Trinksystem oder Trinkflasche
- ☐ Trekkingstöcke
- ☐ Regenhülle für Rucksack (wenn nicht integriert)
- ☐ Regenponcho/Trekkingschirm
- ☐ Handtuch (Mikrofaser)
- ☐ Badezeug
- ☐ Sitzkissen (faltbar, isolierend)
- ☐ Schlafsackinlett (Seide)
- ☐ Waschzeug/Kosmetik
- ☐ persönliche Medikamente
- ☐ Erste-Hilfe-Päckchen/Blasenpflaster, Tape etc.
- ☐ Taschentücher
- ☐ Sonnencreme, ggf. Mückenspray
- ☐ Sonnenbrille
- ☐ Handy und Ladekabel, ggf. Akkupack
- ☐ Geldbeutel, Personalausweis, Krankenkarte, EC-/Kreditkarte
- ☐ Pilgertagebuch, Stift
- ☐ Stirnlampe/kleine Taschenlampe
- ☐ kleines Nähset
- ☐ Taschenmesser
- ☐ Proviant für unterwegs
- ☐ Pilgerausweis und Pilgermuschel
- ☐ Pilgerführer
- ☐ einen leichten Luxusartikel (etwas, das man nicht zwingend braucht, aber gern dabeihat)

Einkaufen und Verpflegung

Da der Voralpine Jakobsweg immer wieder durch kleinere und größere Ortschaften führt, gibt es regelmäßig Möglichkeiten, einzukehren oder sich mit Proviant für unterwegs zu versorgen.

Gasthäuser, Bäckereien, Cafés und Einkaufsmärkte sind mit Öffnungszeiten in den Legenden der Orte aufgeführt. Mir haben aber viele Betreiberinnen und Betreiber berichtet, dass sie ihre Öffnungszeiten derzeit flexibel an die Personalsituation und an die Nachfrage der Gäste anpassen müssen. Daher können sich kurzfristig Änderungen ergeben, die sich mit einem kurzen Anruf abklären lassen, sollte das für die Planung nötig sein. Eine offizielle Pause über die Mittagszeit ist in der Region nicht unüblich.

Am besten verschaffen Sie sich rechtzeitig einen Überblick darüber, was Ihre geplante Etappe anzubieten hat, und richten sich entsprechend darauf ein.

Das Auffüllen von Trinkwasser ist an verschiedenen Stellen möglich. Ich mache das tatsächlich oft an Friedhöfen, wo es Wasserhähne mit Trinkwasser zum Blumengießen gibt.

Und ein bisschen darf man auch darauf vertrauen, dass man auf dem Jakobsweg ist und zum Beispiel an einem heißen Sommertag bei dem Gedanken an ein leckeres Eis plötzlich ein Eiswagen um die Ecke klingelt und nur wenige Meter entfernt stehen bleibt. So etwas passiert.

Informationen und Internetlinks

Jakobusgesellschaften

Informationen zum Pilgern sind besonders wertvoll von Menschen, die selbst das Pilgern kennen und sich intensiv damit beschäftigen.

Jakobusgesellschaften legen großen Wert auf die Pilgerbetreuung. Sie stellen nicht nur Pilgerausweise aus, sondern geben Informationen zu allen praktischen Fragen rund ums Pilgern, organisieren Veranstaltungen, bei denen sich Pilgerinnen und Pilger austauschen und vernetzen können, und stehen auch für die spirituelle Begleitung der Pilgernden zur Verfügung.

(D) **Deutsche St. Jakobusgesellschaft**, Tempelhofer Straße 21, 52068 Aachen, ☏ 022 41/510 00 62, ✉ info@deutsche-jakobus-gesellschaft.de, 💻 www.deutsche-jakobus-gesellschaft.de

♦ **Fränkische St.-Jakobus-Gesellschaft Würzburg e. V.**, Ottostraße 1 – Kilianeum, 97070 Würzburg, ☏ 09 31/38 66 38 70, ✉ info@jakobus-franken.de, 💻 www.jakobus-franken.de

♦ **Jakobus-Pilgergemeinschaft Augsburg e. V.**, Bernhardiring 49, 86687 Kaisheim, ☏ 090 99/581, ✉ info@pilgern-schwaben.de, 💻 www.pilgern-schwaben.de

♦ **Jakobusgemeinschaft Rohrdorf e. V.**, St. Jakobus Platz 3, 83101 Rohrdorf, ☏ 080 32/52 52, ✉ jakobusgemeinschaft@t-online.de, 💻 www.jakobusgemeinschaft.de

(A) **Jakobusgemeinschaft Salzburg**, Adelbert Pointl, Tegetthoffstraße 11, A-5071 Wals bei Salzburg, ☏ +43/(0)6 62/85 53 65, ✉ jakobusgemeinschaft.salzburg@wasi.tv, 💻 www.jakobusgemeinschaft.at

(CH) **Schweizerische Vereinigung der Freunde des Jakobsweges**, Dorfstrasse 61, 3073 Gümligen, ☏ +41/(0)79/568 00 82, ✉ sekretariat@viajacobi4.ch, 💻 www.viajacobi4.ch

Pilgerzentren und Pilgerstammtische

Pilgerzentren gelten als Kontaktstelle für Pilgernde und stellen ebenfalls Pilgerausweise aus. Außerdem erhalten Sie persönliche Beratung von erfahrenen Pilgerinnen und Pilgern und auf Wunsch sogar einen Pilger- oder Aussendungssegen.

- **Pilgerzentrum St. Jakob**, Jakobsplatz 1, 90403 Nürnberg, ☏ 09 11/47 87 72 25, pilgern.jakobskirche.nuernberg@elkb.de, www.jakobskirche-nuernberg.de, Mi und Fr 15:00-18:00
- **Spirituelles Zentrum St. Martin**, Arndtstraße 8 (Rückgebäude), 80469 München, ☏ 089/20 24 42 94, pilgern@stmartin-muenchen.de, www.stmartin-muenchen.de, Sekretariat Mi 14:00-17:00, Pilgerreferent Michael Kaminski: ☏ 089/201 04 27, kaminski@stmartin-muenchen.de

Pilgerstammtische erhalten das Pilgerfeeling und die Gemeinschaft auch zu Hause. Hier ist Platz für Begegnung und Austausch mit erfahrenen Pilgerinnen und Pilgern und solchen, die es noch werden wollen.

☺ Einen guten Überblick über deutschlandweite Pilgerstammtische und Kontakte der Ansprechpersonen sowie weitere Jakobusgesellschaften und Pilgerzentren finden Sie auf www.pilgern.de unter Tipps → Pilgerstammtische.

Bauernhaus mit Fassadenmalereien, 9. Etappe

Links und Apps

Zahlreiche Internetseiten geben allgemeine Tipps rund ums Pilgern wie zum Thema Vorbereitung, Ausrüstung, Wegeplanung, Vernetzung und bieten Erfahrungsberichte und vieles mehr.

An dieser Stelle seien nur ein paar wenige aufgeführt. Beim Stöbern durch die Seiten werden Sie merken, dass sich immer neue Links auftun und sich andererseits auch manche Inhalte wiederholen.

Zum Voralpinen Jakobsweg:

- www.jakobswege-europa.de, Ortstabelle mit Entfernungen und weiteren Google-Links zu Ortschaften und Unterkünften unter → Wege → südostbayrische Jakobswege
- www.camino-europe.eu, Etappenbeschreibung, interaktive Karte mit Höhenprofil unter → Jakobswege Deutschland → Voralpiner JW: Salzburg – Hohenpeißenberg

Allgemein:

- www.jakobus-info.de
- www.jakobsweg.de
- www.pilgern.de
- www.pilgern-bayern.de
- www.pilgertools.de
- www.pilgern.at
- www.pilgern.ch

Pilgerausweis

Ein Pilgerausweis (spanisch: Credencial del Peregrino) gibt Ihrer Pilgerreise einen offiziellen Charakter, denn er weist Sie als Jakobspilgerin oder Jakobspilger aus und dokumentiert mit den Stempeln den zurückgelegten Weg. Kirchen, Unterkünfte oder auch Behörden halten ⊙ Stempel bereit, die Sie, mit Datum und Unterschrift versehen, täglich sammeln können.

Um in Santiago die Pilgerurkunde, die sogenannte „Compostela", als Bestätigung der vollbrachten Pilgerschaft zu erhalten, müssen auf dem Camino mindestens die letzten 100 km bis Santiago de Compostela zu Fuß oder die letzten 200 km per Rad zurückgelegt worden seien, die mit je zwei Stempeleintragungen pro Tag nachzuweisen sind.

Die Ausstellung des Pilgerausweises kann meist online beantragt werden und braucht ein paar Wochen Bearbeitungszeit, die Sie vor Ihrem Start einplanen sollten. Eine Gebühr oder Spendenbitte liegt bei etwa € 10.

Tourist-Informationen

Wenn Sie sich vorab mit den Regionen am Weg vertraut machen möchten und Tipps und Empfehlungen für Unterkünfte, Besonderheiten oder Sehenswürdigkeiten suchen, erhalten Sie Auskünfte und meist kostenloses Informationsmaterial und Prospekte bei folgenden Adressen:

- **Salzburger Land, Tourismus GmbH**, Wiener Bundesstraße 23, 5300 Hallwang, ☏ +43/(0)6 62/66 88-0, ✉ info@salzburgerland.com, 💻 www.salzburgerland.com
- **Tourismus Oberbayern München e. V.**, Prinzregentenstraße 89, 81675 München, ☏ 089/63 89 58 79-0, ✉ info@oberbayern.de, 💻 www.oberbayern.de
- **Bayern Tourismus Marketing GmbH**, Arabellastraße 17, 81925 München, ☏ 089/21 23 97-0, ✉ tourismus@bayern.info, 💻 www.erlebe.bayern
- **Bad Reichenhall Tourismus & Stadtmarketing GmbH**, Wittelsbacherstraße 15, 83435 Bad Reichenhall, ☏ 086 51/715 11-0, ✉ info@bad-reichenhall.de, 💻 www.berchtesgadener-land.com
- **Chiemsee-Alpenland Tourismus GmbH & Co. KG**, Felden 10, 83233 Bernau am Chiemsee, ☏ 080 51/965 55-0, ✉ info@chiemsee-alpenland.de, 💻 www.chiemsee-alpenland.de
- **Chiemgau Tourismus e. V.**, Stadtplatz 32, 83278 Traunstein, ☏ 08 61/90 95 90-0, ✉ urlaub@chiemsee-chiemgau.info, 💻 www.chiemsee-chiemgau.info
- **Tourismusverband Pfaffenwinkel**, Bauerngasse 5, 86956 Schongau, ☏ 088 61/211 32 00, ✉ info@pfaffen-winkel.de, 💻 www.pfaffen-winkel.de

Tourist-Informationen sind jeweils in den Legenden der Orte aufgeführt und helfen Ihnen gern bei Ihren Anliegen. Die Gemeindeämter wurden dort als mögliche telefonische Kontakte vorab angegeben, weniger als Anlaufstelle vor Ort und sind daher ohne Öffnungszeiten aufgeführt.

Klima und Reisezeit

Im Grunde ist das Pilgern auf dem Voralpinen Jakobsweg zu jeder Jahreszeit möglich und ich möchte es nicht kategorisch einschränken. Selbst im Winter ist es eine besondere Erfahrung, in dieser anderen Stimmung und mit anderen Herausforderungen unterwegs zu sein. Und obwohl Sie sich in voralpinem Land bewegen, ist auch hier Schneesicherheit nicht mehr garantiert.

Die Sommer hingegen können sehr warm, wenn nicht sogar heiß werden. Streckenweise liegt der Weg recht sonnenexponiert, was nicht unterschätzt werden darf. Außerdem steigt das Risiko von Gewittern, die am Alpenrand zwar kurz, aber heftig ausfallen können und oft Starkregen oder sogar Hagel mit sich bringen. Wenn ich unterwegs bin, nutze ich sehr gern die WarnWetter-App vom Deutschen Wetterdienst (DWD WarnWetter), die standortbezogene Prognosen zu Niederschlagsfeldern gibt.

Die meisten bevorzugen die Monate zwischen April und September. Ich persönlich finde, dass die Zeit um Ostern bereits eine besondere Pilgeratmosphäre mit sich bringt, wenn sich die Natur im Aufbruch befindet, was man möglicherweise für seine inneren Beweggründe nutzen kann. Auch der Herbst hat seinen eigenen Reiz, wenn sich die Blätter der Bäume bunt verfärben und die tiefer stehende Sonne die Welt in ihr mildes Licht taucht. Manchmal ertappe ich mich bei dem sehnsuchtsvollen Gedanken, welch herrliches Pilgerwetter das jetzt für mich wäre.

Doch neben solchen perfekten Tagen wird es auch mehr oder weniger voraussagbare Witterungsverhältnisse geben, die manchmal vielleicht unangenehmer sind, aber eben auch dazugehören. Sicher hat die Witterung einen großen Einfluss auf das persönliche Pilgerbefinden und ein wunderschöner Tag kann regelrecht beflügeln. Andererseits brauchen tiefe Gedanken manchmal auch tief fliegende Wolken.

So oder so ist es eine Frage der passenden Ausrüstung und Einstellung, egal für welche Jahreszeit Sie sich entscheiden.

Landkarten, Wegmarkierungen und GPS-Tracks

In den amtlich topografischen Karten des Landesamtes für Digitalisierung, Breitband und Vermessung ist der Voralpine Jakobsweg als Fuß- und Radpilgerweg eingezeichnet.

Folgende Karten im Maßstab 1:25.000 decken in dieser Reihenfolge den gesamten Streckenverlauf ab:

- ▷ ATK25 Q17 Bad Reichenhall
- ▷ ATK25 P16 Traunstein
- ▷ ATK25 P15 Chiemsee
- ▷ ATK25 P14 Bad Endorf
- ▷ ATK25 Q14 Aschau i. Chiemgau
- ▷ ATK25 Q13 Bayrischzell
- ▷ ATK25 P13 Rosenheim
- ▷ ATK25 P12 Holzkirchen
- ▷ ATK25 P11 Wolfratshausen

- ▷ ATK25 P10 Starnberger See
- ▷ ATK25 P09 Weilheim i. OB

Auch zu empfehlen sind folgende Karten, die den Bereich im Maßstab 1:50.000 abdecken:

- ▷ UK 50-55 Berchtesgadener Alpen (kleine Lücke kurz vor Traunstein)
- ▷ UK 50-54 Chiemsee, Chiemgauer Alpen
- ▷ UK 50-53 Mangfallgebirge
- ▷ UK 50-41 Ammersee, Starnberger See, München Süd

☺ Die Kartenempfehlungen wurden geprüft von der Geobuchhandlung Kiel, ☏ 04 31/942 49.

Die Wegmarkierung des Voralpinen Jakobswegs ist leider nicht einheitlich und auch nicht durchgehend vorhanden und an mancher Stelle ist die Muschel irreführend angebracht.

Je nach Region finden Sie die Europamuschel, gelb auf blauem Grund, als Schild, das auch aus einer gewissen Distanz gut zu erkennen ist, oder auch nur ein Jakobsmuschel-Piktogramm, das in die Wanderschilder integriert ist.

Europamuschel

Im Pfaffenwinkel ist der Jakobsweg oft gemeinsam mit den Pilgerwanderwegen Heilige Landschaft ausgewiesen und zeigt an manchen Stellen in die falsche Richtung oder zurück. In der Wegbeschreibung wird an diesen Punkten extra darauf hingewiesen. Wenn Sie sich zu Beginn des Tages die geplante Etappe einmal durchlesen, werden Sie darauf vorbereitet sein, wo es besondere Aufmerksamkeit braucht.

Der Weg wurde sorgfältig beschrieben und sollten Sie doch unsicher sein, können Sie zusätzlich auf den aufgezeichneten GPS-Track zurückgreifen, der auf der Internetseite des Conrad Stein Verlags zum Download zur Verfügung steht.

💻 www.conrad-stein-verlag.de

Die Angaben zu den Höhenmetern dienen zur Einschätzung der Etappen und sind mit einer Abweichung von +/- 15 m zu verstehen, da eine höhere Genauigkeit der gemessenen Werte technisch nicht möglich ist.

Literatur und Podcasts

Sobald die Entscheidung für eine Pilgerreise getroffen wurde, beginnt sie im Grunde auch schon, bevor der erste Schritt getan ist.

Für eine Einstimmung auf die Tage und Erlebnisse, die nun vor Ihnen liegen, ist es meist sehr schön, durch Erfahrungsberichte schon vorab in das Pilgerfeeling einzutauchen oder sich mithilfe von Anregungen und Impulsen auf die mentalen und spirituellen Aspekte des Pilgerns vorzubereiten.

Die Spannweite verschiedenster Literatur zum Thema Pilgern ist sehr breit und ebenso wächst die Zahl der Podcasts, die Pilgerwissen vermitteln oder sich sogar im Coachingbereich bewegen.

Hier finden Sie ein paar Anregungen zum Schmökern und Lauschen:

- Denise Rieckmann, **Pilgerplausch – Jeder Schritt zählt**, der Podcast rund ums Thema Pilgern, www.pilgerzauber.de/pilgerplausch
- Andrea Löhndorf, **Anleitung zum Pilgern: Ein Lebensbegleiter**, dtv Verlagsgesellschaft, ISBN: 978-3423345897
- **Der Pilger**, das Magazin erscheint viermal im Jahr, www.der-pilger.de
- Detlef Lienau, **Sich fremd gehen: Warum Menschen pilgern**, Matthias-Grünewald, ISNB: 978-3786727576
- **Die schönsten Pilgerwege in Deutschland: Auf 6200 Kilometern die Stille entdecken und Reiselust erleben,** Kunth Verlag, ISBN: 978-3969650523
- Eva Prawitt, **„Und was, wenn ich mitkomme?“: Zu zweit unterwegs auf dem Jakobsweg: Ein Ehepaar auf dem Jakobsweg**, Brendow, ISBN: 978-3865063014
- Hape Kerkeling**, Ich bin dann mal weg: Meine Reise auf dem Jakobsweg**, Piper, ISBN: 978-3492251754
- Josef Schönauer, **Pilgern erdet und himmelt: Geschichte, Spiritualität, Symbolik des Pilgerns**, FormatOst, ISBN: 978-3038950264
- Michael Kaminski, **Pilgern mitten im Leben: Wie deine Seele laufen lernt**, Verlag Herder, ISBN: 978-3451310263
- Michael Kaminski, **Pilgern quer durch's Jahr: 12 Wege für die Seele**, Claudius, ISBN: 978-3532628416
- Oma Toppelreiter, **Mit 90 auf dem Jakobsweg – Wenn nicht jetzt, wann dann?**, Michael J. Toppelreiter, ISBN: 978-3200029675
- Paulo Coelho, **Auf dem Jakobsweg: Tagebuch einer Pilgerreise nach Santiago de Compostela**, Diogenes, ISBN: 978-3257231151
- Raimund Joos, **Warum der Schuh beim Gehen weiter wird: Der spirituelle Jakobsweg-Coach**, Tyrolia, ISBN: 978-3702228248

- Stefan Albus, **Santiago liegt gleich um die Ecke: Pilgern in Deutschland**, Gütersloher Verlagshaus, ISBN: 978-3579067384
- Stefan Albus, **Jakobsweg – und dann?: Was Pilgern mit Menschen macht**, Gütersloher Verlagshaus, ISBN: 978-3579085265
- Tim Moore, **Zwei Esel auf dem Jakobsweg: Wie ein Engländer sein Herz an Spanien verlor**, Piper, ISBN: 978-3499220319
- Traugott Roser, **¡Hola! bei Kilometer 410: Mit allen Sinnen auf dem Jakobsweg**, Brill | V&R, ISBN: 978-3525630617

Medizinische Versorgung

In lebensbedrohlichen Fällen verständigen Sie bitte den Rettungsdienst unter der **Notrufnummer** ☏ **112**.

Der ärztliche Bereitschaftsdienst hilft Ihnen bei akuten Erkrankungen, die außerhalb von Sprechstundenzeiten auftreten und deren Behandlung nicht bis zum nächsten Tag warten kann, und ist unter ☏ **116 117** rund um die Uhr zu erreichen.

Für den Fall, dass Hilfe an einem Ort gebraucht wird, wo kein Handyempfang besteht, hat die kostenlose App „Hilfe im Wald" bundesweit über 60.000 Rettungspunkte in einer Karte dargestellt und zeigt Ihnen die Entfernung zu den umgebenden Rettungspunkten an.

Zum Pilger-Know-how gehört auch ein Grundwissen über Erste-Hilfe-Maßnahmen, in der Hoffnung, dass sie nicht zum Einsatz kommen müssen. Dabei geht es nicht nur um Verletzungen, denn auch die ungewohnte Belastung kilometerweiten Gehens mit Gepäck über mehrere Tage verlangt dem Körper einiges ab, sodass Schmerzen, Krämpfe, Schwellungen, Blasen und Unwohlsein die Folge sein können.

Selbst darauf reagieren zu können, ist wichtig, um die Pilgertour nicht vorzeitig abbrechen zu müssen. Im besten Falle kennen Sie sich gut genug, um zu wissen, was Ihnen auch schon vorbeugend hilft oder unterwegs zur Hand sein sollte, wie Schmerzmittel, Magnesium, spezielle Fußcreme, Blasenpflaster und selbstverständlich ausreichend Wasser.

Apotheken am Weg sind in den Ortslegenden angegeben. Hier können Sie sich bei Bedarf beraten lassen und rezeptfreie Produkte kaufen.

Ein kleines Päckchen mit Verbandsmaterial (Wundschnellverband, steriles Verbandspäckchen, Verbandtuch, Kompressen, elastische Binden, Pflaster), Rettungsdecke, Einmalhandschuhe, Tape, Schere und Pinzette sollten in keinem Rucksack fehlen.

Das unumgängliche Thema möglicher Blasen an den Füßen und die zahlreichen Tipps zu deren Vermeidung oder Versorgung könnten einige Seiten füllen. Ich kenne kaum jemanden aus der Pilgercommunity, der nicht davon zu berichten hätte und gleichzeitig ein „Geheimrezept“ parat hat.

Vielleicht so viel: Schneiden Sie rechtzeitig vorm Loslaufen die Fußnägel kurz. Das klingt vielleicht banal, aber es soll einfach erwähnt sein. Achten Sie gut auf Ihre Füße und schauen Sie nach ihnen, sobald sich etwas auch nur im Ansatz unangenehm anfühlt, um rechtzeitig reagieren und Blasen möglichst vermeiden zu können. Schützen Sie die empfindlichen Stellen durch Abtapen oder mit Blasenpflastern, die Sie zusätzlich mit Tape fixieren und einfach dran lassen. Nutzen Sie Pausen auch, um die Schuhe auszuziehen und die Socken am Fuß trocknen zu lassen. Vermeiden Sie, dass die Füße zu lange im Wasser sind, damit die Haut nicht aufweicht. Legen Sie die Beine hoch, so oft es möglich ist.

Bei vielen Empfehlungen darüber hinaus ist zu prüfen, ob sie etwas für Sie sind. Manche bereiten ihre Füße mit spezieller Fußcreme auf die Beanspruchung vor (mein Favorit ist die Gehwol Fußkrem), manche schwören auf doppelte Socken oder Geleinlegesohlen.

Wenn sich dennoch Blasen gebildet haben, gehen die Meinungen noch weiter auseinander. Kleinere Blasen resorbieren oft über Nacht. Wenn sie größer sind, würde das Abheilen länger dauern und der Druck der Flüssigkeit kann beim Laufen sehr unangenehm sein. Egal, ob Sie sich nun entscheiden, die Blase mit einer sterilen Kanüle abzusaugen, sie mit Nadel und Faden durchzustechen, um somit eine Drainage zu legen, oder sie einfach so zu belassen, ist das Aufkleben eines Blasenpflasters in jedem Fall sinnvoll. Ganz wichtig ist dabei, das Pflaster gut aufzukleben (Blasenpflaster vorher warmrubbeln), zusätzlich mit Tape zu fixieren und unbedingt einige Tage drauf zu lassen, damit die Blase darunter heilen kann.

Radpilgern

Für Radpilgerinnen und Radpilger ist der Voralpine Jakobsweg nahezu uneingeschränkt geeignet, da er sich oft direkt an vorhandenen Radwegen orientiert oder über befestigte Wege oder kleine Nebenstraßen führt. Nur wenige Streckenabschnitte durch unwegsameres Gelände, Moore oder über schmale Pfade und steilere Passagen würden ein Absteigen und kurzes Schieben des Rads notwendig machen. In den genannten Landkarten sind Rad-Alternativrouten eingezeichnet. Der gesamte Weg lässt sich per Rad auf fünf Etappen aufteilen.

Auf 💻 www.radpilgern-bayern.de finden Sie unter → Radpilgerwege → Salzburg–Hohenpeißenberg Links zu Lage- und Höhenprofilen, GPX-Dateien und PDF-Karten zu den einzelnen Etappen.

Tourenplanung

Die Aufteilung der etwa 270 km des Voralpinen Jakobswegs in zwölf Etappen ergab sich aus Überlegungen zur täglichen Distanz und der Wichtigkeit von Orten, die zur Übernachtung geeignet sind und ebenso Versorgungsmöglichkeiten bieten, um einen Pilgertag möglichst angenehm ausklingen zu lassen und sich am Morgen für die nächste Etappe zu wappnen.

Die Einteilung ist lediglich als Anregung zu verstehen, denn allein die Verfügbarkeit von Unterkünften wird die Etappenplanung mitbestimmen.

Pilgertempo und Kondition sind etwas sehr Individuelles, was sich sogar während einer Pilgerreise verändern kann. (Die angegebenen Zeiten pro Etappe beziehen sich auf eine durchschnittliche Pilgergeschwindigkeit von 3,8 km/h.) Auch die persönliche Auseinandersetzung mit den Gegebenheiten, Sehenswürdigkeiten und Besonderheiten am Weg oder nicht zu unterschätzende Witterungsbedingungen verlangen hier und da eine Anpassung der Wegstrecke.

Anfangs ist das Lauffieber vielleicht noch hoch und wird nach ein paar Tagen von inneren Prozessen gebremst. Oder der Körper braucht nach den ersten straffen Kilometern mehr Pausen und die Füße mehr Aufmerksamkeit. Ein Ruhetag wirkt dann oft Wunder. Manchmal setzt auch der Pilger-Flow ein und lässt eine geplante Etappe plötzlich zu kurz erscheinen.

Pilgerpause

Auch wenn nach der Pilgertour eine von anderen viel gestellte Frage sein wird, wie viele Kilometer Sie denn am Tag so gelaufen sind, spielt das absolut keine Rolle. Denn das einzig Wichtige ist, dass Sie sehr gut nach sich schauen und ehrlich einschätzen, was Ihnen gerade möglich ist, ohne Ihre Kräfte zu sehr zu strapazieren und sich zu überfordern, damit auch das Genießen dieser Zeit, die Sie für sich gewählt haben, nicht auf der Strecke bleibt.

Damit Sie also Ihre eigenen Etappen gestalten können, sind die Kilometerangaben zu den entsprechenden Orten und Wegpunkten am Anfang jeder Etappenbeschreibung aufgeführt.

Bei einigen Unterkünften wird zusätzlich auf die Entfernung vom Weg hingewiesen, wenn nur wenige Übernachtungsoptionen zur Verfügung stehen.

Außerdem ist es völlig legitim, auch einmal auf „Pilgerbahn oder -bus“ zurückzugreifen, um ein paar Kilometer zu überbrücken. Die angegebenen Verbindungen fahren meist am Weg liegende Ortschaften an oder bringen Sie zum nächstgelegenen Bahnhof.

Unterkunft

Die Frage nach der Unterkunft ist für Pilgernde elementar. Viele Tage unterwegs sein, bedeutet auch, manchmal am Morgen noch nicht zu wissen, wo man abends schlafen wird. Einerseits macht genau das einen Reiz des Pilgerns aus: sich einzulassen auf das eigene Tempo, in Ruhe verweilen zu können, ohne sich getrieben fühlen zu müssen, oder auch noch ein paar Kilometer weiterzugehen, wenn das Lauffieber hoch ist, bis man den passenden Ort für eine erholsame Nacht erreicht hat.

Andererseits tut es oft auch gut, ein konkretes Ziel für den Tag zu haben, vielleicht sogar erwartet zu werden, sich freuen zu dürfen auf einen gut gewählten Schlafplatz und ein wohltuendes Gespräch.

Echte Pilgerherbergen ermöglichen meist beides. Menschen, die Pilgerherbergen betreuen, wissen um diese Besonderheiten und stellen sich auf die Bedürfnisse von Pilgerinnen und Pilgern ein.

Auf dem Voralpinen Jakobsweg kommt man leider nur selten in den Genuss solcher Herbergen, was das Pilgerfeeling jedoch nicht zwingend mindern muss. Zugegeben bin ich von einem meiner ersten Pilgerwege in Deutschland wohl etwas verwöhnt von dem Engagement und der Offenheit der Menschen und Gemeinden am Weg, Pilgernde willkommen zu heißen, sodass meine Einschätzung nicht frei von Vergleichen und Wünschen ist. Andererseits muss dazu gesagt werden, dass ich Menschen am Weg getroffen habe, die wirklich äußerst hilfsbereit und interessiert waren und im persönlichen Kontakt mit Pilgerinnen und Pilgern sicher auch spontane Übernachtungsangebote machen würden, jedoch nicht als Ansprechperson mit Telefonnummer und Kontaktdaten im Buch aufgeführt werden möchten, was ich natürlich respektiere. Selbst Hotels, Gasthäuser und sogar Klöster baten mich, davon abzusehen, sie im Pilgerführer zu nennen. Die Gründe bezogen sich meist darauf, dass die Organisation und die Rentabilität bei Einzelübernachtungen schwierig seien. So gern wie ich mehr Pilgerherbergen ausfindig machen wollte, so realistisch muss die Situation auf dem Wegstück zwischen Salzburg und Hohenpeißenberg betrachtet werden. Es ist eine sehr beliebte Touristenregion und die Unterkünfte sind nicht nur in den Sommermonaten schon weit im Voraus gut gebucht, dazu kommt die Besucherflut während der Salzburger Festspiele im Juli und August im Raum Salzburg und Bad Reichenhall.

Wer die Sicherheit einer Unterkunft braucht, um gelassen pilgern gehen zu können, kommt um Übernachtungsanfragen und eine dazu passende Wegplanung im Vorfeld nicht herum.

Dennoch möchte ich Sie ermutigen: Geben Sie sich als Pilgerin oder Pilger zu erkennen, sprechen Sie mit den Menschen am Weg. Erklären Sie ihnen, was wichtig ist beim Pilgern, zum Beispiel, dass es nicht zwingend um Verzicht geht, aber wohl darum, mit dem Einfachen zufrieden zu sein. Für mich persönlich ist es, die Fülle im Einfachen zu finden. Oft wurde mir dann gesagt: „Naja, ich hätte da noch was, es ist aber nichts Besonderes." Umso besser! Das Besondere geschieht selten in einem schicken Hotelzimmer, sondern vielmehr im spontan zur Verfügung gestellten Gartenhäuschen ohne Strom und Wasser.

Die im Buch aufgeführten Unterkünfte haben selbstverständlich keinen Anspruch auf Vollständigkeit und die Angaben entsprechen dem Stand zum Zeitpunkt der Recherche, einer Zeit, die geprägt war von persönlicher, finanzieller und wirtschaftlicher Unsicherheit in der Gesellschaft. Diese Unwägbarkeiten wurden auch im Gespräch mit privaten Vermieterinnen und Vermietern deutlich. Auffällig viele sehen mittlerweile davon ab, Einzelübernachtungen anzubieten, weil es sich nicht mehr rentiert, andere haben ihre Vermietungen vor Kurzem ganz eingestellt oder wollen zukünftig aufhören.

Und dass diejenigen, die es weiterhin wagen wollen, ihre Preise nach oben regulieren werden, steht außer Frage. Somit sind die angegebenen Konditionen für Übernachtung und Frühstück nur als Richtwert zu verstehen und keinesfalls verbindlich. In manchen Orten fällt zusätzlich eine Kurtaxe an. Die aufgeführten Unterkünfte entsprechen außerdem keiner Kategorisierung nach Pilgerbudget. Wichtig bei der Auswahl war, dass sie am Weg gelegen oder ohne allzu große Umwege zu erreichen sind.

Vereinzelte Hotels oder Pensionen sind mit einem Schild mit Muschel und Bett als Jakobswegpilgerherberge gekennzeichnet. Damit ist hauptsächlich gemeint, dass die Unterkunft nicht weiter als 500 m vom Weg entfernt liegt, Gäste auch für nur eine Nacht aufgenommen werden, Frühstück flexibel angeboten wird und/oder eine Verpflegungsmöglichkeit im Haus oder unmittelbarer Umgebung vorhanden ist und Wäsche gewaschen und/oder getrocknet werden kann.

Obwohl Sie auf dem Jakobsweg an vielen Klöstern vorbeikommen, können diese meist keine Herberge für Pilgernde anbieten, oft aus Platzgründen oder wegen des organisatorischen und personellen Aufwands. Möglicherweise könnte sich bei persönlicher Anfrage etwas ergeben, aber diese Entscheidung wäre dann von der aktuellen Situation abhängig, sodass ich hierzu keine Angaben machen kann.

Andere Ordenshäuser, die normalerweise Gäste aufnahmen, haben ihre Räumlichkeiten derzeit den Geflüchteten aus der Ukraine zur Verfügung gestellt und können noch nicht absehen, wann und ob wieder mit einem Angebot für Pilgerinnen und Pilger zu rechnen ist.

Für die konkrete Unterkunftssuche sind auch die Tourist-Informationen der Regionen und Gemeinden sehr hilfreich, da sie Anfragen oft besser filtern können und manchmal auch Verzeichnisse für Kurzübernachtungen führen. Ein Anruf lohnt sich ganz bestimmt und zeigt gleichzeitig das Interesse am Voralpinen Jakobsweg und kann auf die Bedürfnisse und Wünsche von Pilgernden aufmerksam machen.

Updates

Es gibt immer wieder Änderungen auf dem Weg. Der Conrad Stein Verlag veröffentlicht deswegen Updates zu diesem Pilgerführer, die direkt von der Autorin oder den Leserinnen und Lesern des Buches stammen. Sie finden sie auf der Verlagshomepage 💻 www.conrad-stein-verlag.de. Der abgebildete QR-Code führt Sie direkt zu der richtigen Seite.

Verkehrsmittel unterwegs

Für das erste Wegstück von Salzburg nach Bernau am Chiemsee ist die BRB RE 5 als potenzielle „Pilgerbahn" interessant, da sie in den Orten am Jakobsweg hält, nämlich in Teisendorf, Traunstein, Bergen (Oberbay), Übersee und Bernau am Chiemsee. In den Ortslegenden sind jeweils mögliche Zug- und Busverbindungen (DB, RVO, MVV) angegeben, mit denen gegebenenfalls die nächsten Orte der Etappe oder der nächstgelegene Bahnhof erreicht werden kann.

Die Busfahrpläne kleinerer Ortschaften haben meist weniger Verbindungen mit größeren Intervallen und unterliegen den Schul- bzw. Ferienzeiten. Empfehlenswert ist es immer, wenn möglich, an den Haupthaltestellen in den Orten auf den Bus zu warten.

Hilfreiche Links zur Fahrplanauskunft oder zum Fahrplandownload sind:

💻 www.salzburg-verkehr.at
- www.bayern-fahrplan.de/de/auskunft
- www.dbregiobus-bayern.de
- www.mvv-muenchen.de

Der Voralpine Jakobsweg von
Salzburg zum Hohen Peißenberg

Ortstabelle

Die Ortstabelle gibt einen schnellen Überblick zu den Etappenpunkten und Entfernungen auf dem Voralpinen Jakobsweg. So lassen sich die Kilometer einfach addieren und erleichtern Ihre individuelle Planung der Wegstrecken.

Ort	Kilometer bis zum nächsten Etappenpunkt	Kilometer gesamt
Salzburg (Dom)	0,0	0,0
Stiegl-Brauwelt	2,2	2,2
Viehhausen	5,1	7,3
Gois	1,7	9,0
Salzburger Freilichtmuseum	4,3	13,3
Marzoll	1,4	14,7
Obermühle	2,2	16,9
Bad Reichenhall	4,4	21,3
Piding	6,4	27,7
Aufham	3,9	31,6
Anger	3,0	34,6
Höglwörth	1,7	36,3
Teisendorf	5,3	41,6
Lauter	9,7	51,3
Ettendorf	5,0	56,3
Traunstein	0,9	57,2
Freibad Siegsdorf	5,3	62,5
Siegsdorf	1,1	63,6
Bernhaupten	4,1	67,7
Bergen	2,3	70,0
Abzweig Osterbuchberg	5,0	75,0
Abzweig Westerbuchberg	7,5	82,5
Museum Torfbahnhof	3,1	85,6
Bernau am Chiemsee	3,6	89,2
Urschalling	4,5	93,7
Hittenkirchen	2,3	96,0
Umrathshausen	2,8	98,8
Frasdorf	3,1	101,9
Achenmühle	4,6	106,5
Rohrdorf am Inn	5,2	111,7
Altenbeuern	4,0	115,7
Neubeuern	0,9	116,6
Kirchdorf	3,0	119,6
Kleinholzhausen	4,1	123,7

Ort	Kilometer bis zum nächsten Etappenpunkt	Kilometer gesamt
Wiechs	3,2	126,9
Bad Feilnbach	1,9	128,8
Au	4,4	133,2
Dettendorf	3,7	136,9
Berbling	2,7	139,6
Wallfahrtskirche Wilparting	6,2	145,8
Raststätte Irschenberg	1,6	147,4
Auerschmied	2,4	149,8
Reichersdorf	5,2	155,0
Neukirchen	0,9	155,9
Wattersdorf	1,5	157,4
Weyarn	1,4	158,8
Mühlthal	1,2	160,0
Kunstwerk	3,0	163,0
Gotzing	1,9	164,9
Reitham	7,8	172,7
Fiesenkam	3,6	176,3
Sachsenkam	2,4	178,7
Kloster Reutberg	0,8	179,5
Dietramszell	6,5	186,0
Abzweig Schönegg	1,0	187,0
Manhartshofen	3,0	190,0
Geretsried	5,3	195,3
Bibisee	4,6	199,9
Oberherrnhausen	3,8	203,7
Beuerberg	2,0	205,7
Faistenberg	5,4	211,1
St. Heinrich	4,1	215,2
Seeshaupt	2,4	217,6
Seeseiten	1,7	219,3
Bernried	4,3	223,6
Magnetsried	9,8	233,4
Marnbach	5,8	239,2
Deutenhausen	1,5	240,7
Wirtshaus zum Gögerl	2,8	243,5
Weilheim i. OB	2,4	245,9
Polling	4,9	250,8
STOA 169	2,2	253,0
Peißenberg	5,3	258,3
Hoher Peißenberg	6,6	264,9
Hohenpeißenberg	2,7	267,6

1. Etappe: Von Salzburg nach Bad Reichenhall

21,3 km, 5 Std. 30 Min., ↑ 250 m, ↓ 233 m, ⇧ 438-538 m

0,0 km	⇧ 460 m	Salzburg (Dom)
2,2 km	⇧ 450 m	Stiegl-Brauwelt
7,3 km	⇧ 444 m	Viehhausen
9,0 km	⇧ 445 m	Gois
13,3 km	⇧ 482 m	Salzburger Freilichtmuseum
14,7 km	⇧ 490 m	Marzoll
16,9 km	⇧ 479 m	Obermühle
21,3 km	⇧ 479 m	Bad Reichenhall

Vor der Kulisse des Doms zu Salzburg beginnt nun Ihre Pilgerreise. Die ersten Schritte führen durch den Mönchsberg aus der Stadt hinaus in umliegende Siedlungen und vorbei am Flugplatz, benannt nach dem berühmten Sohn der Stadt, W. A. Mozart. In Gois gilt der Hügel mit der St.-Jakobus-Kirche seit jeher als Kraftplatz und heißt Sie als Pilgerin bzw. Pilger willkommen. Durch eine ländlich besiedelte Talsohle mit Hochgebirgskulisse überqueren Sie die Grenze nach Deutschland und nähern sich weiter der Kurstadt Bad Reichenhall, die vor allem für ihre Saline bekannt ist.

Salzburg

Salzburg Information, Auerspergstraße 6, 5020 Salzburg, +43/(0)6 62/889 87-0, tourist@salzburg.info, www.salzburg.info

♦ **Offener Himmel – Infopoint Kirchen**, Franziskanergasse 3, 5020 Salzburg, +43/(0)6 62/80 47-20 87, infopoint@kirchen.net, www.infopointkirchen.wordpress.com, Di-Fr 13:00-17:00, Sa 10:00-13:00

JUFA Hotel Salzburg City, Josef-Preis-Allee 18, 5020 Salzburg, +43/(0)5/70 83-613, salzburg@jufahotels.com, www.jufahotels.com, ÜF EZ ab € 65, DZ ab € 84

Stadtalm Naturfreundehaus, Am Mönchsberg 19 c, 5020 Salzburg, +43/(0)6 62/84 17 29, info@stadtalm.at, www.stadtalm.at, Mitte Mai bis Mitte September Mo-Sa 8:30-22:00, So 8:30-19:00, Mitte September bis Mitte Mai Mo-Fr 10:00-18:00, Sa, So 9:00-19:00, DZ ab € 60, MBZ ab € 25 p. P., F € 5

Gästehaus im Priesterseminar, Dreifaltigkeitsgasse 14, 5020 Salzburg, ☏ +43/(0)6 62/87 74 95 10, phs.rezeption@eds.at, www.gaestehaus-priesterseminar-salzburg.at, ÜF EZ ab € 80, DZ ab € 143

Johannes-Schlößl der Pallottiner, Mönchsberg 24, 5020 Salzburg, ☏ +43/(0)6 62/846 54 30, office-salzburg@pallottiner.at, www.johannes-schloessl.at, ÜF EZ/DZ ab € 73, Kurzaufenthaltszuschlag € 10

diverse Restaurants und Cafés in der Altstadt

Grünmarkt am Universitätsplatz, Mo-Fr 7:00-19:00, Sa 6 00-15:00

Hofapotheke, Alter Markt 6, 5020 Salzburg, ☏ +43/(0)6 62/84 36 23, Mo-Fr 8:00-18:00, Sa 8:00-12:00

Salzburger Dom, www.salzburger-dom.at, Musik zu Mittag, Domführung täglich 14:00, Audioguidetouren, Pilgerstempel an den Kassen in der Domvorhalle

Franziskanerkirche, Erzabtei St. Peter

Regionalbus 180 Salzburg – Wals – Großgmain – Bad Reichenhall,
Regionalbus 260 Salzburg – Bad Reichenhall – Lofer – Saalfelden – Zell am See,
Stadtbus 27 Sportzentrum Nonntal – Zentrum – LKH – Viehhausen – Walserfeld

BRB RE 5 Salzburg – München Hbf.

 **Salzburg Airport**, Innsbrucker Bundesstraße 95, 5020 Salzburg, ☏ +43/(0)6 62/85 80-0, info@salzburg-airport.at, www.salzburg-airport.com, mit Taxi oder öffentlichen Bussen ist man in etwa 15 Minuten in der Salzburger Altstadt und am Hauptbahnhof.

Salz, das weiße Gold, hat die Geschichte und den Namen der Stadt und ihres Flusses geprägt. Große Salzvorkommen lockten schon früh erste Siedlerinnen und Siedler an und sollten weiters für großen Reichtum sorgen. Bereits um 1900 v. Chr. wurde in der unmittelbaren Umgebung Salz gewonnen.

Die Römer, die sich in der Region niederließen, wussten ebenfalls um den Wert des weißen Goldes, bauten wichtige Handelswege zu Land und zu Wasser aus und errichteten den Verwaltungssitz Juvarum.

Nach kriegerischen Zeiten und den Wirren der Völkerwanderungen wurden um 700 auf den Ruinen der einstigen römischen Stadt zwei Klöster errichtet: St. Peter und Paul und das Stift Nonnberg.

Das Bistum Salzburg gelangte durch die Kommerzialisierung der Salinen zu enormem Wohlstand, aber ebenso zu kirchlicher und weltlicher Macht und wurde bald Bischofssitz.

Hoch über der Stadt thront die im Jahr 1077 erbaute Festung Hohensalzburg, die zur Sicherung der Residenzstadt weiter ausgebaut wurde. Beim Blick über die Stadt lässt die Silhouette der vielen Kirchtürme und die Kuppel des Doms erkennen, warum Salzburg auch „Rom des Nordens" genannt wird, denn bis 1803 war Salzburg die zweitgrößte Kirchenstadt der Welt. Heute gilt Salzburg mit ihren prunkvollen Bauten als Perle der barocken Baukunst. Die historische Innenstadt sowie die Festung Hohensalzburg zählen zum UNESCO-Weltkulturerbe.

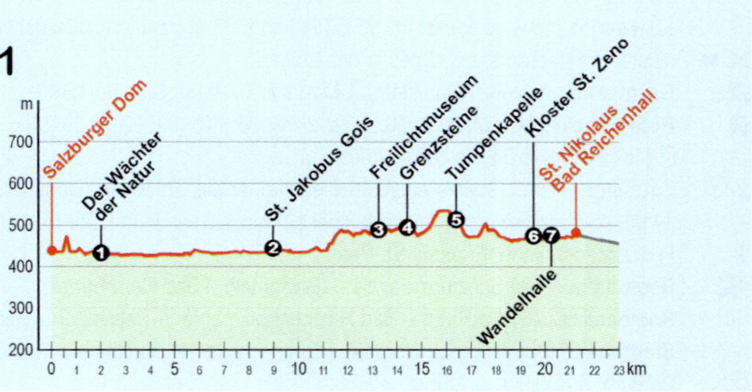

Das besondere Flair der Mozart- und Festspielstadt lässt sich am besten bei einem Bummel durch die Gassen, über die Plätze und entlang der zahlreichen Sehenswürdigkeiten genießen. Sicher ist es lohnend, dafür etwas Zeit einzuplanen oder sogar einen Tag eher anzureisen, bevor Sie Ihren Pilgerweg beginnen.

Sie starten an der **Mariensäule auf dem Domplatz** im Herzen der barocken Altstadt Salzburgs. An den Kassen in der Domvorhalle können Sie sich schon Ihren ersten **Stempel für den Pilgerausweis** holen, bevor Sie sich den gegenüberliegenden Arkaden zuwenden und durch diese hindurch in die Franziskanergasse gehen.

☺ Kurz hinter den Arkadenbögen lohnt es sich, sich noch einmal umzudrehen und mit Blick auf das Haupt der Maria ein paar Schritte der Statue entgegenzutreten, sodass durch eine optische Täuschung der Eindruck entsteht, als würde Maria von den beiden Engeln, die an der Domfassade eine Krone in den Händen halten gekrönt werden.

Auf der linken Seite kommen Sie direkt am **Offener Himmel – Infopoint Kirchen** vorbei, einer Anlaufstelle für alle Fragen rund ums Pilgern. Hier erhalten Sie außerdem den offiziellen Pilgerpass für den spanischen Jakobsweg, Jakobsmuscheln für den Rucksack und eine Pilgerberatung sowie Infomaterial.

Durch den Verbindungsbogen zwischen **Franziskanerkloster** im Süden und **Franziskanerkirche Zu Unserer Lieben Frau** im Norden mit einem Fresko zur Kreuzigung Christi geht es weiter. Die Franziskanerkirche mit ihrem schlanken, gotischen Turm zählt zu den ältesten Kirchen Salzburgs und ihr erster Bau ist vermutlich sogar älter als der Dom.

Sie kommen auf den Max-Reinhardt-Platz und entdecken beim Blick nach rechts zum Furtwängler-Park die fünf „Gurken" des österreichischen Künstlers Erwin Wurm, welche genug Spielraum für eigene Interpretationen lassen.

Sie halten sich jedoch links, vorbei am **Festspielhaus,** durch die Hofstallgasse, an deren Ende Sie an die Kreuzung des Herbert-von-Karajan-Platzes gelangen und die Straße zur Pferdeschwemme hin überqueren. Die Skulptur des Rossebändigers mit fürsterzbischöflichem Wappen ziert neben kunstvollen Pferdefresken die Schwemme, durch die früher Pferde zum Tränken und Säubern geführt wurden. Links daran vorbei sehen Sie das Sigmundstor, durch das Sie auf der rechten Straßenseite durch einen Fußgänger- und Radfahrertunnel unter den Mönchbergfelsen hindurch zum Hildmannplatz gelangen.

Hinter dem Kiosk überqueren Sie die Straße und folgen nach rechts der Neutorstraße bis zur Kreuzung, wo Sie nach links in die ruhigere Ernst-Sompek-Straße abbiegen und gleich wieder rechts der Johann-Wolf-Straße folgen, die auf die Rainbergstraße trifft. Der Weg führt Sie nach rechts und bringt Sie wieder auf die Neutorstraße, wo Sie nun links gehen. Nach einem leichtem Links- und Rechtsbogen geht diese in die Maxglaner Hauptstraße über. An dieser Stelle biegen Sie links in die schmalere Bräuhausstraße ein und folgen ihr auch nach der Kreuzung am Huemerpark weiter, vorbei an der Skulptur **„Der Wächter der Natur"** ❶.

Rechter Hand erstreckt sich das Areal der **Stiegl-Brauwelt** mit Gastronomie und Museum. In der Mitte des Biergartens im Hof steht ein Brunnen, aus dem frisches Bier gezapft wird. Doch sicher können Sie auch einfach eine kleine Rast einlegen und die Trinkflasche nur mit Wasser auffüllen.

⌘✕ **Stiegl-Brauwelt**, Bräuhausstraße 9, 5020 Salzburg, ☏ +43/(0)50 14 92/14 92, www.brauwelt.at, täglich 10:00-0:00

Am Ende des Brauereigeländes halten Sie sich links und folgen nur kurz dem Haslbergerweg, bevor Sie nach rechts in den schmalen Schliesselbergerweg einschwenken und zwischen Hecken und Zäunen hindurch den Glanbach erreichen. Trotz Brücke bleiben Sie auf dieser Seite und laufen mit dem Bach zu Ihrer rechten Seite weiter. Der **Glan-Treppelweg** verläuft mit Blick auf das Untersbergmassiv mit dem Salzburger Hochthron für ca. 1,5 km entlang des Ufers. Unter Birken finden sich am Weg immer wieder Bänke zum Ausruhen und Schauen.

Blick auf Salzburg

Der Weg macht um die Erweiterung des Flugfeldes des **Salzburg Airports** einen kleinen Schlenker und gibt an einer kleinen Anhöhe mit Bank den Blick auf das Rollfeld frei.

Zurück am Ufer des Glanbaches gehen Sie noch ca. 1 km bis zu einer Brücke, um den Bach am Ende der **Glansiedlung** zu überqueren und der Waldstraße geradeaus zu folgen.

Nach den letzten Häusern beginnt ein kleines Waldstück. Hier markiert eine Stehle mit Steinkugel und eingravierter Jakobsmuschel den Weg, der an einer weiteren Stehle mit in Gold graviertem Text und Klangspiel auf die Laschenskystraße trifft.

Geradeaus werden die Radpilgerinnen und Radpilger über den Kapellenweg nach Viehhausen geleitet. Für Fußpilgerinnen und Fußpilger ist der Verlauf nach links entlang der Laschenskystraße ausgewiesen, die am **Laschenskyhof** nach rechts abbiegt und ca. 1 km bis zur Feuerwehr im Ort **Viehhausen** führt. Beide Möglichkeiten sind nahezu gleich lang, wobei die Radpilgervariante die ruhigere ist, da sie nicht an der Straße entlangführt.

➪ Sollten Sie sich auch zu Fuß für die straßenferne Möglichkeit entschieden haben orientieren Sie sich am Ende des Kapellenwegs nach links zum **Feuerwehrhaus**, um wieder anzuknüpfen.

Viehhausen

Hasinger's Bauernstube, Viehhauserstraße 38, 5071 Wals-Viehhausen, +43/(0)6 62/85 42 41, www.hasinger.at, Küche Mi-Fr 17:00-21:30, So 11:00-20:00, Ruhetage Mo, Di, Sa

Bäckerei Jobst, Laschenskystraße 60, 5071 Wals-Viehhausen, +43/(0)6 62/85 55 26, Mo-Fr 6:00-18:00, Sa 6:30-11:30, Ruhetag So

♦ **Hofladen** Gartenbau Winklhofer, Viehauserstraße 28, 5071 Wals-Viehhausen, +43/(0)6 62/85 30 36, Mi, Fr 8:00-12:00 und 13:00-17:00

Regionalbus 180 Salzburg – Wals – Großgmain – Bad Reichenhall

Rechts an dem Gebäude der **Feuerwehr** vorbei wird auf der Viehhauserstraße die Autobahn schon sicht- und hörbar. Eine Unterführung lässt Sie die Autobahn queren und unmittelbar dahinter folgen Sie links abzweigend der Goiser Straße. Während Sie sich **Gois** nähern, sehen Sie linker Hand wieder den Salzburger Hochthron und rechter Hand den Gipfel des Hochstaufens. Nach ca. 800 m treffen Sie auf eine Kreuzung. Die Goiser Straße knickt als Hauptstraße leicht nach links ab.

Über den Höllerweg, der als nächstes rechts abzweigt, gelangen Sie direkt zur Kirche. Ansonsten folgen Sie der Goiser Straße mit einer leichten Rechtskurve zum Kirchenplatz, wo Sie für eine kurze Rast Bänke und ein öffentliches WC finden. Rechts an diesem Plätzchen vorbei und durch Höfe hindurch steigen Sie über Steinstufen hinauf zur **Filialkirche zum heiligen Jakobus dem Älteren ❷**.

Gois

Filialkirche zum heiligen Jakobus dem Älteren

Regionalbus 180 Salzburg – Wals – Großgmain – Bad Reichenhall

Brunnen an der Kirche in Gois

Der Name Gois lässt sich vom Lateinischen für „Hügel“ und vom Keltischen für „heilig“ ableiten.

So gilt auch der kleine Hügel mit der Filialkirche zum heiligen Jakobus dem Älteren als Kraftplatz. Unbedingt sollten Sie diese helle Kirche mit ihrem spitzen Turm besuchen und sich Zeit für eine Pause nehmen.

Hier oben eröffnet sich der Blick auf das Untersbergmassiv und liebevolle Details, wie ein Pilgerbuch mit Stempel im Glockenturm, der Trinkwasserbrunnen und eine Stehle, die den Camino nach Santiago de Compostela stilisiert darstellt, erfreuen das Pilgerherz.

Sie gehen wieder über den Kirchplatz ein kleines Stück die Goiser Straße zurück, bis gleich rechts der Moosweg abzweigt. An der nächsten Gabelung biegen Sie nach rechts in den Salzweg ab, verlassen den kleinen Ort und nähern sich wieder der Autobahn.

Hinter der Unterführung teilt sich der Weg. Sie halten sich rechts, bis sich der Weg an einem halb offenen Stadel erneut gabelt und Sie ihm weiter nach rechts folgen. Der Weg schlängelt sich durch die Wiesen wieder näher an die Autobahn heran und stößt unweit links davon auf die Großgmainer Landesstraße. Hier folgen Sie dem Fuß- und Radweg nach links entlang der Straße. Bis zum nächsten Abzweig an einer großen Kreuzung zieht sich der Weg über ca. 3 km.

Nach ca. 2 km ergibt sich jedoch die Möglichkeit eines Abstechers zum **Salzburger Freilichtmuseum ❸** links des Weges.

Für das Museum wurden über 100 ländliche Gebäude aus den historischen Landesteilen des Bundeslandes Salzburg gesammelt, wieder aufgebaut und zeitgemäß eingerichtet.

Der Besuch gleicht einer Reise in die Vergangenheit, wenn Sie in die alten Bauernhäuser eintreten, dabei oft den Kopf einziehen müssen und sich ausmalen, wie es wohl war, als in diesen Räumen noch gelebt und gearbeitet wurde, als in den Ställen noch Vieh stand und auf den Höfen geschäftiges Treiben herrschte. Welche Herausforderungen brachten diese Zeiten mit sich oder auch Freuden und Gründe zum Feiern? Einige Dauerausstellungen gehen auf Details ein und vermitteln Einblicke in den Alltag der Menschen von damals.

Auf dem ca. 50 ha großen Museumsareal sind die Baugruppen Flachgau, Tennengau, Pongau, Pinzgau und Lungau durch ein 7 km langes Wegenetz verbunden, sodass Sie genügend Zeit, mindestens zwei bis drei Stunden, einplanen sollten, wenn Sie das Museum oder auch das Gasthaus Salettl (wie Museum) besuchen möchten. ☺ Auch ohne Museumseintritt können Sie dennoch den Rastplatz auf der Empore über dem Eingangsbereich für eine Pause nutzen. Hier gibt es Sitzmöglichkeiten, einen Getränkeautomaten und die Toiletten sind öffentlich zugänglich.

◆ Salzburger Freilichtmuseum, Hasenweg 1, 5084 Großgmain, ☏ +43/(0)6 62/85 00 11, www.freilichtmuseum.com, Di-So 9:00-18:00, im Juli und August auch Mo 9:00-18:00

Regionalbus 180 Salzburg – Wals – Großgmain – Bad Reichenhall

An der großen Straßenkreuzung ergeben sich wieder zwei Möglichkeiten, nach Bad Reichenhall zu gelangen, nämlich über Marzoll oder über Großgmain.

Der Weg verläuft entweder über Großgmain weiter entlang der Landstraße, die nun Salzburger Straße heißt und auch für Radpilgerinnen und Radpilger ausgeschildert ist, oder endlich beschaulicher über Marzoll durch Wald- und Wiesenstücke. An dieser Stelle wird der ruhigere Weg über Marzoll beschrieben.

Sie überqueren die große Salzburger Straße und gehen in den Weg, der in ein kleines Wäldchen führt. Nach ca. 200 m sehen Sie bereits die **Grenzsteine ❹** von Österreich und Deutschland und überspringen die Grenzlinie beider Länder auf die deutsche Seite nach **Marzoll**.

Die Straße Schlossberg führt geradeaus zur **Pfarrkirche St. Valentin**, die bereits 789 erstmals urkundlich erwähnt wurde. Gegenüber liegt der **Schlossberghof Marzoll** zum Einkehren und Übernachten.

Marzoll

Schlossberghof Marzoll, Schlossberg 5, 83435 Bad Reichenhall-Marzoll,
086 51/700 50, info@schlossberghof.de, www.schlossberghof.de,
Restaurant Fr-Di 12:00-18:30, ÜF EZ ab € 68, DZ ab € 120

St. Valentin

Kirchentür St. Valentin in Marzoll

Unterhalb des **Schlosses Marzoll** biegt direkt hinter dem Schlossweiher ein Wiesenweg links ab. Hier beginnt nun nach den letzten asphaltlastigen Kilometern ein wildromantisches Wegstück.

Der Feldweg schlängelt sich am Wiesenrand entlang mit einigen Ruhebänken in der Sonne und im Schatten und taucht am Ende der Wiese in den Wald ein. Eine kleine Brücke führt über einen plätschernden Bachlauf mit Steinen, an dessen Ufer Sie sich erfrischen können, bevor es etwas steil mit Stufen in den Wald hinaufgeht. Dieses kurze, knackig steile Stück kann je nach Witterung etwas rutschig sein. Weiter oben zeigen einige Steine die Grenzlinie an, über die Sie nun einige Male hin- und herhüpfen.

An der nächsten Weggabelung halten Sie sich rechts, dem Wegweiser nach Bad Reichenhall folgend. Der Schotterwaldweg führt bergab und mit einer leichten Linkskurve aus dem Wald heraus auf die Wiese. Weiter am Waldrand entlang

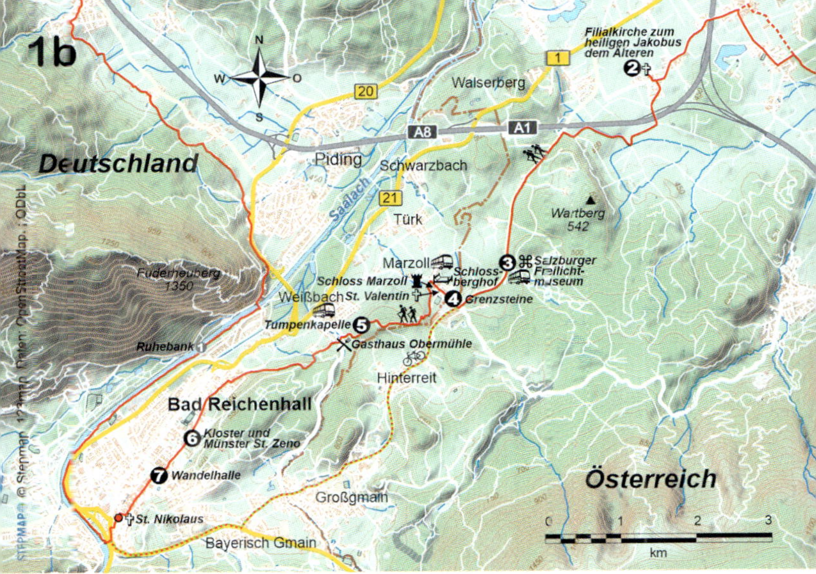

gehend blicken Sie auf den Hochstaufen mit dem Fuderheuberg im Vordergrund und gelangen zur **Tumpenkapelle ❺**. Die kleine Holzkapelle fiel bisher zweimal dem Sturm zum Opfer und wurde zuletzt 1991 als Marienkapelle neu gestaltet. Von der Bank ergibt sich ein schöner Ausblick ins Tal.

Kurz hinter der Kapelle kommen Sie an einen schmalen, unbefestigten Abzweig, der nach rechts Richtung Wiese abgeht. Hier wird auch ein Weg nach Bad Reichenhall-Stadtmitte ausgeschildert. Sie bleiben jedoch auf dem bisherigen Schotterweg und gehen weiter bergab auf dem Fahrweg Richtung Bad Reichenhall, der nun noch etwas steiler abwärts verläuft, bis er auf die Landstraße trifft.

Links sehen Sie das historische **Gasthaus Obermühle**. Sie wurde als Getreide- und Ölstampfmühle genutzt und erstmals im Jahr 1415 urkundlich erwähnt.

✕ **Gasthaus Obermühle,** Tumpenstraße 11, 83435 Marzoll-Bad Reichenhall,
☏ 086 51/21 93, 💻 www.obermuehle-gasthaus-reichenhall.de,
🚪 Do-So 11:30-20:00, Ruhetage Mo-Mi

Am Gasthaus entlang hat die Straße eine Engstelle ohne Fußweg, sodass Sie beim Überqueren bitte gut Obacht geben, um auf der gegenüberliegenden Seite rechts den kleinen Abzweig über eine Holzbrücke Richtung Bad Reichenhall-Stadtmitte nehmen zu können.

Sie gehen auf ein Haus zu, an dessen Torpfosten eine Jakobsmuschel angebracht ist, und daran vorbei entdecken Sie linker Hand ein Brotbackhäuschen mit Holztürmchen und Glocke.

Auch hier finden Sie wieder eine Jakobsmuschel, die auf ein Pilgerbuch hinweist.

Nach ca. 150 m treffen Sie auf eine Weggabelung, wo eine gemalte Muschel in beide Wege zeigt. Da der linke auf eine höhergelegene Wiese und auf den Truppenübungsplatz führt, entscheiden Sie sich für den rechten, schmalen Privatweg, der entlang an Hecken und Zäunen auf eine weitere Wegkreuzung führt. Hier ist wieder Bad Reichenhall-Stadtmitte ausgeschildert und der Weg geht nach links leicht bergan über eine kleine Brücke.

An der nächsten Kreuzung lassen Sie den Truppenübungsplatz hinter sich und folgen dem rechten Weg nun Richtung Bad Reichenhall-Therme. Der breite, geschotterte Waldweg führt stets bergab. Sie kommen wieder in bewohntes Gebiet und halten sich weiter geradeaus in den Froschhammer Weg bis zur Mayerhofstraße, wo Sie rechts abbiegen. Nach einem Abknicken geht die Straße in den Marzoller-Weg über und führt weiter zur Salzburger Straße, der Sie nach links folgen. Vorbei am **Kloster und Münster St. Zeno** ❻ nähern Sie sich dem Zentrum **Bad Reichenhalls**, entlang weiterer Sehenswürdigkeiten der Alpenstadt.

Die Salzburger Straße geht als Fußgängerzone nach der **Wandelhalle** ❼ und dem **Kurmittelhaus der Moderne** in die Ludwigstraße über und führt Sie weiter geradeaus in die Salinenstraße, wo linker Hand die drei Höfe der **Alten Saline** beginnen.

Gegenüber öffnet sich der historische **Rathausplatz** mit dem Wittelsbacherbrunnen, dessen Säule die Bavaria krönt und im Hintergrund vom Hochstaufen überragt wird. Gehen Sie auf das Rathaus zu und biegen Sie links in die Poststraße ein, so kommen Sie geradeaus über die Herzog-Georgen-Straße und den kleinen Adolph-Kolping-Weg direkt auf den Platz der **Pfarrkirche St. Nikolaus**, gebaut im Stil einer Basilika.

Alternativ gelangen Sie auch an der Alten Saline entlang parallel zum beschriebenen Weg zur romanischen Kirche **St. Nikolaus** und somit zum Ende der ersten Etappe.

Bad Reichenhall

Stadt Bad Reichenhall, Rathausplatz 1 und 8, 83435 Bad Reichenhall, ☎ 086 51/775-0, info@stadt-bad-reichenhall.de, www.stadt-bad-reichenhall.de

Tourist-Info Bad Reichenhall, Wittelsbacherstraße 15, 83435 Bad Reichenhall, ☎ 086 51/715 11-0, info@bad-reichenhall.de, www.bad-reichenhall.de, Mo-Fr 8:30-17:00, Sa, So, Feiertage 8:30-13:00

Gästehaus Christa Mauerer, Ludwig-Thoma-Straße 9, 83435 Bad Reichenhall, ☎ 086 51/55 17, info@gaestehaus-mauerer.de, gaestehaus-christa-mauerer.de, ÜF EZ ab € 45, DZ ab € 85

Congregatio Jesu St. Zeno, Klosterstraße 7, 83435 Bad Reichenhall, ☎ 086 51/97 61-0, badreichenhall@congregatiojesu.de, www.congregatiojesu.de, Übernachtungsmöglichkeit und Preise auf Anfrage

Pension Lex, Salzburgerstraße 42, 83435 Bad Reichenhall, ☎ 086 51/21 47, kontakt@pensionlex.de, www.pensionlex.de, ÜF EZ € 46, DZ € 93

B306 Steakhouse, Poststraße 5, 83435 Bad Reichenhall, 01 70/248 58 13, www.b306-steakhouse.com, Mi-So 17:00-0:00, Ruhetage Mo, Di

Salín, Alte Saline 2, 83435 Bad Reichenhall, 086 51/717 49 07, www.salin-reichenhall.de, Mi-Sa 11:30-22:00, Ruhetage Mo, Di,

Gasthaus Wieninger Schwabenbräu, Salzburgerstraße 22, 83435 Bad Reichenhall, 086 51/969 50, www.wieninger-schwabenbraeu.de, Di-So 8:00-23:00, Ruhetag Mo

Café Reber, Ludwigstraße 10-12, 83435 Bad Reichenhall, 086 51/60 03-0, Mo-Sa 9:30-18:00, So, Feiertage 14:00-18:00

Edeka, Kaiserplatz 2, 83435 Bad Reichenhall, 086 51/98 46 40, Mo-Sa 7:00-20:00

Wochenmarkt auf dem Rathausplatz, jeden Fr 7:00-12:00

Kurapotheke, Ludwigstraße 9, 83435 Bad Reichenhall, 086 51/41 25, Mo-Fr 9:00-18:00, Sa 9:00-14:00

Rupertustherme, Friedrich-Ebert-Allee 21, 83435 Bad Reichenhall, 086 51/76 22-0, www.rupertustherme.de, täglich 10:00-22:00, etwa 1 km vom Kurmittelhaus entfernt

St. Nikolaus

Alte Saline & Salzmuseum, Alte Saline 9, 83435 Bad Reichenhall, 086 51/70 02 61 46, www.alte-saline.de, April bis Oktober täglich 10:00-16:00

RVO 829 Bad Reichenhall – Aufham – Anger – Teisendorf – Ruckstetten,
RVO 9526 Bad Reichenhall – Inzell – Traunstein

BRB S4 nach Freilassing über Piding

Der Ortsname Bad Reichenhall leitet sich vom Wort „hal, halla" ab, welches in der Bedeutung von Salzbergwerk, Saline zu verstehen ist. Die Salzvorkommen wurden schon im Frühmittelalter genutzt und die Saline führte zunehmend zu wirtschaftlicher Bedeutung und finanziellem Reichtum der Region.

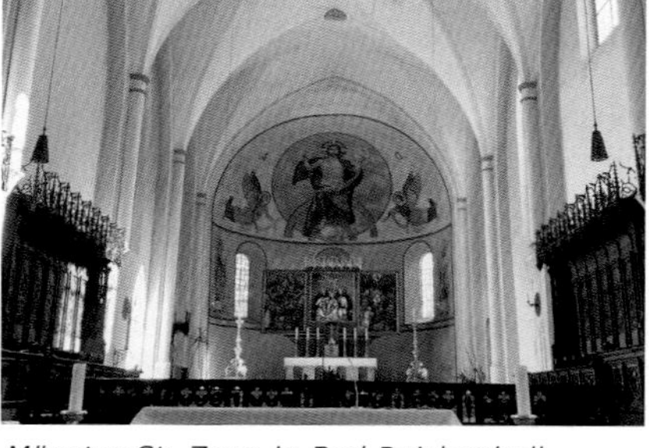

Münster St. Zeno in Bad Reichenhall

In der ersten Blütezeit im 12. Jahrhundert entstanden zum Beispiel die drei großen romanischen Kirchen, die alle etwas mit dem Pilgern zu tun haben: St. Zeno, St. Ägidius und St. Nikolaus.

In der frühen Neuzeit fiel die Stadt jedoch immer wieder Bränden zum Opfer, die wegen der Verfeuerung von Holz für die Sole eine ständige Gefahr darstellten. Auch von Kriegen blieb die Stadt nicht verschont.

Eine Neuausrichtung begann mit der Etablierung von Kuranwendungen ab 1846. Von der Salinenstadt entwickelte sich der Ort zur Bädervorstadt mit zahlreichen Villengebäuden und Bade- und Kuranstalten und wurde 1890 zu „Bad Reichenhall" und ist seit 1899 bayrisches Staatsbad. Ein weiterer Aufschwung kam mit dem Bau der Predigtstuhl-Seilbahn, der neuen Saline und dem Städtischen Krankenhaus.

Im Zweiten Weltkrieg wurde die Stadt wegen ihrer günstigen Lage erheblich zerstört und konnte dennoch nach dem Wiederaufbau weiter an ihre Tradition als Heilbad anknüpfen.

☺ Beim Bummel durch die Kur- und Badestadt können Sie sich von der Lauschtour-App begleiten lassen, die Ihnen an ausgewählten Punkten erklärt, was es zu sehen und zu erleben gibt.

2. Etappe: Von Bad Reichenhall nach Teisendorf

20,3 km, 5 Std. 15 Min., ↑ 265 m, ↓ 264 m, ⇧ 459-566 m

0,0 km	⇧ 479 m	Bad Reichenhall
6,4 km	⇧ 465 m	Piding
10,3 km	⇧ 534 m	Aufham
13,3 km	⇧ 562 m	Anger
15,0 km	⇧ 542 m	Höglwörth
20,3 km	⇧ 511 m	Teisendorf

Entlang der Saalach wenden Sie sich vorerst nach Norden und lassen die steilen Bergflanken des Hochstaufens hinter sich. Nach der Überquerung des Flusses und einer kurzen Passage nahe der Straße kommen Sie endlich auf ruhigere Feld- und Wiesenwege, die durch kleine Weiler zum Kloster Höglwörth führen, wo Sie im Biergarten den Blick auf diese Idylle am See genießen können, bevor Sie weiter durch lichte Wäldchen entlang des Bierwanderwegs nach Teisendorf gelangen.

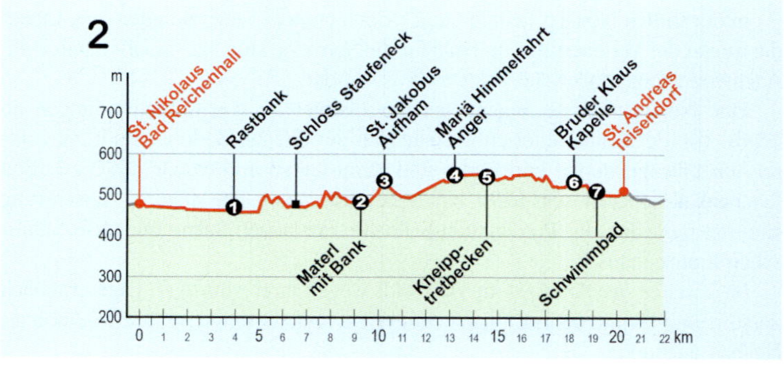

Sie verlassen die Innenstadt Bad Reichenhalls vom Platz der **St.-Nikolaus-Kirche** über die Stufen neben dem Turm und gehen an der Innsbrucker Straße nach links durch die Unterführung. Sie kommen an die Saalach mit Blick auf den Predigtstuhl und hören das laute Rauschen des Wassers, das über das Wehr fließt.

Beim **Heiligen Nepomuk** überqueren Sie vor der Brücke die Straße und folgen den ausgeschilderten Fuß- und Radwegen zum Ufer hinunter. Von hier aus verläuft der befestigte Weg unfehlbar für ca. 4,5 km unter Schatten spendenden Bäumen am Fluss entlang. Die **Rastbank** nach ca. 3,6 km ❶ bietet einen herrlichen Blick über den Fluss in die Berge und auf das Sonntagshorn.

Am Staufensteg, einer kleinen Brücke, finden Sie einen weiteren Rastplatz mit Infotafel. Sie wechseln auf die andere Seite der Saalach und folgen dem Sträßchen Stauffenbrücke nach rechts zwischen Waldhang und Einfamilienhäusern entlang zur Bundesstraße, wo Sie an der etwas verloren stehenden **Strailach-Kapelle** auf den Fußweg kommen. Dieser bringt Sie über ca. 600 m direkt an der viel befahrenen Reichenhaller Straße entlang zum Parkplatz eines **Supermarktes** am Rande Mauthausens, einem Ortsteil von Piding.

Der Ort selbst wird vom Jakobsweg nur tangiert und liegt auf der anderen Seite der Straße. Am Supermarkt lassen Sie die Bundesstraße rechts liegen und gehen weiter geradeaus auf einem geschwungenen Weg bis kurz vor die **Unterführung** (geradeaus durch diese würden Sie in den Ort gelangen).

Piding

Tourist-Info Piding, Petersplatz 2, 83451 Piding, 086 51/38 60, tourismus@piding.net, www.piding.de, Mo-Do 9:00-12:00 und 14:00-17:00, Fr 9:00-12:00

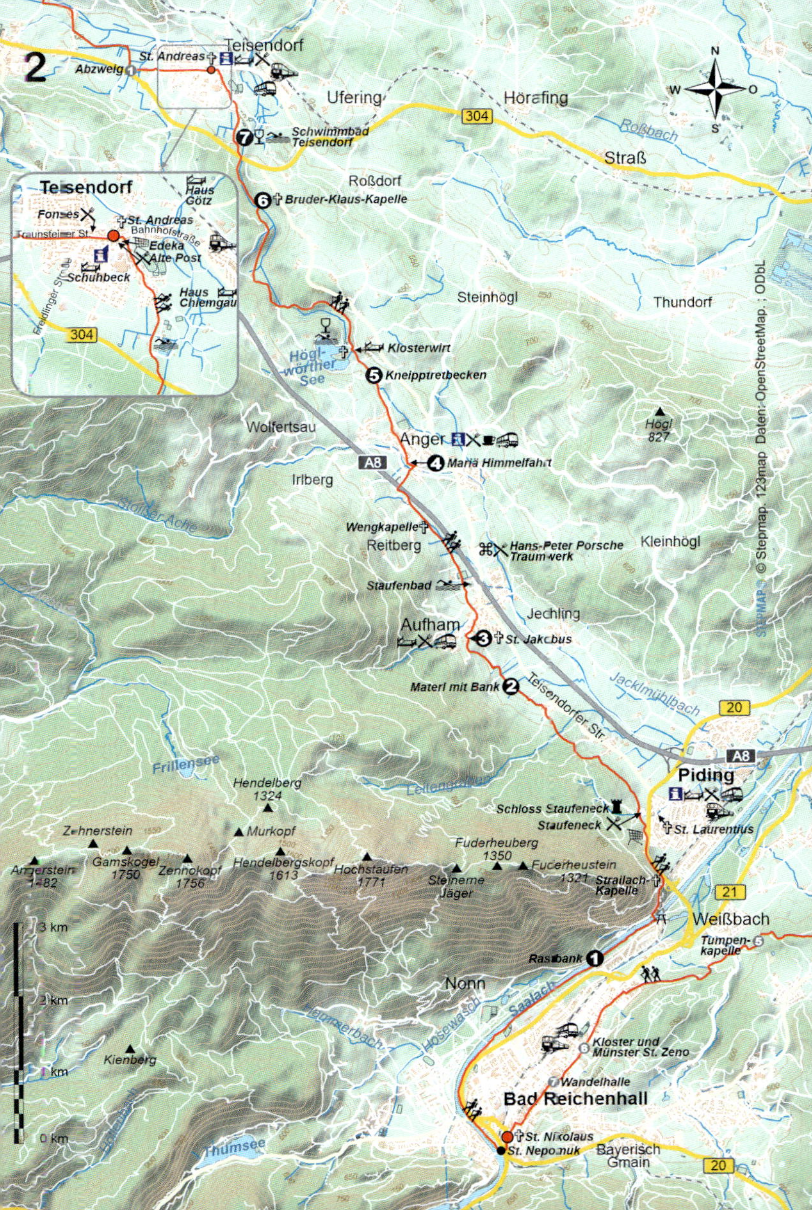

2
Abzweig
St. Andreas
Teisendorf
Ufering
Hörafing
304
Roßbach
Straß
7 Schwimmbad Teisendorf
Roßdorf
6 Bruder-Klaus-Kapelle
Teisendorf
Fonses
St. Andreas
Bahnhofstraße
Traunsteiner St.
Edeka
Alte Post
Schuhbeck
Haus Götz
Haus Chiemgau
Freidlinger Straße
Steinhögl
Thundorf
Klosterwirt
Högl-wörther See
5 Kneipptretbecken
Wolfertsau
Anger
4 Maria Himmelfahrt
A8
Irlberg
Högl 827
Stoißer Ache
Wengkapelle
Reitberg
Hans-Peter Porsche Traumwerk
Kleinhögl
Staufenbad
Jechling
Aufham
3 St. Jakobus
Materl mit Bank 2
Teisendorfer Str.
Jacklmühlbach
20
Piding
Frillensee
Hendelberg 1324
Schloss Staufeneck
Staufeneck
St. Laurentius
Murkopf
Fuderheuberg 1350
Fuderheustein 1321
Gamskogel 1750
Zennokopf 1756
Hendelbergskopf 1613
Hochstaufen 1771
Steinerne Jäger
Straßlach-Kapelle
21
Weißbach
3 km
2 km
1 km
0 km
Rastbank 1
Tumpen-kapelle
Nonn
Saalach
Hosewasch
Kloster und Münster St. Zeno
Kienberg
Wandelhalle
Bad Reichenhall
St. Nikolaus
St. Nepomuk
Bayerisch Gmain
Thumsee
N
W
O
S
© Stepmap, 123map Daten: OpenStreetMap ; ODbL

Pension Erberbauer, Gaisbergstraße 3, 83451 Piding, ☏ 086 51/14 42, info@erberbauer.de, www.erberbauer.de, EZ ab € 50, DZ ab € 82, F € 7, etwa 400 m vom Weg entfernt

Aldi, Reichenhaller Straße 25, 83451 Piding, Mo-Sa 8:00-20:00

♦ **Rewe**, Salzstraße 1, 83451 Piding, Mo-Sa 7:00-20:00

Johannes Apotheke, Dachsteinstraße 2, 83451 Piding, ☏ 086 51/958 60, Mo-Fr 8:00-12:30 und 14:30-18:00, Sa 8:00-12:00

✞ St. Laurentius

RVO 829 Bad Reichenhall – (über Aufham) – Anger – Teisendorf – Ruckstetten

BRB S3, S4 nach Freilassing, Anschluss an BRB RE 5 Salzburg – München Hbf. (über Teisendorf)

Vor der Unterführung biegen Sie nach links in den Schlossweg ein, der Sie gleich zwischen Wiesen und über eine kleine Holzbrücke zum **Wirtshaus Staufeneck** führt.

Wirtshaus Staufeneck, Schloßweg 4, 83451 Piding, ☏ 086 51/979 55 18, www.schlosswirt-staufeneck.de, bitte ggf. telefonisch erfragen, ob und wann geöffnet ist

Jakobsbrunnen in Aufham

Hinter der Brücke nach links und gleich wieder rechts führt ein schmaler Treppelweg in ca. 500 m zum Waldrand. Mit Blick nach links zum Hang hinauf wird das **Schloss Staufeneck** sichtbar, das heute in Privatbesitz ist und über dessen teils schauerliche Geschichte mit Folterkammer und Hexenprozessen eine Infotafel am Weg informiert.

Nun geht es am Waldsaum weiter und auch das Rauschen der nahen Autobahn wird Sie für die nächsten Kilometer begleiten. Nach etwa 500 m kommen Sie an einer kleinen Querstraße kurz aus dem Wald heraus und biegen an einem **Marterl** (Wegkreuz) nach links wieder in ihn hinein. Auf einem grobschottrigen Karrenweg erreichen Sie eine Weggabelung mit drei Abzweigen und entscheiden sich für den rechten Richtung Aufham und Anger.

Sie bleiben auf dem Weg, der auf einem Privatweg kurz den Wald verlässt und nach links wieder in den Wald und besagte Richtung führt. Geradeaus

Schloss Staufeneck bei Piding

überqueren Sie einen Waldweg und gehen auf eine kleine **Holzbrücke** zu, die über ein Bachbett mit großen Steinen auf einen Wiesenweg führt, wo Sie schon markant am Horizont den Kirchturm von Anger sehen und links am Waldrand den weißen Turm von Aufham erkennen können.

Hinter einem Hof abwärts führt am Holzzaun ein kleiner Stichweg scharf links hinunter auf einen anderen Hof, mit großem Schild mit der Aufschrift „Privatweg" unten am Zaun. Hier gehen Sie nach links zwischen Stall und Geräteschuppen am Silo vorbei. Sie kommen über einen Treppelweg an einem **Marterl mit Bank** zwischen Zäunen vorbei und gehen über eine kleine Brücke direkt auf ein Haus zu.

Links um das Haus herum sind wieder Aufham und Anger ausgeschildert und ein geschotterter Feldweg führt durch die Wiesen vorbei an einer Linde mit Marterl und hübscher Aussichtsbank ❷. Von hier blicken Sie auf das sagenumwobene Untersbergmassiv. Der Wiesenweg geht in eine asphaltierte Straße über, der Sie in einem kleinen Schlenker nach links folgen. In der nächsten Kurve befindet sich wieder ein Wegweiser Richtung Aufham und Anger, der rechts ab auf einen Trampelpfad am Zaun entlang zu einer kleinen **Holzbrücke** zeigt, die schon sichtbar ist. Dahinter geht es gleich links weiter auf einen geschotterten Wiesenweg bis zu einem halb offenen Stadl mit einer Bank unter einer Birke. Hier zeigt der Wegweiser nach rechts auf die Wiese am Bachlauf vorbei, an dem junge Weiden gepflanzt sind. Der Trampelweg überquert den kleinen Graben auf die rechte Seite und führt leicht bergan auf die Asphaltstraße, die nach rechts direkt zur **St. Jakobuskirche von Aufham** ❸ führt.

Der heilige Jakobus der Ältere ist Hauptfigur des barocken Hochaltars, die zu seinen Attributen zählenden Jakobsmuscheln finden sich auch in den Nischen der Heiligen wieder.

Aufham

Graznhof, Hauptstraße 43, 83454 Aufham, ☏ 086 56/12 70, zimmer@graznhof.de, www.graznhof.de, ÜF EZ ab € 50, DZ ab € 76

Pension Weber, Hauptstraße 16, 83454 Aufham, ☏ 086 56/10 39, Josef.Fegg@t-online.de, http://www.privat-pension-weber.de, ÜF ab € 45 p. P.

Almstüberl, Dorfstraße 3, 83454 Aufham, ☏ 086 56/10 84, www.almstueberl-aufham.de, täglich ab 18:00, Küche bis 20:30

Gasthaus Neuwirt, Hauptstraße 10, 83454 Aufham, ☏ 086 56/329, gasthaus-neuwirt-anger.de, Di-So 10:00-14:00 und 17:00-22:00, Ruhetag Mo

Netto, Angerstraße 26, 83454 Aufham, Mo-Sa 7:00-20:00

Bäckerei Grundner, Angerstraße 26, 83454 Aufham, ☏ 086 56/243, Mo-Fr 6:00-19:00, Ruhetag Sa und So

St. Jakobus

Hans-Peter Porsche Traumwerk, Zum Traumwerk 1, 83454 Aufham, ☏ 086 56/989 50-0, www.traumwerk.de, Di-So und Feiertage 9:00-17:30, Frühstück 9:00-11:00. Vom Abzweig Schwimmbad sind es etwa 800 m zum Traumwerk auf der anderen Seite der Autobahn. Von dort aus kommen Sie über die Salzstraße und den links abzweigenden Hadermarktweg ebenfalls zum Mühlenweg in Anger.

RVO 829 Bad Reichenhall – Anger – Teisendorf – Rückstetten

Kirche Mariä Himmelfahrt in Anger

Sie folgen dem Straßenverlauf an der Kirche vorbei und über die Kirchenstraße auf einen Schotterweg zwischen Spielplatz und grünem, baumbestandenem **Platz mit Jakobusbrunnen**, der Trinkwasser zum Erfrischen spendet.

Die Dorfstraße führt leicht bergab durch Aufham und über eine Steinbrücke weiter geradeaus in die Angerstraße, mit der Sie den Ort verlassen. Nach ca. 250 m biegen Sie nach links in den Abzweig ab, der hinter dem **Schwimmbad** zum Bauhof und zu Tennisplätzen führt.

Das Staufenbad (Aufham-Anger, Angerstraße 30, 83454 Aufham, ☏ 086 56/71 41, in der Freibadsaison) verdankt seinen Namen dem hinter ihm aufragenden Hochstaufen, der für eine beeindruckende Kulisse sorgt.

Am Ortsausgangsschild ist Anger mit noch 2 km ausgewiesen und nach etwa 1 km zwischen Wiesen nahe der Autobahn steht die **Wengkapelle** am Weg, die aus Dankbarkeit von den Pestüberlebenden gebaut wurde. Weiter geradeaus kommen Sie nah an die Autobahn und müssen ein Stück direkt an der Straße entlanglaufen, um zur Unterführung zu kommen. Durch diese hindurch gehen Sie weiter entlang der Landstraße bis zum Ortseingang von Anger.

Sie überqueren an der Kreuzung die Straße und kommen über eine Holzbrücke in den Mühlenweg, von dem scharf links die steile Pfaffendorfstraße zur **Kirche Mariä Himmelfahrt von Anger ❹** führt, die hoch auf dem Felsen thront. Nach ein paar Stufen zum umgebenden Kirchhof weitet sich der Blick auf den bisher zurückgelegten Weg.

Anger

Tourist-Info Anger, Dorfplatz 4, 83454 Anger, ☏ 086 56/98 89-22, info@anger.de, www.anger.de, Mo-Fr 8:00-12:00

Goberg, Dorfplatz 36, 83454 Anger, ☏ 086 56/989 83 35, www.goberg.de, Do-So 10:00-23:00, Ruhetage Mo-Mi

La Marca Gioiosa, Dorfplatz 29, 83454 Anger, ☏ 086 56/738 99 73, www.lamarcagioiosa.de, Mi-So 10:00-14:30 und 17:30-20:45, Ruhetage Mo, Di

Café Luggi, Dorfplatz 5, 83454 Anger, ☏ 086 56/989 83 35, täglich ab 10:00

Metzgerei Pickl Dorfplatz 33, 83454 Anger, ☏ 086 56/204, Mo, Di, Do, Fr 8:00-18:00, Mi, Sa 8:00-12:00, Mittagstisch Mo-Fr

Wolfgruber Brotkultur, Pfaffendorfstraße 9, 83454 Anger, ☏ 086 56/213, Mo-Fr 6:00-12:30, Mo, Di, Do und Fr auch 14:00-18:00, Sa 6:00-12:00, Ruhetag So

Maria Himmelfahrt

RVO 829 Bad Reichenhall – Anger – Teisendorf – Rückstetten

Für eine Pause bietet sich unterhalb der Kirche das **Goberg** mit Kastanienbäumen im **Biergarten** oder der **Dorfplatz mit Brunnen** an.

Bei der Dorflindenkapelle am Ende des Dorfplatzes verlässt der Klosterweg als Radweg den hübschen Ort und führt über ca. 1,5 km geradewegs nach **Högl**. Er geht durch Wiesen vorbei an einem **Hochkreuz**, einer Felsengrotte und einem **Kneipptretbecken mit Armbad ❺** und bringt Sie direkt zum **Kloster Höglwörth** und dem **Gasthof Klosterwirt**.

Höglwörth

Klosterwirt, Höglwörther Straße 21, 83454 Anger, ☏ 086 56/255, info@klosterwirt-hoeglwoerth.de, www.gasthof-berchtesgadener-land.com, täglich ab 10:00, Zimmer im Klosterwirt: Rezeption: ☏ 086 54/488 20, EZ ab € 85, DZ ab € 99

✞ Klosterkirche Höglwörth

Der Name des Klosters Höglwörth lässt sich von der alten Bezeichnung für „Insel“ ableiten, damals als Wörth bezeichnet, die mittlerweile versandet ist. Der burgähnliche Klosterkomplex liegt also auf einer Halbinsel umschlossen vom Höglwörther See, der vor etwa 10.000 Jahren beim Schmelzen des Saalachgletschers entstand und heute zu einem der wärmsten Seen in Bayern gehört.

Zu Zeiten des ehemaliges Augustiner-Chorherrenstifts wurde von den Mönchen eine Weintaverne betrieben, doch aus wirtschaftlichen Gründen wurden die Weingüter verkauft und daraufhin ein Brauhaus errichtet.

1821 kaufte Philipp Wieninger die Brauerei samt Klostergebäude, das sich seither in Privatbesitz der Brauereifamilie befindet. In der damaligen Taverne können es sich nun die Gäste des Klosterwirts gut gehen lassen.

☺ Der See lädt zu einem besonders idyllischen **Badevergnügen** ein. Am nördlichen Ufer gibt es an der **Liegewiese** einen Steg, der ins angenehm warme Wasser führt, und einen **Kiosk**, der für Erfrischungen sorgt.

Die letzten ca. 4,5 km nach Teisendorf gehören zum schönen, ruhigeren Wegverlauf der heutigen Etappe durch Wald- und Wiesenstücke und haben den gleichen Verlauf wie der **Teisendorfer Bierwanderweg**, der Sie mit einigen Infotafeln begleitet.

Am Parkplatz des Klosterwirts ist Teisendorf ausgeschildert und Sie nehmen den Mooshäuslweg nach links, der breit und gut geschottert zwischen Wiesen und Hängen zum Waldrand führt und sich zwischen Wald und Moos hindurchschlängelt, bis er nach zwei überquerten Bächen aus dem Wald heraus auf die befestigte Ramsauer Straße trifft.

Hier halten Sie sich rechts und folgen dem Verlauf entlang des Waldsaums und durch Wiesen, bis der Weg vor einem Hof rechts abbiegt und Sie auf eine kleine Brücke unter einer Eiche zulaufen und den breiten Weg über die Wiese schon wieder sehen. Nach ca. 1 km kommen Sie an die kleine rosa **Bruder-Klaus-Kapelle** ❻ und der Weg geht noch kurz weiter durch lichtes Waldgebiet mit einigen Bachläufen. Sie gehen unter einer hohen Brücke hindurch und nach links, wo Sie auf der hohlwegähnlichen Straße bitte besonders Obacht geben, da es hier mit den

Kloster Höglwörth

Autos etwas eng werden kann, bis Sie nach ca. 250 m auf einem Parkplatz an den **Wieninger Weihern** herauskommen. Nun bleiben Sie weiter auf der Alten Reichenhaller Straße, die nach Teisendorf hineinführt. Nach dem Ortseingangsschild liegt rechts das **Waldschwimmbad mit Kiosk ❼**.

Waldschwimmbad Teisendorf, Alte-Reichenhaller-Straße 35, 83317 Teisendorf, ☏ 086 66/92 99 16, in der Freibadsaison

☺ Wenn Sie für ein Stück die Straße meiden wollen, können Sie zum Schwimmbad nach rechts abbiegen und dann links durch den **Geopark Eichelgarten** gehen. Hier zeigen in Teisendorf und Umgebung gefundene Findlinge die Vielfalt alpiner Gesteine und Infotafeln erklären die Auswirkungen der Eiszeiten auf den Rupertiwinkel.

Nun gelangen Sie auf Fußwegen weiter in den Ort, rechts unten liegt ein **Sportplatz**, links oben das Wieninger Brauhaus. Bei der nächsten Straßenkurve halten Sie sich rechts und biegen dann nach links auf die Marktstraße mit einigen Geschäften ab.

Gegenüber des **Braugasthofs Alte Post** erreichen Sie durch einen schmiedeeisernen Torbogen die durch Bebauung etwas versteckte **Pfarrkirche St. Andreas** und beenden an dieser Stelle die 2. Etappe.

Teisendorf

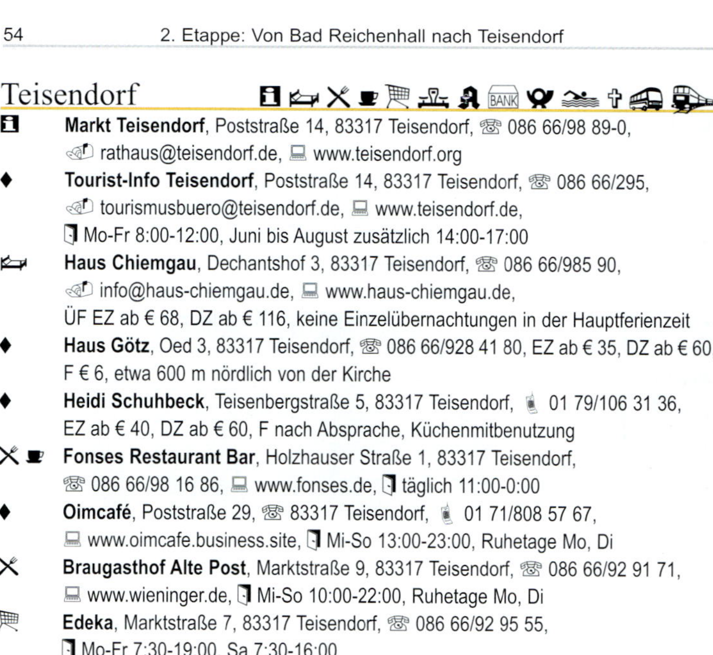

Markt Teisendorf, Poststraße 14, 83317 Teisendorf, ☏ 086 66/98 89-0, rathaus@teisendorf.de, www.teisendorf.org

♦ **Tourist-Info Teisendorf**, Poststraße 14, 83317 Teisendorf, ☏ 086 66/295, tourismusbuero@teisendorf.de, www.teisendorf.de, Mo-Fr 8:00-12:00, Juni bis August zusätzlich 14:00-17:00

Haus Chiemgau, Dechantshof 3, 83317 Teisendorf, ☏ 086 66/985 90, info@haus-chiemgau.de, www.haus-chiemgau.de, ÜF EZ ab € 68, DZ ab € 116, keine Einzelübernachtungen in der Hauptferienzeit

♦ **Haus Götz**, Oed 3, 83317 Teisendorf, ☏ 086 66/928 41 80, EZ ab € 35, DZ ab € 60, F € 6, etwa 600 m nördlich von der Kirche

♦ **Heidi Schuhbeck**, Teisenbergstraße 5, 83317 Teisendorf, 01 79/106 31 36, EZ ab € 40, DZ ab € 60, F nach Absprache, Küchenmitbenutzung

Fonses Restaurant Bar, Holzhauser Straße 1, 83317 Teisendorf, ☏ 086 66/98 16 86, www.fonses.de, täglich 11:00-0:00

♦ **Oimcafé**, Poststraße 29, ☏ 83317 Teisendorf, 01 71/808 57 67, www.oimcafe.business.site, Mi-So 13:00-23:00, Ruhetage Mo, Di

Braugasthof Alte Post, Marktstraße 9, 83317 Teisendorf, ☏ 086 66/92 91 71, www.wieninger.de, Mi-So 10:00-22:00, Ruhetage Mo, Di

Edeka, Marktstraße 7, 83317 Teisendorf, ☏ 086 66/92 95 55, Mo-Fr 7:30-19:00, Sa 7:30-16:00

Brothaus Marktbäcker, Marktstraße 13, 83317 Teisendorf, ☏ 086 66/267, Mo-Fr 6:00-18:00, Sa 6:00-12:00, So 7:30-10:30

Markt-Apotheke, Marktstraße 36, 83317 Teisendorf, ☏ 086 66/75 55, Mo-Fr 8:00-18:30, Sa 8:00-12:30

St. Andreas

RVO 9515 Freilassing – Teisendorf – Traunstein

BRB RE 5 Salzburg – München Hbf. (über Traunstein)

Wie auch andere Orte an der Handelsstraße profitierte Teisendorf von seiner günstigen Lage. Im Jahr 1275 wurde der Kern Teisendorfs Zollstation und erhielt das Marktrecht, was Handel und Handwerk Auftrieb gab. Am Markt siedelten sich nun Gewerbetreibende an und auch die Landbevölkerung musste ihre benötigten Waren und Lebensmittel im Ort einkaufen, da eine Direktvermarktung im Umkreis von zwei Meilen verboten war.

Heute bleibt der Ortskern vom Durchgangsverkehr weitgehend verschont und die historische Marktstraße mit ihren Fassaden im Salzburger Stil lädt zum Bummeln und Verweilen ein.

3. Etappe: Von Teisendorf nach Siegsdorf

22 km, 5 Std. 45 Min., ↑ 321 m, ↓ 217 m, ⇧ 499-637 m

0,0 km	⇧ 511 m	Teisendorf
9,7 km	⇧ 612 m	Lauter
14,7 km	⇧ 616 m	Ettendorf
15,6 km	⇧ 596 m	Traunstein
20,9 km	⇧ 609 m	Freibad/Schwimmbar
22,0 km	⇧ 612 m	Siegsdorf

Ab Teisendorf verläuft der Jakobsweg hauptsächlich gen Westen und folgt der mittelalterlichen Salzhandelsstraße, die von Reichenhall Richtung München führt. Auf kaum befahrenen Sträßchen überschreiten Sie die ehemalige Landesgrenze zwischen dem Erzstift Salzburg und Bayern und kommen nun ins Chiemgau.

Die Kreisstadt Traunstein unterbricht auf eine angenehme Art das gemächliche Gehen mit ihrer kleinstädtischen Atmosphäre, bevor Sie auf Radwegen südwärts entlang der Traun nach Siegsdorf pilgern, wo Sie vom Mammut Rudi erwartet werden.

An der **Pfarrkirche St. Andreas** mit ihrem 64 m hohen Turm nehmen Sie wieder den Weg auf und können sich in der Marktstraße noch mit Proviant versorgen.

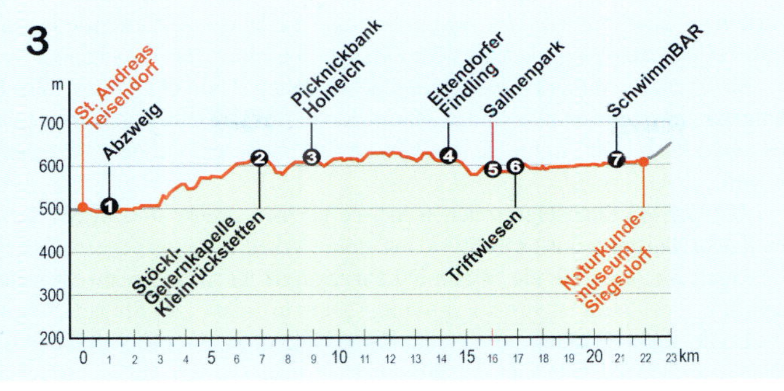

Die Marktstraße geht in die Traunsteinerstraße über und auf ihr verlassen Sie den Ort bis zum **Kreisverkehr**, wo Sie in eine Anliegerstraße einbiegen.

Da die Beschilderung des Jakobswegs hauptsächlich den Radwegen folgt, weist die Muschel nach links unter die Bundesstraße hindurch nach Obermoos. Um jedoch den Weg direkt an der Straße zu meiden, bietet sich hier ein ruhiger **Pfad, der nach rechts abzweigt** ❶, an, der weiter beschrieben wird.

Der Ort **Oberteisendorf** liegt noch 500 m weiter an der Bundesstraße entlang hinter Obermoos, bietet jedoch eine mögliche Übernachtungsoption und ein Gasthaus.

Oberteisendorf

Neuhauserhof, Freilassinger Straße 5, 83317 Oberteisendorf, ☏ 086 66/75 58, info@neuhauserhof.de, www.neuhauserhof.de, ÜF EZ ab € 38, DZ ab € 66

Gasthaus Hofwirt, Traunsteiner Straße 1, 83317 Oberteisendorf, ☏ 086 66/71 15, www.gasthaus-hofwirt.de, Mo, Di, Do, Fr 11:00-14:00 und 17:30-22:00, Sa, So, Feiertage 11:00-22:00, Ruhetag Di

Die Holzhausener Straße bringt Sie nach Norden direkt zum Bach Sur am Ortsteil Kirchsteg und schon sind Sie wieder auf dem beschriebenen Jakobsweg.

Vor dem Haus auf der rechten Seite befindet sich ein schöner Weg, der als Wanderweg 24 ausgeschildert ist und ca. 300 m entlang eines Bachlaufes auf einen kleinen Damm zugeht. Oben am Damm steht eine **Bank** mit Blick zurück nach Teisendorf und über die Wiesen in die Berge. Dem Dammweg folgen Sie nach links (den Wanderweg 24 ignorieren Sie ab hier). Er schlängelt sich zwischen Bäumen am steinigen Flussbett entlang und bietet noch mehr Bänke zum Rasten an. Nach weiteren ca. 800 m kommen Sie an einer Brücke wieder auf den ausgeschilderten Weg, der aus dem Ortsteil Obermoos von links kommt.

Sie überqueren den Fluss nach rechts und sehen schon ein großes, altes **Mühlengebäude**. In Surmühl befinden sich neben der Mühle einige Schreinereien und es riecht nach Holz, wenn Sie den kleinen Ort passieren und dem Weg am Bach folgen.

Am **Ortsteil Kirchsteg** erreichen Sie die nächste Brücke und folgen der Straße (aus Oberteisendorf) ein Stück mit dem Verlauf der Radwege rechts. (Bitte beachten Sie, dass Sie die Straße mit Fahrzeugen teilen und seien Sie aufmerksam.)

Leicht ansteigend und durch eine kleine Linkskurve führt die Straße zwischen Wiesen und Wäldchen auf eine Höhe mit ein paar Häusern, bevor sie wieder in

den Wald geht. Danach eröffnet sich der Blick auf die sich hochschlängelnde Straße bis zum nächsten Wäldchen am Horizont. In der Mitte etwa steht eine kleine **Marienkapelle** mit Bank und Kirschbaum. Hier finden Sie inmitten von Wiesen einen guten Platz für eine kurze Rast.

An der **Bushaltestelle** „Starzer Kreuz" biegt die Hauptstraße nach rechts in Richtung **Rückstetten** ab zu einer möglichen Unterkunft.

Der Landgasthof Helminger, Raiffeisenstraße 30,
83317 Rückstetten bei Teisendorf, ☏ 086 66/339,
anfrage@landgasthof-helminger.de, www.landgasthof-helminger.de,
Restaurant bitte erfragen, ÜF EZ ab € 60, DZ ab € 90,
Einzelübernachtungszuschlag € 4 p. P., ca. 600 m vom Weg entfernt

Sie orientieren Sich jedoch geradeaus am Waldrand leicht bergab in Richtung **Lacken** und folgen einfach der Straße, die auch nach dem kleinen Ort geradeaus weiterführt.

Hinter Lacken entdecken Sie die hübsche **Stöckl-Geiernkapelle** ❷ unter alten Linden in Kleinrückstetten. Um ins Innere zu schauen, lässt sich die Holzflügeltür oben am Verschluss öffnen.

Weiter auf der Straße führt der Weg auf und ab durch hügelige Wiesen und Felder, auf denen verstreut einzelne Höfe und Waldflecken zu erspähen sind. Am südlichen Horizont tauchen die Berge auf und verleihen diesem Wegstück trotz langer Asphaltstrecken einen pittoresken Charakter.

An der **Picknickbank ❸** in Holneich können Sie diesen Blick ganz entspannt genießen.

Holneich

Pension Holneich, Holneich 2, 83362 Surberg-Lauter, ☏ 08 61/692 54, info@pension-holneich.de, www.pension-holneich.de, ÜF EZ auf Anfrage, DZ ab € 95, Pilgerstempel

Nach nur ca. 450 m kommen Sie über die Surstraße in den Ort Lauter.

Lauter

Wirtshaus Lauter, Römerstraße 3, 83362 Lauter, ☏ 08 61/90 97 01 11, http://www.wirtshaus-lauter.de, Mi-Sa ab 17:00, So, Feiertage ab 11:00, Ruhetage Mo, Di

nah und gut, Römerstraße 6, 83362 Lauter, ☏ 08 61/209 77 50, Mo-Fr 6:00-13:00, Sa 6:00-12:00

RVO 9515 Freilassing – Teisendorf – Traunstein

Stöckl-Geigernkapelle in Kleinrückstetten

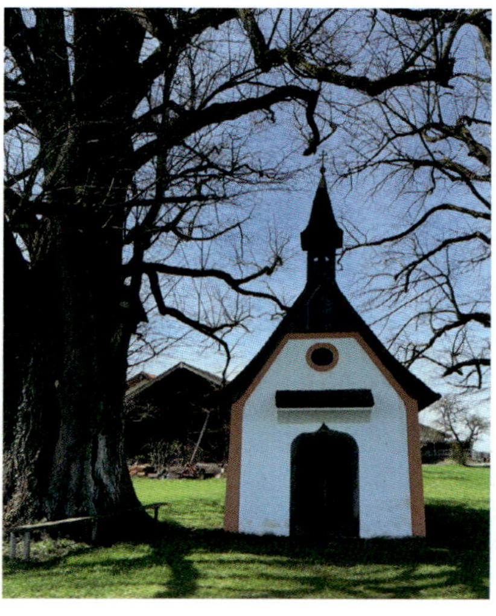

Rechts über die Brücke überqueren Sie die Bahnschienen und gelangen zum **Wirtshaus Lauter**, hinter dem die Römerstraße nach links weiterführt.

Am Ende des Ortes überschreiten Sie die **historische Landesgrenze**, die an dieser Stelle von 1275 bis 1803 zwischen dem Erzstift Salzburg und Bayern verlief, und kommen nun ins **Chiemgau**.

Nach ca. 350 m wechseln Sie über eine **Brücke** wieder auf die andere Seite der Bahnschienen auf einen Schotterweg, der sich langsam von der Bahnlinie entfernt. An einer T-Kreuzung im Ortsteil Oed biegen Sie links ab.

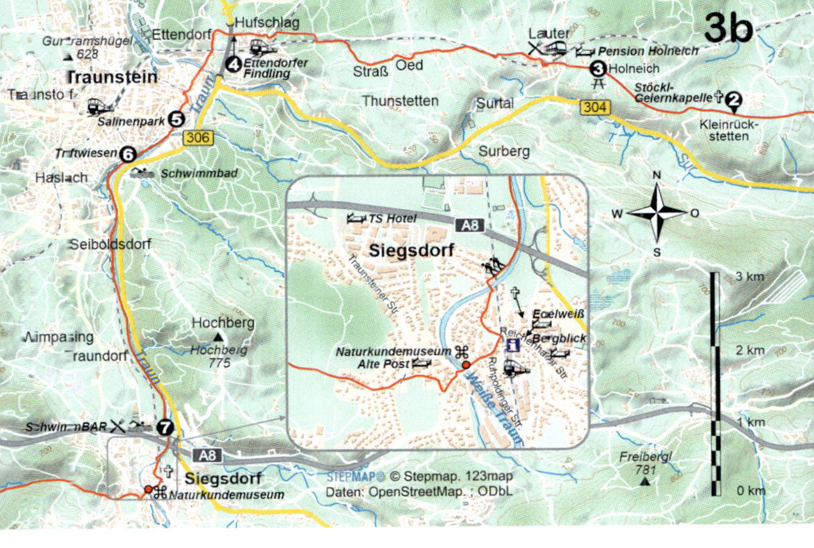

Hinter dem Ort geht ein Weg in einer Linkskurve nach Straß ab und nähert sich wieder der Bahnlinie an. Sie gelangen rechts durch eine **Unterführung** auf die andere Seite, biegen nach links ab und laufen nun am Waldrand auf dem Radweg Richtung Hufschlag weiter, bis Sie schon die T-Kreuzung Richtung Waging und Traunstein sehen.

Kurz davor finden Sie einen links abzweigenden Weg (Sackgasse, aber zu Fuß passierbar). An dessen Ende überqueren Sie die zweispurige Straße direkt in die Georgistraße nach **Ettendorf**. Auch die Stadtmitte ist an dieser Stelle schon ausgeschildert.

Weiter dem Verlauf der Hauptstraße folgend gelangen Sie am Ende von Hufschlag zum **Ettendorfer Findling ❹**, einem etwa 7 m großen Felsblock, der bei den Vortriebsarbeiten zum Ettendorfer Tunnel getroffen wurde. Weitere Informationen zum Tunnelbau finden Sie gleich daneben am Rondell des Tunnelnotausgangs. Außerdem lässt es sich hier auch schön sitzen und Sie können den herrlichen Blick auf das **Ettendorfer Kircherl St. Vitus und Anna** mit Traunstein im Hintergrund genießen.

Die ersten Häuser des Traunsteiner Ortsteils Ettendorf werden sichtbar und Sie erreichen sie auf der Georgistraße hinter einer Linkskurve.

Nun geht es leicht bergab und ⇘ in der rechts abzweigenden Römerstraße ließe sich ein pilgerfreundliches Quartier beziehen, nämlich die **Pilgerpension** von Martina Schmid.

Ettendorf

Pilgerpension Schmid, Am Römerweg 6, 83362 Surberg-Ettendorf, 08 61/135 02, info@zimmer-traunstein.de, www.zimmer-traunstein.de, ÜF EZ ab € 40, DZ ab € 60, Etagenbad und WC, Pilgerstempel

St. Vitus und Anna

Unmittelbar gegenüber der Römerstraße zweigt ein **Wiesenweg** ab, der Sie hoch zum **Kircherl** führt, wenn Sie von dort die **Stadtkulisse Traunsteins** vor dem weiten Bergpanorama betrachten möchten. Die Kirche selbst ist alljährlich am Ostermontag Ziel des Georgiritts mit rund 400 festlich geschmückten Pferden, einer der größten und schönsten Pferdewallfahrten in Oberbayern.

Weiter hinunter und unter der Bahnlinie hindurch treffen Sie auf einen **Treppenweg** mit über 100 Stufen, der weiter ins Stadtzentrum führt. Sie folgen dem Ettendorfer Weg über die Traun.

Sollten Sie die Stadt jedoch umgehen wollen, zweigt schon hinter der Brücke ein Fuß- und Radweg entlang des Ufers links nach Siegsdorf ab und trifft später an der Haferlbrücke direkt wieder auf den Weg, der aus der Stadt herausführt.

Für einen Stadtbummel, Versorgungs- und Übernachtungsmöglichkeiten wird weiter die Wegführung durchs **Zentrum** beschrieben.

Von der Brücke geht es geradeaus durch die Gasstraße und Sie sehen schon den weißen **Jacklturm** des Stadttors. Am Ende macht die Gasstraße eine leichte S-Kurve und Sie überqueren die Schützenstraße über einen Zebrastreifen. Hier gehen Sie links entweder weiter bis zur Kreuzung und dort rechts hoch zum **Stadttor** oder Sie finden nur wenige Meter nach dem Überweg den Stichweg der Mühlenstraße und nehmen den Büchelestieg mit einigen Stufen hinauf zum Stadtplatz mit der **Stadtpfarrkirche St. Oswald**.

Rund um den Stadtplatz finden sich zahlreiche Cafés und Restaurants, um die Etappe genussvoll ausklingen zu lassen, wenn Sie hier übernachten wollen.

Traunstein

Große Kreisstadt Traunstein, Stadtplatz 39, 83278 Traunstein, 08 61/65-0, info@stadt-traunstein.de, www.traunstein.de

♦ **Tourist-Information Traunstein**, Stadtplatz 39, 83278 Traunstein, 08 61/65-500, touristinfo@stadt-traunstein.de, www.traunstein.de, Mo-Do 8:00-12:30 und 13:00-16:00, Fr 8:00-12:00, Sa 10:00-12:00

Sailer Keller, Herzog-Wilhelm-Straße 1, 83278 Traunstein, ☏ 08 61/166 67 70, info@sailer-keller.de, www.sailerkeller.de, Restaurant Di-So 10:00-0:00, Ruhetag Mo, ÜF EZ ab € 75, DZ ab € 120

Hotel Rosenheimer Hof, Rosenheimer Straße 58, 83278 Traunstein, ☏ 08 61/986 59-0, info@rosenheimer-hof.de, www.rosenheimer-hof.de, EZ ab € 69, DZ ab € 99, F € 7,50

Haus St. Rupert, Bildungs- und Exerzitienhaus der Erzdiözese München und Freising, Rupprechtstraße 6, 83278 Traunstein, ☏ 08 61/98 90-0 (Mo-Fr 8:00-12:00), information@sankt-rupert.de, www.sankt-rupert.de, ÜF EZ ab € 66, DZ ab € 110, Einzelübernachtungszuschlag € 5 p. P.

Park Café, Gapstraße 2, 83278 Traunstein, ☏ 08 61/699 22, www.parkcafetraunstein.de, Mo-Mi 8:30-20:00, Do-Fr 8:30-0:00, Sa 8:30-18:00, So 9:30-18:00

Höllbräu Traunstein, Stadtplatz 37, 83278 Traunstein, ☏ 08 61/90 96 86 89, info@hoellbraeu-traunstein.de, Mo 11:00-14:00, Di-Fr 11:00-22:00, Sa 16:00-22:00, Ruhetag So

Leonrod, St.-Oswald-Straße 4, 83278 Traunstein, ☏ 08 61/25 46, www.leonrod.com, Mi-So 17:00-0:00, Ruhetage Mo, Di

Wiggerl Siebzehn, Ludwigstraße 17, 83278 Traunstein, ☏ 08 61/21 17 41 18, wiggerl17.de, Mo-Fr 8:30-17:00, Sa 8:30-14:00, Ruhetag So, Feiertage

Edeka Pfeilstetter, Maxplatz 5, 83278 Traunstein, ☏ 08 61/909 89 11, Mo-Fr 7:30-19:00, Sa 7:30-18:00

Bäckerei Miedl, Maxplatz 1, 83278 Traunstein, ☏ 08 61/209 02 64, Mo-Fr 6:30-18:00, Sa 7:00-13:00, So 7:00-12:00

Bauernmarkt am Stadtplatz, jeden Fr 9:00-15:00, **Wochenmarkt** am Stadtplatz, jeden Mi und Sa 7:00-13:00

Marien-Apotheke, Stadtplatz 12, 83278 Traunstein, ☏ 08 61/989 70 97, Mo-Fr 7:45-18:00, Sa 8:00-12:00

Erlebnis-Warmbad Traunstein, Am Schwimmbad 15, 83273 Traunstein, ☏ 08 61/16 47 44, in der Freibadsaison

St. Oswald

Freilichtmuseum Salinenpark, frei zugänglich

Heimatmuseum Traunstein, Stadtplatz 2-3, 83278 Traunstein, ☏ 08 61/16 47 86, www.heimathaus-traunstein.de, März bis Oktober Di-Sa 10:00-15:00, So 10:00-16:00

Städtische Galerie, Ludwigstraße 12, 83278 Traunstein, ☏ 08 61/16 43 19, Mi-Fr 11:00-17:00, Sa-So 13:00-18:00

RVO 9514 Traunstein – Vachendorf – Bergen

 **BRB RE 5** Salzburg – München Hbf. (über Bergen (Oberbay), Übersee, Bernau und Prien), **RB 53** nach Siegsdorf

Auf einer Anhöhe an der Traun gelegen war die Stadt wichtiger Knotenpunkt und Kontrollstelle für die Handelsstraße von Reichenhall nach München und erlangte Einnahmen aus jeder Salzlieferung über die Traun und gelangte somit zu Ansehen und Wohlstand. Bereits 1493 wurden die Gassen der Stadt gepflastert.

Dass Traunstein selbst zur Salinenstadt wurde, lässt sich auf ihren reichen Waldbestand und die Holzknappheit in der Reichenhaller Saline zurückführen. Statt, wie bis dahin, den Brennstoff zur Saline zu bringen, entschied man sich nun, das solehaltige Wasser dort hinzuleiten, wo genügend Holz vorhanden war.

1619 wurde ein für damalige Verhältnisse technisches Wunderwerk in Betrieb genommen. Das Freilichtmuseum Salinenpark dokumentiert eindrücklich die Geschichte der ersten Pipeline der Welt.

Nach dem Stadttor gleich links führt die Hofgasse zum **Hofbräuhaus Traunstein**. Durch die großen Fenster der Brauerei bieten sich interessante Einblicke in die Bierproduktion, deren Tradition und Handwerk über 400 Jahre zurückreicht.

☺ Bei einer **Brauereiführung** werden Sie in die laufende Produktion mitgenommen und erfahren durch einige Geschichten Interessantes über die Braukunst.

♦ **Hofbräuhaus Traunstein**, Hofgasse 6, 83278 Traunstein, ☏ 08 61/98 86 60, 💻 www.hb-ts.de, Führungen Mo, Di, Mi 11:00 und 14:00, zusätzlich Mo, Do 18:00, Sa 11:00, € 12,50 p. P., Buchung online

Dem Auberg folgen Sie abwärts durchs **Löwentor** am Karl-Theodor-Platz vorbei in die Reiffenstuelstraße zum **Salinenpark** ❺ mit dem markanten Wasserrad.

An der Kreuzung am **Park** überqueren Sie die Salinenstraße in die Bürgerwaldstraße, auf der nach ca. 150 m die Haferlbrücke über die Traun erreicht wird. Sie bleiben jedoch auf dieser Seite des Flusses und nehmen am runden **Pavillon** am Brückenkopf entweder den Weg Am Rechen oder aber Sie gehen schon wenige Stufen hinunter zum **Uferweg**. Beide Wegführungen verlaufen entgegen der Flussrichtung am rechten Ufer der Traun entlang und treffen nach etwa 300 m aufeinander, wo der Weg nach einer Brücke auf dem Triftweg am **Wehr** vorbei in die **Triftwiesen** ❻ führt. Hier ist der Jakobsweg sogar auf den gelben Wegweisern mit einer kleinen Muschel auf blauem Grund ausgeschildert.

☺🍷 Bei der großen Brücke über die Traun (die auch zum Schwimmbad führt) herrscht im Sommer echte Beachbar-Atmosphäre.

- **Traunbar**, 💻 www.traunbar.de,
  🚪 Fr 16:00-22:00, Sa, So 13:00-22:00, nur bei schönem Wetter

Das rauschende Wasser der Traun begleitet Sie nun über ca. 4 km, auf denen Sie sich den Weg mit Radfahrerinnen und Radfahrern teilen. Dafür verläuft der Weg unfehlbar Richtung Siegsdorf. Kurz vor der Autobahn taucht das **Freibad Siegsdorf** mit der **SchwimmBar** auf ❼.

- **Freibad Siegsdorf**, Schwimmbadweg 25, 83313 Siegsdorf, ☏ 086 62/97 69,
  🚪 in der Freibadsaison täglich 10:00-19:00
- **SchwimmBAR**, Schwimmbadweg 25, 83313 Siegsdorf, ☏ 086 62/66 94 53,
  🚪 der Außenbereich ist im Sommer täglich bei schönem Wetter von 10:00-19:00 Uhr geöffnet.

Der Schwimmbadweg führt unter der Autobahn hindurch und dann über die Bahnschienen. Sie kommen an den ersten Häusern vorbei, halten sich links und werden über eine kleine Holzbrücke zum **Kurpark** für alle Generationen mit **Terrassencafé** geführt.

- **Kuachá Platzl**, Theresienstraße 29,
  83313 Siegsdorf, ☏ 086 62/668 77 44,
  🚪 Fr-Mi 10:00-18:00, Ruhetag Do

Vielleicht lockt der Kurpark und ↪ Sie möchten entlang der verschiedenen Stationen an der Weißen Traun zum Endpunkt der Etappe schlendern oder Sie folgen dem Jakobsweg über die Theresienstraße geradeaus mit leichter Biegung in die Marienstraße,

Freilichtmuseum Salinenpark

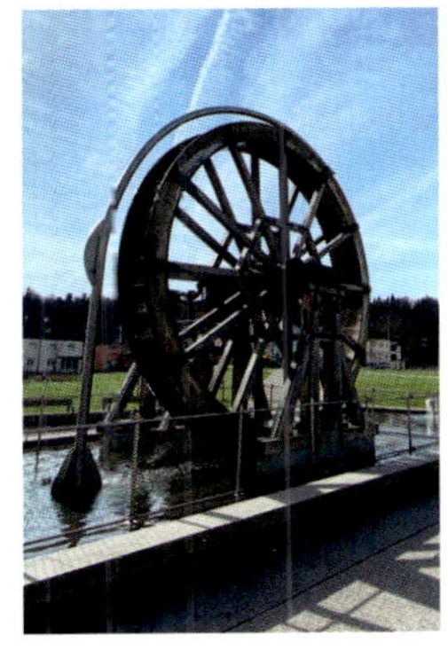

an deren Ende eine **Säule mit goldener Marienstatue** steht. Nach rechts führt die befahrene Hauptstraße mit Fußwegen zum Naturkunde- und Mammutmuseum rechts vor der Brücke, wo Sie bei Rudi, einer 3,60 m hohen **Mammutrekonstruktion** in Originalgröße, diese Etappe beenden können.

Siegsdorf

Gemeinde Siegsdorf, Rathausplatz 1, 83313 Siegsdorf, 086 62/49 87-0, gemeinde@siegsdorf.bayern.de, www.rathaus-siegsdorf.de

♦ **Tourist-Information**, Rathausplatz 2, 83313 Siegsdorf, 086 62/49 87 45, info@siegsdorf.de, www.siegsdorf.de, Mo-Do 8:00-12:00 und 13:30-17:00, Fr 8:00-12:00

Hotel Alte Post, Traunsteiner Straße 7, 83313 Siegsdorf, 086 62/66 46 09-00, info@altepostsiegsdorf.de, www.altepostsiegsdorf.de, täglich 15:00-23:00, ÜF EZ ab € 67, DZ ab € 98

Hotel Edelweiß, Hauptstraße 21, 83313 Siegsdorf, 086 62/92 96, gasthof_edelweiss@t-online.de, www.edelweiss-siegsdorf.de, ÜF EZ ab € 56, DZ ab € 100

♦ **TS Hotel Siegsdorf**, Breslauer Straße 9, 83313 Siegsdorf, 082 61/76 95-107, info@ts-hotel.de, www.ts-hotel.de, EZ/DZ ab € 68, etwa 1,2 km nördlich vom Etappenziel (Naturkunde- und Mammutmuseum) entfernt

♦ **Haus Bergblick**, Sparzer Weg 17, 83313 Siegsdorf, 086 62/73 81, kontakt@haus-bergblick-plattner.de, www.haus-bergblick-plattner.de, DZ ab € 30 p. P., kein F, Küche kann mitgenutzt werden, bitte absprechen

Pizzeria La Pala, Hauptstraße 24, 83313 Siegsdorf, 086 62/668 38 35, www.pizzeria-la-pala.de, Di-Fr 11:00-14:00 und 17:00-21:00, Sa, So, Feiertage 17:00-21:00, Ruhetag Mo

Edeka, Raiffeisenstraße 3, 83313 Siegsdorf, 086 62/121 15, Mo-Sa 7:00-19:00

Der Bäcker Schuhbeck, Traunsteiner Straße 1, 83313 Siegsdorf, 086 62/66 57 65, Mo-Fr 6:00-18:00, Sa 6:00-13:00, So, Feiertage 7:00-10:00

Marien-Apotheke, Hauptstraße 22, 83313 Siegsdorf, 086 62/40 97 32, Mo-Di 8:00-13:00 und 14:00-18:30, Mi-Fr 8:00-13:00 und 14:00-18:00, Sa 8:00-12:00

Mariä Unbefleckte Empfängnis

⌘ **Naturkunde- und Mammutmuseum**, Auenstraße 2, 83313 Siegsdorf, 086 62/133 16, www.museum-siegsdorf.de, April bis Oktober täglich 10:00-18:00, sonst 10:00-15:30

RVO 9508 Siegsdorf – Bernhaupten – Bergen – Marquartstein

RB 53 nach Traunstein

Das Leben in Siegsdorf wurde vom Mittelalter bis in die Neuzeit vom Salzhandel und der frühen Eisenindustrie bestimmt. Durch das Gemeindegebiet führte zuerst ein Salzsäumerpfad, der zur Salzstraße ausgebaut wurde, und seit 1618 verlief die Soleleitung von Reichenhall nach Traunstein entlang der Roten Traun.

Am Etappenziel erzählt das Naturkunde- und Mammutmuseum von einem spektakulären Fund. Im Jahr 1975 entdeckte Bernhard von Bredow als 16-Jähriger einen seltsamen Knochen am Siegsdorfer Bach und grub daraufhin heimlich das besterhaltene Mammutskelett in Europa aus. Erst 1987 machte er den Fund öffentlich und verkaufte das Skelett an die Gemeinde Siegsdorf. Heute kann das ca. 45.000 Jahre alte Mammutskelett in voller Größe am Ende des Museumsrundganges bestaunt werden.

4. Etappe: Von Siegsdorf nach Bernau am Chiemsee

25,6 km, 6 Std. 45 Min., 218 m, 293 m, 535-655 m

0,0 km	612 m	Siegsdorf ⌘
4,1 km	603 m	Bernhaupten
6,4 km	560 m	Bergen ⌘
11,4 km	538 m	Abzweig Osterbuchberg
18,9 km	549 m	Abzweig Variante über Westerbuchberg
22,0 km	540 m	Museum Torfbahnhof ⌘
25,6 km	539 m	Bernau am Chiemsee

Wieder auf den Spuren des Salzes verlassen Sie vorerst den Verlauf der ehemaligen Soleleitung, um über Bernhaupten ins tiefer gelegene Bergen zu kommen, wo sie wieder anschließt. In dem Luftkurort am Fuße des Hochfelln empfiehlt es sich, noch eine Pause einzulegen, damit Sie für die folgenden Kilometer abseits von Ortschaften gut gewappnet sind. Die Strecke ist mit Ausnahme vom Osterbuchberg und der Variante Westerbuchberg meist flach, aber hat ihre Länge auf nicht wenigen Asphaltkilometern. Der Ausblick auf die nahen Chiemgauer Gipfel mag dafür entschädigen und ab Westerbuchberg durchqueren Sie die Kendlmühlfilze, das größte zusammenhängende Hochmoorgebiet Bayerns mit seiner ganz eigenen Stimmung.

Am Ende der Etappe bietet Bernau am Chiemsee Erholung nach diesem Tag und macht vielleicht Lust auf einen Abstecher zum „Bayerischen Meer".

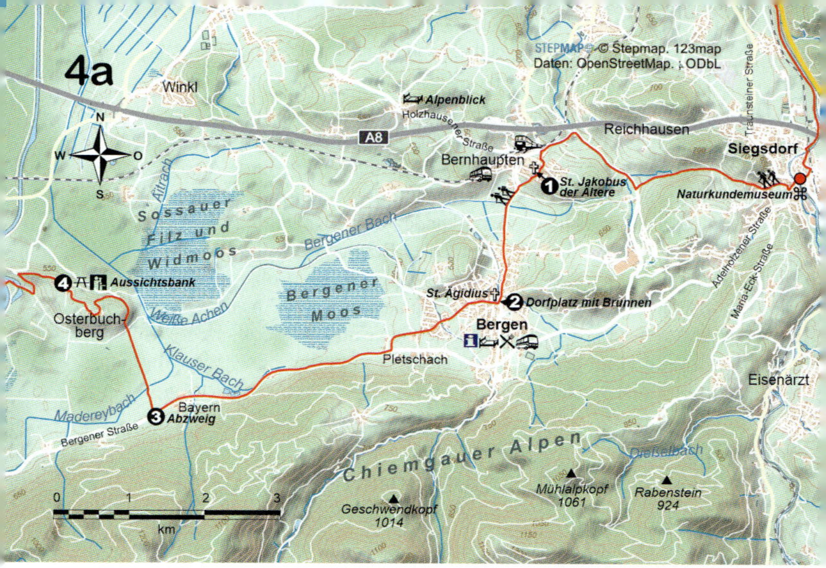

Die vierte Etappe beginnt am **Naturkunde- und Mammutmuseum** in Siegsdorf. Vorm Museum ist der etwa 140 Millionen Jahre alte **Monolith** aus Serpentin nicht zu übersehen.

Die ersten Meter führen auf der **Brücke** über die Weiße Traun und am Kreisverkehr neben der Straße geradeaus bergauf Richtung Bergen. Der Jakobsweg ist mit einem kleinen Muschelsymbol an den gelben Schildern markiert und weist nach ca. 100 m scharf rechts in einen kleinen Anliegerweg, die Gamstraße. Sie

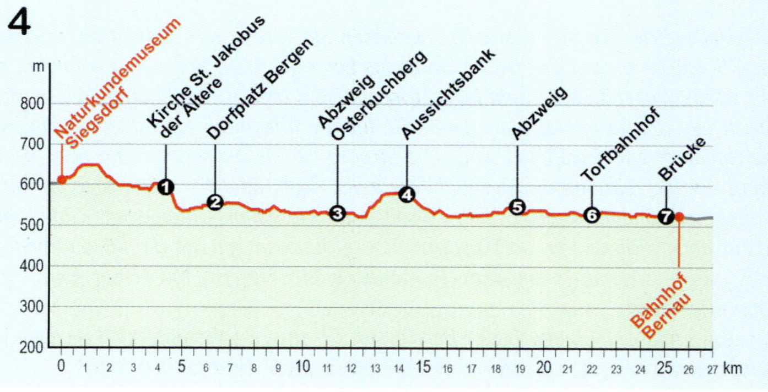

folgen ihr bis zum **Spielplatz** am Ende und biegen hinter einer kleinen Brücke nach links in die Tannhäuserstraße ab und gehen an einer Gabelung dem Verlauf des Radwegs folgend nach rechts in die Thalhammerstraße.

Gleich lassen Sie die letzten Häuser hinter sich und ein land- und forstwirtschaftlicher Weg schlängelt sich durch Wiesen und Wäldchen leicht bergab und bringt etwas Ruhe, bevor Sie nach ca. 1,5 km auf die Kreisstraße treffen.

Der Jakobsweg ist zusammen mit dem Radweg nach rechts ausgeschildert. Neben der Straße führt er nach Norden, um dann in einem Bogen hinter Bernhaupten, wo der **Bahnhof Bergen (Oberbay)** liegt, wieder nach Süden zu führen.

Auf dem Radweg laufen Sie also ca. 1,6 km an der Straße entlang und sehen dann schon die Autobahnbrücke, wo die Straße leicht nach links abknickt und bergauf nach **Bernhaupten** führt.

Eine Übernachtungsmöglichkeit bietet das Hotel Gasthof Alpenblick in Bergen-Holzhausen. Das Hotel liegt etwa 2 km nordwestlich vom Bahnhof Bergen entfernt, sie erreichen es über die Kreisstraße TS3 (Holzhausener Straße).

Hotel Gasthof Alpenblick, Schönblickstraße 6, 83346 Bergen-Holzhausen, 086 61/318, info@gasthofalpenblick.de, www.gasthofalpenblick.de, ÜF EZ ab € 40, DZ ab € 90

An der großen Kreuzung halten Sie sich gleich links in die Bernhauptener Straße, die nach einem Bogen geradeaus in den Lichtweg übergeht. An der nächsten Wegkreuzung können Sie rechts über den Kirchweg einen Abstecher zur **Kirche St. Jakobus d. Ä.** ❶ aus dem 12. Jahrhundert machen. Von der Bank an der Kirchenmauer eröffnet sich ein schöner **Ausblick** auf den weiteren Wegverlauf der heutigen Etappe.

Bernhaupten

Edeka Pfeilstetter, Bahnhofstraße 182, 83346 Bernhaupten, 086 62/86 60, Mo-Fr 7:00-13:00 und 15:00-18:00, Sa 7:00-13:00

St. Jakobus

RVO 9514 Bergen – Vachendorf – Traunstein

BRB RE 5 Salzburg – München Hbf. (über Übersee und Bernau), die Haltestelle im Ort Bernhaupten heißt Bergen (Oberbay).

Auf dem Lichtweg, der weiter steil hinunter Richtung Bergen führt, ergibt sich ein ebenso weiter Blick auf die Gipfel der Chiemgauer Alpen. Die Jakobsmuschel links am Haus ist zwar ein Mitbringsel aus Santiago de Compostela, hat jedoch keine Bewandtnis für die Pilgerinnen und Pilger, wie man gern vermuten würde.

Unten an der Landstraße wechseln Sie die Straßenseite auf den Fußweg gegenüber und gehen nun auf **Bergen** zu. Geradeaus blicken Sie auf den markanten **Hochfelln** mit einer Berghütte und rechts daneben erkennen Sie den **Hochgern**. Immer geradeaus erreichen Sie nach ca. 1,6 km den **Dorfplatz mit Brunnen** ❷ an der **St.-Ägidius-Kirche**.

Bergen

Tourist-Information Bergen, Raiffeisenplatz 4, 83346 Bergen, ☏ 086 62/83 21, tourismus@bergen-chiemgau.de, www.bergen-chiemgau.de, Mo-Do 8:00-12:00 und 13:30-17:00, Fr 8:00-12:00, Mitte Juli bis Mitte September Sa 9:00-12:00

Gästehaus Alpin, Bahnhofstraße 24, 83346 Bergen, ☏ 086 62/83 97, info@alpin-gaestehaus.de, www.alpin-gaestehaus.de, ÜF EZ ab € 52, DZ ab € 80

♦ **Urlaub beim Bauern**, Siegsdorfer Straße 21, 83346 Bergen, ☏ 086 62/33 29, beimbauern@web.de, www.beimbauern.de, ÜF EZ ab € 37, DZ ab € 74

Restaurant Olympia, Dorfplatz 1, 83346 Bergen, ☏ 086 62/417 17 44, www.restaurant-olympia-bergen.de, Di-So 11:00-14:00 und 17:00-22:00, Ruhetag Mo

♦ **Pizzeria Flamingo**, Hochfellnstraße 3, 83346 Bergen, ☏ 086 62/83 85, So-Di, Do, Fr 11:30-14:00 und 17:00-23:00, Sa 17:00-23:00, Ruhetag Mi

Weichwalds Kaffeehaus, Bahnhofstraße 24, 83346 Bergen, ☏ 086 62/83 97, Mi-So 10:00-17:00, Ruhetage Mo, Di

Edeka Pfeilstetter, Heckenweg 2, 83346 Bergen, ☏ 086 62/84 51, Mo-Fr 7:30-20:00, Sa 7:00-20:00

Bäckerei Hamberger, Bahnhofstraße 10, 83346 Bergen, ☏ 086 62/83 27, Mo, Di, Do, Fr 5:00-18:00, Sa 5:00-12:00, Ruhetage Mi, So

Hochfelln Apotheke, Dorfplatz 6, 83346 Bergen, ☏ 086 62/82 51, Mo-Fr 8:00-13:00 und 14:30-19:00, Sa 8:00-13:00

Schwimmbad Bergen, Schwimmbadweg 15, 83346 Bergen, ☏ 086 62/83 76, in der Freibadsaison

✞ St. Ägidius

⌘ **Museum Maxhütte**, Maxhüttenstraße 10, 83346 Bergen, ☏ 086 62/83 21, www.maxhuette-bergen.de, 1. Mai bis 3. Oktober Di-So 10:00-16:00, das Museum liegt etwa 1,5 km südlich des Dorfplatzes.

RVO 9514 Bergen – Vachendorf – Traunstein,
RVO 9508 Siegsdorf – Bernhaupten – Bergen – Marquartstein

BRB RE 5 Salzburg – München Hbf. (über Übersee und Bernau), die Haltestelle befindet sich im Ort Bernhaupten.

Bergen liegt am Fuße des Hochfelln, einem beliebten Wander- und Skiberg, wodurch der Tourismus für den Luftkurort von großer Bedeutung ist. Mit der 1971 fertiggestellten Seilbahn auf den 1.671 m hohen Hochfelln lässt sich der Gipfel mühelos erreichen. Dennoch hat sich der Ort seinen dörflichen Charakter bewahrt.

Durch das 1562 gegründete Eisenhüttenwerk galt Bergen als einer der bedeutendsten Industrieorte im südostbayrischen Raum. Nach einem Brand wurde es 1824 unter König Max I. Josef wieder aufgebaut und ist seither als Maxhütte bekannt. Wirtschaftliche Gründe führten 1932 zur Schließung. Das Museum Maxhütte gibt Einblicke in die Geschichte und Technik der Eisenproduktion und stellt das Leben der Hüttenleute dar.

St. Ägidius und die Bergener Büßererzählung

Der heilige Ägidius, einer der vierzehn Nothelfer, trägt das Patronat für Sünderinnen und Sünder sowie Büßerinnen und Büßer. Die Bergener Kirche ist reich mit Bildern des Ägidiuszyklus gestaltet, der das gesamte Leben und Wirken des Heiligen umfasst. Beim Blick vom Altarraum nach oben in das Oratorium erkennen Sie einen von der Decke hängenden Stein an einer Kette, der an die Büßerlegende des Tannhäusers erinnern soll, die um Bergen verortet wurde.

Nach liederlichem Leben und Versündigung, von der ihn kein Priester oder Kardinal befreien konnte, pilgerte Tannhäuser nach Rom zum Papst selbst, um ihn um Gnade zu bitten. Doch auch beim Papst fand er keine Vergebung und wurde mit den Worten „Nimb hin den Stain vor deine Bues, der dir an Hals stehts hangen mues" mit einem großen Stein an einer Kette und Halseisen beladen und trat so den schweren Rückweg über die Alpen an. Als er erschöpft das Ägidiuskirchlein seines Heimatortes erblickte, fielen ihm Kette und Stein auf wundersame Weise vom Hals und Tannhäuser war erlöst.

Die Bergener Büßererzählung entspricht einer Beispielgeschichte zum Bußsakrament und darüber hinaus verweist sie auf die Bedeutsamkeit der Anrufung der Heiligen, wie den heiligen Ägidius, und den Einfluss ihrer Fürsprache.

Vom **Dorfplatz** aus geht es rechts weiter in die Weißachener Straße. An der Wegkreuzung bei der evangelischen Kirche Rudolf-Alexander-Schröder-Haus steht eine Kapelle mit der alten **Kapellenlinde** von Bergen. Sie folgen der Weißachener Straße nun durch kleine Siedlungen und an einem Gestüt vorbei aus dem Ort heraus. Als Wirtschaftsweg trifft die Straße dann bei Pletschach direkt auf die Landstraße.

Der Jakobsweg ist auf dem **Radweg** nach rechts ausgeschildert und somit nicht zu verfehlen. Links neben der Straße ziehen sich bewaldeten Hänge hoch und rechts erstrecken sich weite Wiesen. Hier braucht es keine besondere Aufmerksamkeit, außer für die Radfahrerinnen und Radfahrer, die mit Ihnen den Weg teilen.

Nach etwa 3,3 km beginnt auf der rechten Seite kurz hinter dem **Ortsteil Bayern** ein Land- und Forstwirtschaftsweg ❸, der am Rande des **Egerndacher Filz** zum Osterbuchberg führt. Hier ist auch der Radweg nach Übersee ausgeschildert. Ebenso finden Sie am **Abzweig Osterbuchberg** ein Hinweisschild zum Wiesenbrütergebiet. Sie lassen den Autoverkehr hinter sich und kommen nach 350 m an einer **Hütte mit Bank** vorbei, die ein bisschen Schatten spendet, bevor Sie über eine alte Brücke den Madereybach überschreiten und auf den **Osterbuchberg** zugehen.

Hinter einer weiteren kleinen Brücke gehen Sie den befestigten Weg rechts am Waldrand entlang zur Rückseite des Hügels, wo ein asphaltierter **Waldweg** ansteigend auf den Osterbuchberg führt. Wie der Westerbuchberg war auch der Osterbuchberg eine Insel im früheren Ur-Chiemsee. Aufgrund des härteren Molassegesteins blieben beide bestehen, da sie von den Eiszeitgletschern nicht abgeschliffen werden konnten.

Nach dem kurzen Anstieg finden Sie sich in einer kleinen, ruhigen **Idylle** mit hübschen Häusern, tollem Bergblick und Wiesen mit Hühnern und Schafen wieder. Der Weg über die Höhe des Osterbuchbergs lässt sich wirklich genießen und schenkt an der **Aussichtsbank** ❹ hinter einer Hecke noch einmal einen herrlichen Panoramablick in die Chiemgauer Alpen und das Achental.

An der nächsten Weggabelung folgen Sie der **Kehre** mit der Ausschilderung nach Übersee nach links und laufen nach einer weiteren Kehre bergab und zwischen zwei **Fischteichen** zur Brücke über die **Tiroler Ache**. Die Wiesen am Ufer

Die Tiroler Ache bei Übersee

oder auch das steinige Flussbett laden etwa bei der Hälfte der heutigen Etappe zu einer Pause ein.

Falls der Ort Übersee, der ca. 2,5 km vom Weg entfernt liegt, ein Zwischenziel für Sie ist, so können Sie gleich nach der Brücke den Uferweg flussaufwärts nehmen. Nach ca. 450 m geht links der Osterbuchberger Weg ab, überquert die Landstraße, biegt nach rechts und läuft geradewegs durch Wiesen nach Norden bis zu einer T-Kreuzung, wo die Wolferstraße nach links in den Ort führt. Allerdings ist es schwierig, in Übersee eine Unterkunft für nur eine Nacht zu finden. Bitte fragen Sie bei Bedarf bei der Tourist-Info an.

Übersee

Tourist-Info Übersee, Feldwieser Straße 27, 83236 Übersee, ☎ 086 42/295, info@uebersee.com, www.uebersee.com, Pfingsten bis Mitte September Mo-Fr 8:00-12:00 und 13:00-17:00, Sa 9:30-12:00, Mitte September bis Pfingsten Mo-Do 9:00-12:00 und 14:00 bis 17:00, Fr 8:00-12:00

BRB RE 5 Salzburg – München Hbf. (über Bernau)

Der Jakobsweg geht auf der Plattenstraße weiter geradeaus vorbei am **Ortsteil Almau** und trifft nach etwa 1 km auf die durchaus befahrene und wenig einsichtige Landstraße, die überquert werden muss.

Nach wenigen Metern zweigt links eine kleine Straße nach **Gröben** ab, schlängelt sich durch den Ort und verlässt ihn an einer vierstämmigen **Linde mit Marterl**. Am Ende des Ortes überqueren Sie die Grassauer Straße und gelangen über den Moosbach unter Linden hindurch nach **Westerbuchberg**, wo nun ein landschaftlich sehr schöner und ruhiger Abschnitt dieser Etappe beginnt. (An den gelben Wegweisern ist auch die kleine Jakobsmuschel wieder zu erkennen.)

An der **Daxmüllerkapelle** folgen Sie dem Weg nach links bergauf bis zur **Halsererbichelkapelle**, die auf der linken Seite hinter dem Hotelgelände (derzeit nicht betrieben) sichtbar wird.

Sie gehen hinter der Kapelle einen **Schotterweg** leicht bergab unter Bäumen an **Gärten** entlang und können sich an der Aussicht auf die Gipfel von Hochplatte und Kampenwand erfreuen.

Nach etwa 400 m führt der Weg nun in der Ebene am Waldrand entlang bis zu einer **Weggabelung** mit einem **Abzweig auf den Westerbuchberg ❺**.

An dieser Stelle gibt es zwei Möglichkeiten: Der rechte Abzweig führt auf die Höhe des Westerbuchbergs zum Alpenhof und der Kirche St. Peter und Paul. Der linke Abzweig führt ohne Steigung gleich ins Kendlmühlfilz. Beide Wege treffen noch vorm Museum Torfbahnhof wieder aufeinander.

Variante über Westerbuchberg mit Kirche St. Peter und Paul

Der Abzweig nach rechts Richtung Westerbuchberg führt am Waldrand zunehmend steil bergan, denn der Westerbuchberg zählt mit seinen 603 m zu den höchsten Erhebungen im Tal der Tiroler Achen und war eine Insel des nacheiszeitlichen Chiemsees.

An der Straße angekommen gehen Sie nach links und erreichen das Hotel und Restaurant Alpenhof.

Hotel und Restaurant Alpenhof, Westerbuchberg 99, 83236 Übersee,
086 42/89 40-0, info@alpenhof-chiemgau.de,
www.alpenhof-chiemgau.de, Restaurant Do-Mo 11:00-14:00 und 17:30-22:00,
Ruhetage Di, Mi, Preise für Übernachtung auf Anfrage

Sie gehen weiter durch den kleinen Ort und sehen nun die Kirche St. Peter und Paul auf einem ummauerten Friedhof, deren Besonderheit einige sehenswerte Fresken aus dem 15. und 16. Jahrhundert sind. Ab hier wird die Straße schmaler und führt leicht bergab. Sie halten sich weiter geradeaus und folgen nun dem Schotterweg vorbei an Weiden und einer Picknickbank in den Wald hinein.

An der Weggabelung halten Sie sich links steil bergab, folgen dem Radweg durch die Haarnadelkurve und kommen auf den Hauptweg, der nach rechts zum Museum Torfbahnhof führt.

Museum Torfbahnhof in den Kendlmühlfilzen

Die ebene und sehr gemächliche Wegvariante zum **Museum Torfbahnhof** zweigt am Wegweiser nach links ab.

Als Schotterwiesenweg verläuft der Weg vorerst geradeaus, bis er nach rechts zu einem Silo und Hof abknickt. In dieser Kurve zeigt der gelbe Wegweiser mit Muschel jedoch leicht nach links auf einen **Trampelpfad** ins Hölzchen zum Torfbahnhof. Sie gelangen auf einen hübschen, kleinen **Moorwaldpfad** und laufen auf wunderbar weichem Boden am Rande der **Kendlmühlfilzen** entlang, dem größten zusammenhängenden Hochmoor Bayerns.

Nach einer kleinen Brücke öffnet sich das Moor zu freien Flächen und Sie folgen dem Weg geradeaus, bis er nach etwa 600 m auf einen abbiegenden Radweg trifft (hier fädelt sich die Variante von Westerbuchberg wieder ein) und Sie sich den Weg auf den nächsten ca. 1,6 km geradeaus mit oft zahlreichen Radlerinnen und Radlern bis zum **Museum Torfbahnhof ❻** teilen.

Das Museum Torfbahnhof

Am Rande des Naturschutzgebietes Kendlmühlfilzen wird das Museum mit viel Engagement von ehrenamtlich tätigen Bürgerinnen und Bürgern betrieben. Es ist in der ehemaligen, unter Denkmalschutz stehenden Zimmerei der Justizvollzugsanstalt Bernau untergebracht. Das Industriedenkmal Torfbahnhof vermittelt einen Vorkriegszeitcharakter und ist als Kulisse für verschiedene Fotoaufnahmen und Filme beliebt.

Die Ausstellung zeigt Wissenswertes zur Entstehung, Flora und Fauna des Hochmoors. Unter den Exponaten ist auch eine Nachbildung der bayerischen Mooreiche Rosalinde. 1957 stieß man beim Torfabbau im Weiter Filz zwischen Peiting und Hohenpeißenberg auf eine Holzkiste im Hochmoor, einen massiven Sarg aus Fichtenholz, in dem Rosalinde wohl im Spätmittelalter beigesetzt wurde und durch den luftdichten Abschluss außergewöhnlich gut erhalten blieb, ebenso wie ihre roten Stiefel aus Ziegen- und Rindsleder, die auch heute noch Rätsel zu ihrem Leben und ihrem Tod aufgeben.

⌘ **Museum Torfbahnhof**, Hackenstraße (am Ende), 83224 Rottau, ☏ 080 51/963 70 64, museum-torfbahnhof.de, Mai bis Oktober Sa, So und Juli bis Oktober auch Mi 10:00-15:30, ☺ im Museumsshop gibt es gekühlte Getränke und Snacks. Pilgerinnen und Pilger dürfen ihr Trinkwasser auffüllen.

Ab dem Museum sind die nächsten ca. 3 km des Jakobswegs nach Bernau nicht ausgeschildert. Sie folgen einfach dem Radweg parallel zur **Bahnstrecke** und gehen nun auf Kieswegen durch lichte Wäldchen und über eine Brücke an einer kleinen **Furt** in die Rottauer Filze. Später überqueren Sie eine Straße und erreichen gleich die ersten Häuser von Bernau. Hier ist auch wieder eine gut erkennbare Jakobsmuschel als Wegweiser angebracht, die Sie immer weiter geradeaus und parallel zu den Bahnschienen über die **Brücke der Bernauer Achen ❼** direkt zum **Bahnhof** von Bernau und somit zum Endpunkt der heutigen Etappe führt.

Bernau am Chiemsee

Gemeinde Bernau am Chiemsee, Rathausplatz 1, 83233 Bernau, ☏ 080 51/800 80, rathaus@bernau-am-chiemsee.de, www.gemeinde-bernau.de

♦ **Tourist-Info Bernau am Chiemsee**, Wildholzerstraße 5, 83233 Bernau, ☏ 080 51/98 68-0, tourismus@bernau-am-chiemsee.de, www.bernau-am-chiemsee.de, Mo-Do 8:30-17:00, Fr 8:30-16:00, Sa, So geschlossen

Gasthof Alter Wirt, Kirchplatz 9, 83233 Bernau, ☏ 080 51/965 69 90, info@alter-wirt-bernau.de www.alter-wirt-bernau.de, Restaurant Di-So 11:00-22:00, Ruhetag Mo, ÜF EZ ab € 61, DZ ab € 109

♦ **Gasthaus Kampenwand**, Aschauer Straße 12, 83233 Bernau, ☏ 080 51/640 24 75, post@gasthausbernau.de, www.gasthausbernau.de, Restaurant bitte erfragen, ÜF EZ ab € 75, DZ ab € 110

Gästehaus Sattlerhof, Chiemseestraße 29, 83233 Bernau, ☏ 080 51/70 87, info@sattlerhof-bernau.de, www.sattlerhof-bernau.de, ÜF EZ ab 47, DZ ab 80, bitte telefonische Anfrage für Einzelübernachtung

♦ **Pension Martlschuster**, Aschauer Straße 23, 83233 Bernau, ☏ 080 51/86 38, info@martlschuster.de, www.martlschuster.de, ÜF EZ ab € 54, DZ ab € 96, Einzelübernachtungszuschlag € 5 p. P.

Ristorante Pizzeria La Vela, Aschauer Straße 22, 83233 Bernau, ☏ 080 51/961 58 56, Mi-Mo 11:30-14:00 und 17:00-23:30, Ruhetag Di

Café Chaos, Chiemseestraße 18, 83233 Bernau, ☏ 080 51/97 04 89, www.cafe-chaos.eu, täglich 6:00-19:00, Frühstück, Backwaren und kleine Gerichte

Edeka Schmid, Chiemseestraße 14, 83233 Bernau, ☏ 080 51/72 55, Mo-Fr 7:30-18:00, Sa 7:30-12:30, Backshop Mo-Sa ab 6:00 geöffnet

Bäckerei Rothenwallner, Bahnhofstraße 24, 83233 Bernau, ☏ 080 51/72 53, Mo-Sa 6:00-12:00, Ruhetag So

♦ **Wochenmarkt** am Rathausplatz (Kurpark), jeden Do 10:00-16:00

Apotheke im Ärztezentrum, Kastanienalle 1, 83233 Bernau, ☏ 080 51/962 06 20, Mo-Fr 8:00-19:00, Sa 8:30-12:30

BernaMare Familienbad & Sauna, Erlenstraße 14, 83233 Bernau, ☏ 080 51/72 30, info@bernamare.de, www.bernamare.de, Mi-So 14:00-19:00, Mo, Di geschlossen

✝ St. Laurentius

RVO 9502 Sachrang – Aschau (Chiemgau) – Bernau – Felden,
RVO 9505 Prien am Chiemsee – Marquartstein – Reit im Winkl

BRB RE 5 Salzburg – München Hbf.

Chiemsee-Schifffahrt Ludwig Feßler KG, ☏ 080 51/609-0, info@chiemsee-schifffahrt.de, www.chiemsee-schifffahrt.de, von der Anlegestelle in Bernau-Felden können Sie auf die Fraueninsel übersetzen oder auf der Herreninsel das weltberühmte Schloss Herrenchiemsee von König Ludwig II. besuchen.

Am Südwestufer des Chiemsees gelegen blickt Bernau im Süden auf den markanten Gipfel der Kampenwand. Durch die unmittelbare Nähe zum „Bayerischen Meer" und ebenso kurze Distanz zu den Chiemgauer Alpen nimmt Bernau als Luftkur- und Erholungsort eine besondere Stellung ein. Über eine lange Zeitspanne hinweg findet sich dieser Charakter immer wieder. Schon den römischen Soldaten diente der Ort zur Erholung, wie die Grabungsfunde eines Badehauses vermuten lassen. Und nach dem Ende des Zweiten Weltkrieges wurde von der amerikanischen Armee im Rasthaus am Chiemsee, der ersten großen Raststätte der Reichsautobahnen, ein Erholungszentrum geschaffen, das bis 2002 von US-Soldaten und ihren Familien genutzt wurde.

Die heutigen Möglichkeiten, einen Aufenthalt in Bernau zu genießen, sind vielfältig und halten für Sie vielleicht ein Konzert im Musikpavillon oder einen Saunabesuch im BernaMare Familienbad zur Erholung nach einem Pilgertag bereit.

5. Etappe: Von Bernau am Chiemsee nach Rohrdorf am Inn

22,5 km, 5 Std. 45 Min., 263 m, 321 m, 466-661 m

0,0 km	539 m	Bernau am Chiemsee
4,5 km	593 m	Urschalling
6,8 km	629 m	Hittenkirchen
9,6 km	645 m	Umrathshausen
12,7 km	606 m	Frasdorf
17,3 km	531 m	Achenmühle
22,5 km	478 m	Rohrdorf am Inn

Abwechslungsreich geht es weiter. Zunächst verlassen Sie Bernau nach Norden, um die Jakobskirche in Urschalling besuchen zu können, die diesen Bogen durchaus lohnend macht. Nach Süden gewandt reihen sich dann kleine Ortschaften am Weg aneinander, der sich meist auf Asphaltstraßen und Radwegen durch weite Wiesen und Felder schlängelt und dann ab Frasdorf nahe der Autobahn, der alten Handelsroute, nach Rohrdorf führt.

Vom Voralpinen Jakobsweg wird Bernau nur gestreift. Gleich am **Bahnhof**, dem Startpunkt der heutigen Etappe, verlassen Sie den Ort auch schon wieder.

Neben der **Bushaltestelle** wechseln Sie durch die **Unterführung** auf die andere Seite der Bahnschienen und folgen der kleinen Straße An der Bahn. Diese führt

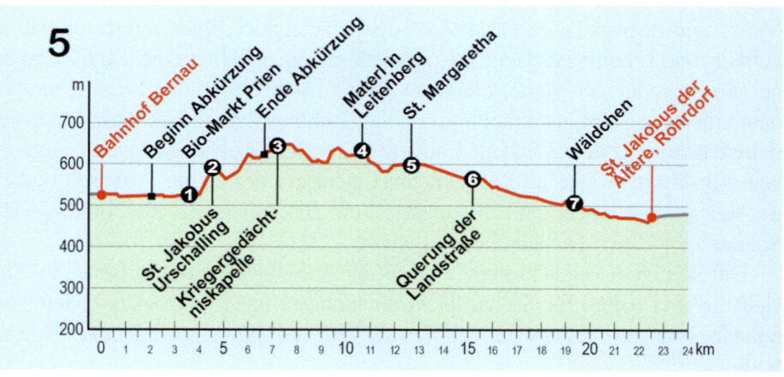

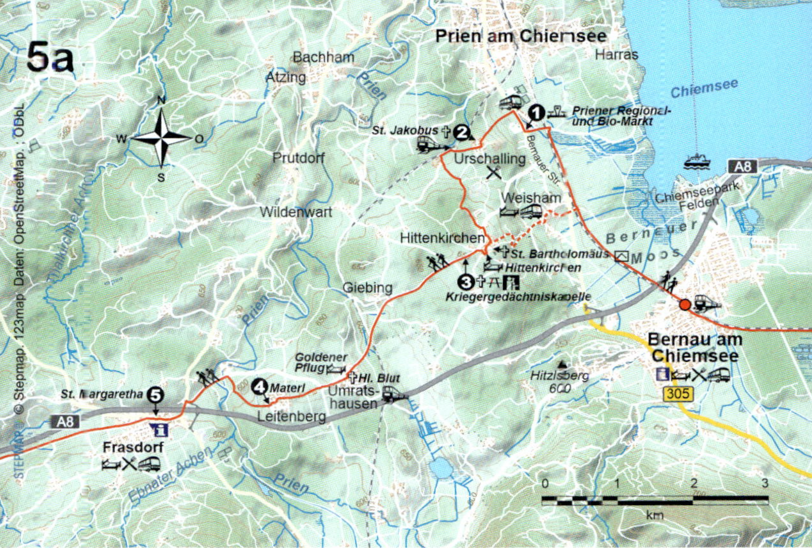

Sie vorbei an ein paar Häusern und unter einer Brücke und dann der **Autobahnbrücke** hindurch auf die freie Fläche im **Bernauer Moos**. Anfangs kann es durch das Rauschen der Autos und die vorbeifahrende Bahn etwas laut sein, doch bald wird es ruhiger.

Etwas nordwärts verlaufen nun die nächsten ca. 2,7 km unmittelbar neben der Bahnlinie, die teilweise durch einen Schilfgürtel etwas verborgen bleibt. Rechter Hand blitzt ab und zu der **Chiemsee** durch.

Nach ca. 1,5 km ist an einer größeren Scheune mit Holzlagerplätzen schon ein Wegweiser Richtung Weisham-Hittenkirchen und nach Urschalling angebracht, der nach links über die Bahnschienen zeigt – eine mögliche Abkürzung (der Weg ist ausgeschildert). Der Jakobsweg jedoch verläuft weiter geradeaus nach Urschalling, das weiter nördlich liegt und mit seiner **Kirche St. Jakobus** eine Besonderheit auf dieser Etappe bereithält. Erst nach Urschalling wendet er sich wieder südwärts und trifft in Hittenkirchen wieder auf diese mögliche Abkürzung.

Um also die Kirche zu besuchen, folgen Sie dem Jakobsweg weiter geradeaus. Überraschend hängt an einer großen Eiche auf der rechten Seite eine **Schaukel**, auf der Sie sich mit einem fantastischen Bergblick und aller Leichtigkeit in die Lüfte schwingen können.

Etwa 250 m weiter treffen Sie auf die Landstraße, die Muschel zeigt nach links und Sie wechseln die Straßenseite, um auf dem Fußweg die Bahnschienen zu überqueren und zum Kreisverkehr zu laufen. Hier bietet der **Priener Regional- und Bio-Markt ❶** eine Einkaufsmöglichkeit, um Proviant aufzufüllen oder auch den Mittagstisch für eine Versorgungspause zu nutzen.

Priener Regional- und Bio-Markt, Bernauer Straße 85, 83209 Prien am Chiemsee, ☏ 080 51/96 63 26, www.priener-regional-markt.de, Mo, Di, Do, Fr 9:00-18:00, Mi 9:00-14:30, Sa 9:00-13:00, Bio-Mittagstisch Mo-Fr 11:30-14:30

Nun geht es auf dem **Radweg** neben der Straße Richtung Prien, bis nach ca. 300 m der **Abzweig nach Urschalling** an der **Bushaltestelle** nach links die Straße ansteigend hinaufführt. Zwischendrin spitzt schon der Kirchturm durch die Bäume.

Oben angekommen zeigt die Jakobsmuschel nach links, doch zur **St.-Jakobus-Kirche ❷** geht es geradeaus und rechts am alten Bauernhaus der **Mesner Stubn** vorbei.

Urschalling

Mesner Stubn, Urschalling 4, 83209 Prien am Chiemsee, ☏ 080 51/39 71, www.mesnerstubn.de, Mo, Do-Sa 17:00-23:00, So ab 11:00, Ruhetage Di, Mi

St. Jakobus

RVO 9505 Reit im Winkl – Marquartstein – Prien am Chiemsee

RB 52 Prien am Chiemsee – Aschau (Chiemgau) (über Umrathshausen-Ort)

Das kleine Dorf Urschalling liegt auf einer Anhöhe nur etwa 2 km von Prien entfernt und besteht aus wenigen Höfen und Häusern. Seine Anfänge gehen auf das 9. und 10. Jahrhundert zurück. Heute ist Urschalling weit über den Chiemgau hinaus bekannt für seine St.-Jakobus-Kirche mit den aufwendigen und sehr gut erhaltenen Wand- und Deckenmalereien aus dem 14. Jahrhundert, darunter die einzigartige Darstellung der Dreifaltigkeit, deren Deutung umstritten ist.

Direkt neben der Kirche lädt das urig, traditionelle Wirtshaus Mesner Stubn zur Einkehr in bayerischer Atmosphäre ein.

Die St.-Jakobus-Kirche in Urschalling

Als Teil einer Wehranlage wurde die Kirche Ende des 12. Jahrhunderts im Auftrag der Grafen von Falkenstein erbaut und ihrem Schutzheiligen, dem heiligen Jakobus, geweiht und überdauerte die vielen Jahrhunderte nahezu unverändert.

Heute ist die kleine Kirche bekannt und berühmt, da ihre Wand- und Deckenmalereien von kunsthistorischer Bedeutung sind und zu den am besten erhaltenen Freskenzyklen der Gotik im oberbayerischen Raum zählen. Der Bilderreichtum biblischer Themen gibt in warmen Erdtönen Einblicke in die Glaubenswelt des Mittelalters und erzählt von Angst vor der Hölle und Hoffnung auf das Paradies.

Unter mehrfachen Übertünchungen aus dem 17. bis 19. Jahrhundert blieben Malereien aus zwei Epochen erhalten.

Wand- und Deckenfresken

Aus der Erbauungszeit stammt das romanische Bild von Adam und Eva nach dem Sündenfall. In spiegelbildlicher Erscheinung bedecken beide ihre Blöße, sind mit ihrer Schuld durch den Baum der Erkenntnis voneinander getrennt und zugleich unter dessen Ästen verbunden.

Zum zweiten Zyklus gehören die Darstellungen im Kreuzgratgewölbe des Chorjoches. Besonders das Dreifaltigkeitsfresko in der unteren Spitze eines Gewölbezwickels erregte große Aufmerksamkeit und erlangte Weltbedeutung. Drei Personen in der einen Gottheit werden mit drei Gesichtern und drei Oberkörpern gezeigt, die nach unten hin zu einem Körper verschmelzen. Auf die Dreiheit der Häupter verteilt ist der göttliche Nimbus mit je einem Hauptstrahl. Umstritten ist die Verkörperung des Heiligen Geistes. Zwischen Gottvater und Jesus Christus weist sie mit rundem und bartlosem Gesicht durchaus weibliche Züge auf und lässt die Frage aufkommen, ob es sich hier um eine Frau als Hinweis auf die verdrängte weibliche Seite Gottes handeln könnte.

Die Formen im unteren Teil des Bildes lassen sich außerdem als männliche und weibliche Symbole deuten und interpretieren.

In Bezug auf das Patrozinium erzählt das Bild am Turmeingang vom gehängten und wiederbelebten Jüngling. Des Diebstahls beschuldigt, wurde der Junge am Galgen aufgehangen. Sein Vater zog nach Compostela und als er nach 36 Tagen wieder zurückkehrte, hing der Sohn immer noch am Strick, war aber lebendig und unversehrt durch die Fürbitte und Hilfe des heiligen Jakobus. Eine geschnitzte Figur des Jakobus steht als letztes Zeugnis der beseitigten barocken Kirchenausstattung in einer Nische an der Nordwand.

Die Kirche ist täglich von 9:00 bis 17:00 zu besichtigen.

☺ Auf 💻 www.chiemgau.de finden Sie im Menü unter „360° Panos" die Kirche in Urschalling. So können Sie sich die reiche Bilderwelt in aller Ruhe digital erschließen.

Am Muschelschild halten Sie sich also links und gleich wieder rechts und folgen der kleinen, asphaltierten Straße, die an einem **Marterl mit Bank** unter Birken vorbeiführt, leicht bergab nach **Schmieding**, wo die **Haltestelle der Regionalbahn** ist. Vor den Bahnschienen gehen Sie nach links auf einen Hof zu.

Am Haus daneben steht ein weiteres Marterl und auf dem Grundstück auch eine hübsche **Kapelle**. Der land- und forstwirtschaftliche Weg gabelt sich, nach links ist der nächste Ort Hittenkirchen ausgeschildert. Der Weg schlängelt sich durch Wiesen, führt in ein Waldstück und trifft nach etwa 1,2 km in **Hittenkirchen** auf die Landstraße, der Sie am Rand ein Stück nach rechts folgen, bis auf der linken Seite die Hittostraße beginnt und Sie leicht bergan durch den Ort zur **Kirche St. Bartholomäus** führt.

Hittenkirchen

Landgasthof Hittenkirchen, Hittostraße 8, 83233 Hittenkirchen, ☎ 080 51/23 91, info@der-landgasthof.bayern, 💻 www.der-landgasthof.bayern, Restaurant Do-So ab 18:00, Ruhetage Mo-Mi, Ü ab € 79, F extra nach Karte

✝ St. Bartholomäus

Hittenkirchen, ein Ortsteil von Bernau, liegt etwa 150 m über dem Chiemsee und bietet von dieser Anhöhe traumhafte Ausblicke auf die Insel Herrenchiemsee und die Fraueninsel.

Jakobsweg mit Kampenwandblick

Neben der Kirche befindet sich in der Kurve der **Landgasthof Hittenkirchen**. An diesem entlang bleiben Sie auf der Hittostraße, die nach rechts abbiegt und wieder auf die Landstraße zugeht. Links oben auf der Kuppe sehen Sie schon die **Kriegergedächtniskapelle ❸** unter Lindenbäumen. Von hier haben Sie einen schönen **Ausblick** zurück auf den Chiemsee mit seinen weißen Segelbootspitzen. Auf der gegenüberliegenden Seite steht eine **Picknickbank** mit gleichem Blick.

Nun folgt der Jakobsweg für die nächsten ca. 2,4 km bis Umrathshausen dem Verlauf der Landstraße, die zwar nicht allzu stark befahren ist, aber dennoch mehr Aufmerksamkeit verlangt, da es vorerst keine Abgrenzung für Wanderinnen und Wanderer gibt. Dafür ist sie schön zwischen grünen Wiesen, Hügeln und kleinen Waldflecken, die weiter entfernt in die Berge übergehen, eingebettet. Die **Kampenwand** zeigt sich in ihrer ganzen Breite und bei guter Sicht ist auf ihr sogar das höchste Gipfelkreuz der Bayerischen Alpen zu erkennen.

Das Gipfelkreuz auf der Kampenwand

Schon 1923 stand auf dem 1.664 m hohen Ostgipfel der Kampenwand ein Holzkreuz, das jedoch durch einen Blitzschlag zerstört wurde. Dies geschah in den letzten Kriegsjahren und als der Höslwanger Schreinermeister Franz Schaffner aus der Gefangenschaft zurückkehrte, beschloss er gemeinsam mit seinem Nachbarn, dem Schmiedemeister Josef Hell, ein neues, diesmal wetterfestes Kreuz aus Eisen zu errichten. Sie verarbeiteten Panzerteile, Sauerstoffflaschen und sonstiges Alteisen und schweißten Einzelteile des Kreuzes zusammen, bevor der schwierigste Teil der Realisierung begann.

Mit der Bahn wurden die Teile bis nach Aschau transportiert, um weiter mit Mulis und zahlreichen Helfenden über die Steinlingalm gebracht zu werden. Von dort zog man die schweren Eisenteile mithilfe einer Winde und reiner Muskelkraft bis zu den Felswänden des Gipfels. Im Sommer 1950 schleppten zahlreiche Helferinnen und Helfer das gesamte Baumaterial von ca. 416 Zentnern auf die Plattform, wo das Kreuz am Sonntag, dem 24.09.1950 endlich aufgerichtet werden konnte. Etwa ein Jahr später erhielt es seinen kirchlichen Segen.

Nun steht es als Chiemgau-Kreuz und zum Gedenken an die in beiden Weltkriegen Gefallenen, Vermissten und Verstorbenen der Chiemgaugemeinden auf der Kampenwand – das mit 12 m höchste Bergkreuz der Bayerischen Alpen.

Die Straße geht leicht bergab und hinter einem Bahnübergang auch wieder bergauf nach **Umrathshausen**. Gleich links gelangen Sie zum **Landgasthof Goldener Pflug** und ein paar Meter neben dem Jakobsweg, der rechts hinter dem Landgasthof über die Kirchstraße den Ort wieder verlässt, steht die **Filialkirche Hl. Blut** von Umrathshausen.

Umrathshausen

Landgasthof Goldener Pflug, Humprehtstraße 1, 83112 Umrathshausen,
080 52/95 79 52-0, info@goldener-pflug-chiemsee.de,
www.goldener-pflug-chiemsee.de, Restaurant bitte erfragen,
EZ ab € 57, DZ ab € 96

Hl. Blut

RB 52 Prien am Chiemsee – Aschau (Chiemgau). Die Haltestelle Umrathshausen-Ort ist über die Kirchstraße ortsauswärts nach ca. 700 m zu erreichen.

Umrathshausen wurde erstmals 957 als Hunprethashusa (Heim oder Haus des Hunpreth) erwähnt. Nach germanischer Gepflogenheit wurden Siedlungen nach den führenden Männern der Einwandernden benannt. Die Kirche Hl. Blut diente jahrhundertelang als Wallfahrtskirche, was sich an ihrer stattlichen und weiträumigen Bauweise zeigt, die allein für die eigene Kirchgemeinde viel zu üppig gewesen wäre.

Am Ortsende sehen Sie eine kleine **Feldkapelle** und für ein kurzes Stück folgen Sie noch einmal der Landstraße, doch am nächsten linken Abzweig nehmen Sie den **Radweg** Richtung Frasdorf. Sie kommen an einem **Freiluftstall** vorbei und gelangen gleich darauf leicht bergauf über die Dorfstraße in den Ort **Leitenberg.**

Der Jakobsweg macht einen kleinen Linksknick und ist hinter einem großen Hof nach rechts ausgeschildert. Sie folgen hier dem Weiherweg, der dann nach links abbiegt. Nach wenigen Metern sehen Sie ein **hohes Marterl ❹**, hier geht es bergab auf einen land- und forstwirtschaftlichen Weg, der in einen **Schotterweg** durch Wiesen übergeht.

An einer **Eiche** führt der Weg kurz steil bergab und **gabelt sich** unten an einer **Bank** breit auf. Nach rechts ist Frasdorf ausgeschildert und hier wird es gleich weitergehen.

Doch links steht ebenfalls eine **Rastbank an der Prien**, vielleicht gerade etwas im Schatten, an einer Tafel über die **Priener Flusslandschaften**. Hier können Sie eine gemütliche Pause machen oder den kleinen Trampelpfad erkunden, der näher ans Wasser und auch ans steinige Flussbett führt.

Der Jakobsweg Richtung Frasdorf verläuft neben der Landstraße gemeinsam mit dem Radweg nach links. Sie überqueren zwei Arme der Prien und kommen zur **Autobahnabfahrt Frasdorf**. Dort gibt es auf der anderen Straßenseite einen kleinen Kiesweg, der geeigneter ist, um dann die Straße zu überqueren und nach links in Richtung Autobahnbrücke und unter dieser hindurchzulaufen. Am **Marterl** hinter der Brücke biegen Sie nach rechts in die Hauptstraße ab, rechter Hand beginnt am Ortseingang **Frasdorf** ein **Mit-Mach-Gemüsegarten**, kurz dahinter

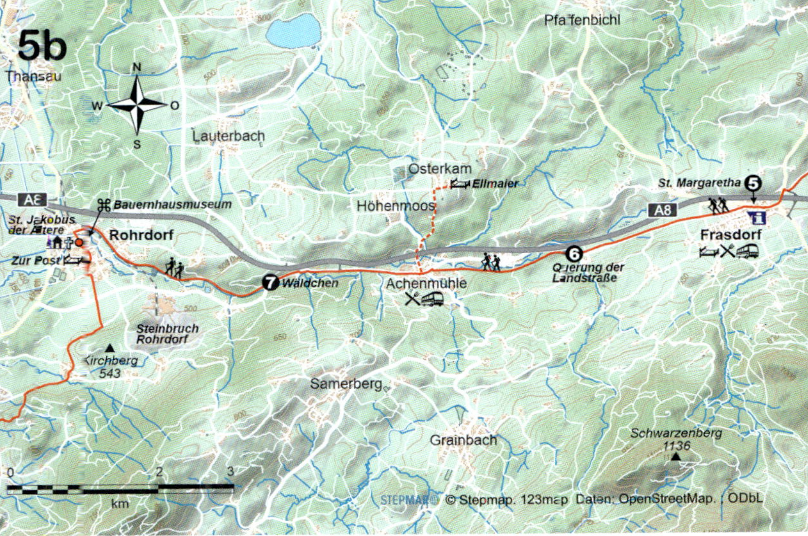

befindet sich der **Hofladen der Käserei Anderlbauer**. Sie folgen weiter der Hauptstraße und gelangen direkt zur **Pfarrkirche St. Margaretha** ❺. Hier finden Sie auch einen **Pilgerstempel**.

Immer weiter dem Verlauf der Hauptstraße folgend geradeaus ergeben sich unmittelbar am Weg verschiedene Möglichkeiten zum Proviantauffüllen oder um eine Pause zu machen. Am **Rathausplatz** gibt es einen Trinkwasserbrunnen und die **Tourist-Info** steht für Auskünfte zur Verfügung.

Frasdorf

Gemeinde Frasdorf, Hauptstraße 32, 83112 Frasdorf, ☏ 030 52/17 96-0, rathaus@frasdorf.de, www.frasdorf.de

Tourist-Info, Hauptstraße 32, 83112 Frasdorf, ☏ 080 52/17 96-25, info@frasdorf.de, www.frasdorf.de, Mo-Fr 8:00-12:00, Di auch 16:00-18:00, Do auch 14:00-16:00

Pizzeria Da Michele, Hauptstraße 13, 83112 Frasdorf, ☏ 080 52/957 74 88, Di-So 11:00-14:00 und 17:00-22:00, Ruhetag Mo (außer im Juli und August)

Spritzenhäusl, Hauptstraße 15, 83112 Frasdorf, ☏ 080 52/15 65, Di-Fr ab 15:00, Ruhetage Sa-Mo, Feiertage

Edeka Waltner, Simsseestraße 2, 83112 Frasdorf, ☏ 080 52/95 67 44, Mo-Sa 7:30-20:00

Anderlbauer Hofladen, Hauptstraße 2a, 83112 Frasdorf, ☏ 080 52/847, https://www.anderlbauer.de, Mo, Mi, Do 10:00-12:30 und 14:00-17:00, Fr 9:00-12:30 und 14:00-18:00, Sa 10:00-12:30, Di geschlossen

♦ **Der Bäcker Schuhbeck**, Simsseestraße 2, 83112 Frasdorf, ☏ 080 52/95 49 22, Mo-Sa 6:45-19:00, So geschlossen

Sonnen-Apotheke, Hauptstraße 18, 83112 Frasdorf, ☏ 080 52/16 81, Mo-Sa 8:00-12:00, Mo, Di, Do, Fr auch14:00-18:00

✞ ⊙ St. Margaretha

RVO 9494 Rosenheim – Thansau – Rohrdorf – Frasdorf – Prien,
RVO 9496 Rosenheim – Haidholzen – Riedering – Söllhuben – Aschau

In neuerer Zeit wurde die Geschichte des Ortes stark von der Errichtung der Lokalbahn Rosenheim – Frasdorf und vom Bau der Autobahn beeinflusst, was Frasdorf zu einem gut erreichbaren Erholungsort machte.

Die Autobahn wurde als Sensation gefeiert, wenngleich man die Trasse wegen des überschaubaren Verkehrs noch zu Fuß überqueren konnte. Dieser Gedanke lässt sich gut auf den nächsten A8-nahen Kilometern verfolgen.

Die Wassertrinkerin von Frasdorf

Die tiefreligiöse Bäuerin Anna Maria Furtner (1821-1884) wurde als Wassertrinkerin von Frasdorf bekannt. Sie lebte als Älteste von sechs Geschwistern auf einem Einödhof in Waizenreit unweit von Frasdorf und soll mindestens 50 Jahre lag nichts als Wasser aus einer benachbarten Quelle und mehrmals die Woche die Hostie der heiligen Kommunion und im Frühjahr frischen Birkensaft zu sich genommen haben.

Als Zwölfjährige überlebte sie eine schwere Form der Pockenerkrankung. Sie erholte sich nur langsam von den Schwarzen Blattern und reagierte mit Erbrechen auf feste Nahrung, sodass sie nur noch das Wasser aus dem Hausbrunnen trank. Dieser ungewöhnliche Fall erregte Aufsehen und auch zahlreiche Ärzte konnten es sich nicht erklären und keine Abhilfe finden.

Auf Befehl der königlichen Regierung wurde Maria Furtner 1843 für fünf Wochen unter strenger Quarantäne im Münchner Allgemeinen Krankenhaus gehalten und genau beobachtet. König Ludwig I. selbst besuchte sie einmal. Sie beklagte sich bei ihm, dass sie sich so eingesperrt fühle und so gern einmal wieder an die frische Luft gehen würde. Der König erwirkte für sie tägliche Spaziergänge unter Aufsicht der Barmherzigen Schwestern. Nach den Wochen der wissenschaftlichen Untersuchung bestätigten Ärzte, Geistliche und Beamte die Tatsache, dass sie nur von Wasser gelebt habe und man nicht an „miraculose Zuthat“ glaubte und ebenso kein Grund für Betrug, Prahlerei oder Täuschung aus

Gewinnsucht bestehe. Maria wurde entlassen und zu Fuß zurück in den heimatlichen Chiemgau geschickt. Bis zu ihrem letzten Lebensjahr war sie frei von ernsten Erkrankungen.

Als 1901 ihr Grab geöffnet wurde, erzählten sich die Menschen um Frasdorf, dass der Jungfrauenkranz aus weißen Blüten noch so frisch wie am ersten Tag gewesen sei.

1960 wurde ein Quellenhäuschen errichtet, dessen Wasser der heutigen St.-Rupertus-Quelle wohl identisch mit dem Wasser ist, das Maria damals trank. Es kann in der Lederstube Nr. 3 abgefüllt werden und bringt angeblich Erleichterung bei verschiedenen Krankheiten.

Vom Ortsende aus verläuft der Weg nun etwas schlicht und unfehlbar parallel zwischen Autobahn rechts und Landstraße links gemeinsam mit dem **Radweg**. Durch Bäume und Wiesen sind die Straßen etwas abgetrennt, doch Sie dürfen sich schon mental auf lange **Asphaltkilometer** einstellen.

Nach ca. 2 km **queren Sie die Landstraße ❻**, sodass sie nun mit der Autobahn rechts von Ihnen liegt, und der Weg zieht sich durch lichtes Gehölz. Nach weiteren ca. 2 km treffen Sie auf die Frasdorfer Straße am Ortsanfang von **Achenmühle** und gehen auf dem Rad- und Fußweg neben der Rohrdorfer Straße nach links durch den Ort.

Priener Flusslandschaft bei Frasdorf

Eine Übernachtungsmöglichkeit bietet das **Haus Ellmaier**. Der Bauernhof im kleinen Ort Osterkam liegt etwa 1,5 km nördlich von Achenmühle. Die Höhenmooser Straße führt aus der Ortsmitte heraus über eine Autobahnbrücke, dahinter halten Sie sich rechts und biegen wieder rechts in ein Waldsträßchen ab. Sie gehen bis an eine T-Kreuzung, hier biegen Sie nach rechts ab und gehen bis zum Ortsende.

Haus Ellmaier, Osterkam 19, 83101 Rohrdorf, ☏ 080 32/10 15, ellmaiermb@t-online.de, Ü ab € 20, F extra nach Absprache

Achenmühle

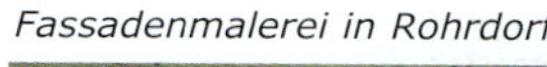

Pizzeria Restaurante Il Castagno, Rohrdorfer Straße 4, 83101 Achenmühle, ☏ 080 32/16 02, Mo, Mi, Do, So 11:00-14:00 und 17:30-21:00, Fr, Sa 17:30-21:00, Ruhetag Di

Strikkeart Café, Ziehenweg 4, 83101 Achenmühle, ☏ 080 32/18 95 49, http://www.strikkeart.de, Mo 10:00-18:00, Do, Fr, Sa 9:00-12:00, Ruhetage Di, Mi, So

nah & gut Raab, Austraße 1, 83101 Achenmühle, ☏ 080 32/56 18, Fr-Sa 6:00-18:00

Kathrin's Dorfladen, Austraße 1, 83101 Achenmühle, ☏ 080 32/56 18, Mo-Fr 6:00-18:00, Sa 6:00-12:00, heiße Theke und mittags warme Speisen

RVO 9493 Roßholzen – Lauterbach – Törwang – Rosenheim,
RVO 9494 Prien – Frasdorf – Rohrdorf – Thansau – Rosenheim

Fassadenmalerei in Rohrdorf

Auch nach dem Ort verläuft der Jakobsweg parallel zur Landstraße, bis er nach ca. 1,2 km vor einer **Autobahnunterführung** nach links auf eine andere Straße abbiegt und diese dann nach etwa 500 m nach rechts in ein **kleines Wäldchen** ❼ verlässt. Ab hier wird es nun ruhiger. Die Bäume am Weg spenden Schatten und die **Rohrdorfer Achen** rauscht in ihrem steinigen Bachbett nebenher.

Am Ortsrand von **Rohrdorf** liegen noch alte Bahnschienen neben dem Weg, der an ihnen entlang die Bahnhofstraße quert und bis zum

Ende der Florianstraße führt, wo Sie die Schienen überqueren, in die Wolfsgrubenstraße einbiegen und dann nach links über die Untere Dorfstraße die **Kirche St. Jakobus der Ältere** in Rohrdorf und somit das Ziel der 5. Etappe erreichen. An der Zufahrt zum Pfarrhof zeigt ein Pilgerkreuz die noch verbleibenden 2.500 km bis nach Santiago de Compostela an.

Rohrdorf am Inn

Gemeinde Rohrdorf, St.-Jakobus-Platz 2, 83101 Rohrdorf, ☏ 080 32/95 64-0, info@rohrdorf.de, www.rohrdorf.de

♦ **Jakobusgemeinschaft Rohrdorf** e.V., St.-Jakobus-Platz 3, 83101 Rohrdorf, ☏ 080 32/52 52, jakobusgemeinschaft@t-online.de, www.jakobusgemeinschaft.de, Infos zur Pilgerherberge auf der Homepage

Hotel zur Post, Dorfplatz 14, 83101 Rohrdorf, ☏ 080 32/18 30, hotel@post-rohrdorf.de, www.post-rohrdorf.de, Restaurant bitte erfragen, ÜF EZ ab € 69, DZ ab € 89, ☺ bei Bedarf wird gern bei der Vermittlung günstigerer Unterkünfte geholfen.

Hotel Christl, Anzengruberstraße 10, 83101 Rohrdorf, ☏ 080 32/95 65-0, info@hotel-christl.de, www.hotel-christl.de, ÜF EZ ab € 58, DZ ab € 95

Pilgerherberge im Pfarrhaus, St.-Jakobus-Platz 3, 83101 Rohrdorf, ☏ 080 32/52 52, PV-Rohrdorf@ebmuc.de oder Rbaumgartner@ebmuc.de, Pfarrbüro Mo, Mi, Do, Fr 8:30-11:30, Do auch 16:00-18:00, in den bayerischen Sommerferien nur mittwochs besetzt, bitte rechtzeitig anmelden, Platz für 2 Pilgernde, Kosten für Ü bitte erfragen

Christl's Restaurant & Café, Untere Dorfstraße 45, 83101 Rohrdorf, ☏ 080 32/987 86 00, www.christl.bayern, So-Do 11:00-22:00, Fr, Sa 16:00-22:00

Der Dorfbäcker, Dorfplatz 9, 83101 Rohrdorf, ☏ 080 32/912 11, Di-Fr 6:15-18:00, Sa 6:15-13:00, So, Mo 7:15-13:00

✞ St. Jakobus

⌘ **Bauernhausmuseum**, St.-Jakobus-Platz 2, 83101 Rohrdorf, ☏ 080 32/59 13, www.achentaler-heimathaus.byseum.de, Anfang Mai bis Ende Oktober Sa 14:00-17:00

RVO 9494 Prien – Frasdorf – Rohrdorf – Thansau – Rosenheim

Dass die Region um Rohrdorf schon früh besiedelt war, zeigen Funde aus prähistorischer und frühgermanischer Zeit, wie etwa kunstvoll geschmiedete Bronzemesser und -schwerter, die auf 1200 v. Chr. datiert werden. Sie wurden in den Jahren 1922 und 1979 beim Pflügen der Felder gefunden und stammen als Grabbeigaben aus dem ersten in Bayern entdeckten Urnenfriedhof.

Erstmals erwähnt wurde der Ort 788 in der „Notitia Arnonis". Dieses Verzeichnis, von Bischof Arno in Auftrag gegeben, listete alle Güter und Besitzungen des Bistums Salzburg auf herzoglich-bayerischem Gebiet auf. Viele süddeutsche Orte wurden darin erstmals urkundlich genannt.

Heute besitzt der Ort mit günstiger Stadtrandlage zu Rosenheim neben Handwerk, Gastronomie und Hotelwesen eine gute gewerbliche Struktur und eine Fülle engagierter Vereine in allen Ortsteilen. So hat zum Beispiel der Trachtenverein Rohrdorf aus den Beständen eines denkmalgeschützten Hofes das Achentaler Heimathaus aufgebaut, das nun das Bauernhausmuseum beherbergt. Eine Besonderheit stellt darin die Xylothek dar, eine Bibliothek aus hölzernen Büchern, die in 39 Bänden fast alle heimischen Baumarten mit ihren charakteristischen Eigenschaften beschreibt und deren getrocknete Blätter und Früchte enthält.

Die Kirche St. Jakobus der Ältere in Rohrdorf

Die Geschichte der Kirche lässt sich ab dem 15. Jahrhundert nachvollziehen, von der ursprünglichen Kirche ist nichts überliefert und nach mehreren Bränden kaum etwas erhalten. Allein der linke Seitenaltar, dem heiligen Laurentius geweiht, könnte als Hinweis auf den einstmaligen Kirchenpatron verstanden werden.

Kirche in Rohrdorf

Im 15. Jahrhundert wurde die Kirche teilweise im spätgotischen Stil neu gebaut und gestaltet, doch 1554 fiel dieser Sakralbau einem weiteren, schweren Brand zum Opfer, welcher ebenso das Pfarrhaus und ein Archiv mit zahlreichen Büchern zerstörte. Auf den erhaltenen Mauern wurde das Kirchengebäude wieder aufgebaut und später barockisiert. Doch abermals brannte es 1765 nieder. Die heutige Form entspricht in etwa einem Wiederaufbau von 1825 mit zahlreichen Restaurierungen, Umbauten und Änderungen der Ausstattung.

Der heilige Jakobus ist zwischen Engeln im oberen Teil des Altars dargestellt und thront als Sitzfigur auf dem Tabernakel. Diese ehemalige Mittelfigur eines Flügelaltars wird dem Meister von Rabenden zugeschrieben, einem bedeutenden, süddeutschen Bildhauer, der namentlich nicht bekannt ist, doch dessen Werke mit hoher Ausdruckskraft und Individualität der dargestellten Personen auffallen. Auch die Mimik dieses Jakobus, das Spiel seiner Augenbrauen und der lockige Bart zeigen die Kunstfertigkeit des Meisters.

6. Etappe: Von Rohrdorf am Inn nach Bad Feilnbach

17,1 km, 4 Std. 30 Min., 158 m, 116 m, 459-523 m

0,0 km	478 m	Rohrdorf am Inn
4,0 km	480 m	Altenbeuern
4,9 km	486 m	Neubeuern
7,9 km	467 m	Kirchdorf
12,0 km	484 m	Kleinholzhausen
15,2 km	504 m	Wiechs
17,1 km	523 m	Bad Feilnbach

Gleich zu Beginn zeigt sich ein eindrückliches Geotop am Mühlsteinbruch und schon in Neubeuern am Inn, einst als schönstes Dorf Deutschlands gekürt, finden sich hübsche Plätze für eine gemütliche Pause am Anfang der Etappe. Heute lässt es sich ruhig angehen. Der Uferweg des Inns bringt Sie zur Brücke, die an die Fährdienste erinnert, und hinüber nach Kirchdorf führt. Ab hier pilgern Sie durch Weiden und Wiesen mit markanten Bäumen und herrlichem Blick auf die Bergkulisse. In Wiechs wartet überraschend eine hübsche Gelegenheit für eine weitere Pause mit regionalem Eis und Bad Feilnbach ist nun nicht mehr weit.

Die heutige Etappe beginnt an der **St.-Jakobus-Kirche** in Rohrdorf. Hier zeigt eine Stele die verbleibenden 2.500 km nach Santiago de Compostela an.

Die ersten Meter führen Sie von der Kirche auf der Unteren Dorfstraße über den Dorfplatz zum **Hotel zur Post**, wo der Jakobsweg nach rechts in die Paul-Dax-Straße ausgeschildert ist.

Nach ca. 200 m biegt die Preysingstraße scharf links in eine Tempo-30-Zone ein, der Jakobsweg verläuft hier zusammen mit dem **Radweg** und biegt gleich nach rechts in die Falkensteinstraße ab, um entlang einer kleinen Obstplantage den Ort zu verlassen.

Sie überqueren die Landstraße und gehen weiter geradeaus durch Wiesen auf ein Waldstück zu. Mit Blick nach rechts können Sie vielleicht schon den **Wendelstein** mit seinem Observatorium und den Sendeanlagen erkennen.

Am Waldrand folgen Sie den Radwegen nach rechts. Nach dem Waldstück beginnen hügelige Wiesen mit Obstbäumen und an einer Koppel liegt der Ortseingang von **Pinswang**. Sie gehen durch den kleinen Ort mit hübschen Bauernhäusern und nehmen am Ortsausgang an einem prächtigen Edelkastanienbaum den rechten Abzweig Richtung Neubeuern. Sie gelangen über Wiesen und am Waldrand entlang an einen **Wegabzweig ❶**, der links in den Wald zum **Mühlsteinbruch** führt. (An dieser Stelle ist Neubeuern links und geradeaus angeschrieben, der Jakobsweg ist nicht eindeutig beschildert. Letztendlich führen beide Wege nach Altenbeuern und treffen sich dort an der Kirche.)

Der Weg nach links führt etwas bergauf und bergab und kommt direkt am **Mühlsteinbruch** vorbei.

Den kleinen Pfad zum Steinbruch erkennen Sie linker Hand durch einen Mühlstein. Er führt leicht hinab zu dieser beeindruckenden **Felsformation**.

Mühlsteinbruch bei Altenbeuern

Der Mühlsteinbruch von Hinterhör zählt zu den schönsten Geotopen Bayerns und bietet einen bizarren Anblick. Die Felswände sind übersäht mit kreisrunden Spuren von Mühlsteinen, die vom 16. bis ins 19. Jahrhundert auf mühsame Weise abgebaut und in alle Welt verschifft wurden.

Durch baumgesäumte Wiesen mit Blick auf die Berggipfel am Horizont führt Sie die Hinterhörer Straße nach rechts und stetig leicht bergab an eine T-Kreuzung direkt am Friedhof, wo es nach links zur **Kirche Allerheiligste Dreifaltigkeit von Altenbeuern** geht, die im Jahre 788 erstmals urkundlich erwähnt wurde. Die Allerheiligste Dreifaltigkeit im Hochaltar wurde um 1500 gestaltet und obwohl solch eine Darstellung in drei gleichen Personen durch das Konzil von Trient verboten wurde, blieb sie bis heute erhalten und stellt eine Seltenheit dar.

Altenbeuern

- **Ellmeiers Beurer Hof**, Dorfstraße 4, 83115 Altenbeuern, ☏ 080 35/906 00, www.beurer-hof.de, Mo, Di 17:00-23:00, Fr 17:00-0:00, Sa 11:00-0:00, So 9:00-23:00, Ruhetage Mi, Do
- **Metzgerei Schneebichler**, Dorfstraße 4, 83115 Altenbeuern, ☏ 080 35/984 59 39, Mo-Fr 7:30-18:00, Sa 7:00-12:00, Ruhetag So
- **Bäckerei Leitner**, Samerstraße 50, 83115 Altenbeuern, ☏ 080 35/35 04, Mo-Fr 6:00-17:30, Sa 6:00-12:00, So 7:30-11:00
- Kirche Allerheiligste Dreifaltigkeit
- **RVO 9490** Windshausen – Nußdorf – Neubeuern – Raubling – Rosenheim

Der Straße Am Bürgl folgend treffen Sie an einem **Pferdehof** auf die Eichendorffstraße. Neubeuern ist nach links ausgeschildert, der Jakobsweg führt jedoch nach rechts hinter der **Bäckerei Leitner** zum **Maroniebaum** von Altenbeuern. Hier überqueren Sie die Samerstraße auf die Seite mit einem **Brunnen** und halten sich links. Sie erreichen Neubeuern und die **Wagnerkapelle** ❷ am Wegesrand stellt sehr dezent eine wesentliche Pilgerfrage: „Wohin gehst Du?"

Auf Fußwegen nähern Sie sich dem Ortszentrum **Neubeuerns**. Die Schloßstraße würde rechts hinauf zum **Schloss Neubeuern** führen, das heute eine Internats- und Ganztagsschule beheimatet und daher nicht der Öffentlichkeit zugänglich ist. An der nächsten Straßengabelung nach ca. 100 m ist der Jakobsweg nach rechts ausgeschildert und Sie gelangen durch das Salzburger Tor auf den **historischen Marktplatz** mit der **Pfarrkirche Mariä Unbefleckte Empfängnis**. Die ehemalige Wallfahrtskirche mit ihrem markanten Turm entstand vermutlich in der zweiten Hälfte des 13. Jahrhunderts. Die Neubeurer Wunder, das Glöckleinwunder und das Lichtwunder, die sich 1498 und 1512 in der Kirche zugetragen haben sollen, wurden später nach einer Untersuchung durch das Erzbischöfliche Ordinariat bestätigt. Noch heute wird die Gnadenglocke einmal im Jahr geläutet.

Neubeuern

- **Gemeinde Neubeuern**, Schlossstraße 4, 83115 Neubeuern, ☎ 080 35/878 40, rathaus@neubeuern.org, www.kulturdorf-neubeuern.de
- ♦ **Gästeinformation** Neubeuern, Marktplatz 4, 83115 Neubeuern, ☎ 080 35/21 65, Sommersaison (April bis September) Di-Fr 10:00-14:00, Sa 9:00-12:00, Wintersaison (Oktober bis März) Di und Do 10:00-14:00
- **Hofwirt**, Marktplatz 5, 83115 Neubeuern, ☎ 080 35/96 66 60, info@hofwirt.info, www.hofwirt.info, Restaurant Mi-Fr 17:30-23:30, Sa ab 7:30-23:30, So 7:30-15:00, DZ ab € 95, Einzelnutzung ab € 80, F extra nach Karte
- **Bauernhof Familie Fritz**, Schlecht 1, 83115 Neubeuern, ☎ 080 35/44 45, ÜF DZ ab € 58, DZ als EZ ab € 40, ca. 1,5 km südlich vom Ortskern
- **Bodega y Amigos**, Marktplatz 21, 83115 Neubeuern, ☎ 080 35/983 71 35, www.bodegayamigos.de, Di-Sa 18:00-23:00, Ruhetage So, Mo
- ♦ **Gasthaus Stangenreiter**, Marktplatz 26, 83115 Neubeuern, ☎ 080 35/34 66, www.stangenreiter.info, Mi-Mo 11:00-14:00 und 17:00-0:00, Ruhetag Di
- ♦ **Valuga im Glaserwirt**, Marktplatz 30 a, 83115 Neubeuern, ☎ 080 35/13 94, www.glaserwirt.de, Mi-So ab 18:00, Ruhetage Mo, Di
- **Klein und fein**, Marktplatz 3, 83115 Neubeuern, ☎ 080 35/968 89 39, Mo, Di, Do 11:00-18:00, Fr, Sa 9:00-18:00, So 13:00-18:00, Ruhetag Mi
- **Bäckerei Bauer**, Marktplatz 1, 83115 Neubeuern, ☎ 080 35/26 41, Mo-Fr 6:00-18:00, Sa 6:00-12:00, Ruhetag So
- **St.-Michaels-Apotheke**, Marktplatz 32, 83115 Neubeuern, ☎ 080 35/37 33, Mo-Fr 8:00-18:00, Sa 8:30-12:00
- ✞ Mariä Unbefleckte Empfängnis
- ⌘ **Innschifffahrtsmuseum**, Marktplatz 4, 83115 Neubeuern, ☎ 080 35/21 65, April bis September Di-Fr 10:00-14:00, Sa 9:00-12:00
- **RVO 9490** Windshausen – Nußdorf – Neubeuern – Raubling – Rosenheim

Die Marktgemeinde Neubeuern liegt idyllisch am Ufer des Inns und wurde 1981 zum schönsten Dorf Deutschlands gewählt. Durch das Salzburger Tor oder das Münchner Tor gelangt man zum malerischen Marktplatz mit Brunnen und der

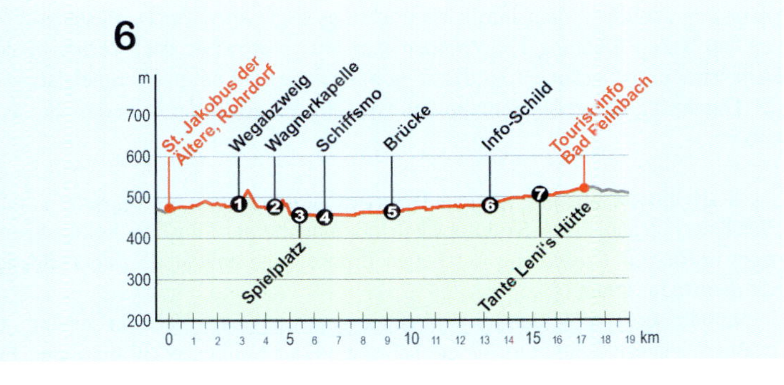

Kirche Mariä Unbefleckte Empfängnis. Hier scheint es, als würde das hoch gelegene Schloss diese Idylle aus prachtvollen Häusern mit alpenländischen Fassaden und das gemütliche Treiben im Dorfkern bewachen.

Doch auch natürliche Erscheinungen wie die Wolfsschlucht an der Nordseite des Schlossbergs machen neugierig auf die Geschichte des Ortes. Das sehenswerte Geotop war im Mittelalter der erste Steinbruch in Neubeuern, in dem Schleif- und Mühlsteine gebrochen und über den Inn verschifft wurden. Durch einen späteren Einsturz formte sich die etwa 100 m lange, 10 m breite und 20 m hohe Schlucht.

Jahrhundertelang war die Innschifffahrt für den Ort von großer wirtschaftlicher Bedeutung und brachte ebenso gesellschaftliche wie kulturelle Entwicklung mit sich. Diese geschichtliche Verbindung lässt sich wiederum in den Themen der Lüftlmalereien und Fresken an den bunten Häuserzeilen und in den Kirchen finden. Die Tradition der Schiffleute wird bis heute gepflegt und das Innschifffahrtsmuseum zeigt verschiedenste Exponate und gibt Einblicke in diese für den historischen Ort bedeutende Zeit.

Der ausgeschilderte Jakobsweg führt über den Marktplatz durch das Münchner Tor und über die Straße Am Gasteig, die in die Innstraße übergeht, zur Inn-Brücke.

Um die Landstraße zu meiden, wird ein ruhigerer Weg beschrieben, der Sie ebenfalls zur Brücke bringt.

Rechts vorbei an der Kirche führt ein kleiner Weg zum **Aussichtspunkt** Haschberg und mit ein paar Stufen hinunter auf die Sailerbachstraße, die Sie geradeaus in die Ulmenstraße überqueren. Hier ist der **Inn-Damm** geradeaus ausgeschildert. Auch die Jakobsmuschel weist in diese Richtung. Da der Voralpine

Jakobsweg allerdings dem Inn in Fließrichtung folgt, aber dieses Muschelschild den Jakobsweg Richtung Kiefersfelden markiert, biegen Sie nach rechts in die Eichenstraße und gelangen so durch eine Siedlung und an einem **Spielplatz** auf den **Dammweg** ❸ parallel zum Inn und im weiteren Verlauf direkt an das Ufer des Inns.

An der Brücke begrüßt Sie der „Steinerne Schiffmann mit seinem Kahn", auch **„Schiffsmo"** genannt. Die **Skulptur** ❹ des Brannenburger Künstlers Robert Spannagel wurde zur Einweihung der neuen Brücke aufgestellt und erinnert an die Fährdienste im Inntal.

Nun überqueren Sie den Inn und gehen geradeaus nach **Kirchdorf** hinein.

Auf der linken Seite führt Sie ein Fußweg an der Neubeurer Straße weiter bis zur Kreuzung. (Geradeaus über die Kreuzung ist am Friedhof ein öffentliches WC, wo auch Trinkwasser aufgefüllt werden kann.)

Kirchdorf

St. Ursula

RVO 9577 Kufstein – Flintsbach – Brannenburg – Raubling – Rosenheim

Der Ort Raubling liegt mit Übernachtungs- oder Versorgungsmöglichkeiten nur etwa 1 km nördlich von Kirchdorf . Von der Kreuzung aus können Sie der Kufsteiner Straße nach rechts bis in den Ort folgen.

Raubling

Gasthaus Huberwirt, Steinstraße 13, 83064 Raubling, 080 35/23 31, info@beim-huberwirt.de, www.beim-huberwirt.de, Restaurant bitte erfragen, ÜF EZ ab € 56, DZ ab € 79

Kapellenstüberl, Nicklheimer Straße 14, 83064 Raubling, 080 35/24 12, hotel-kapellenstueberl@t-online.de, www.kapellenstueberl.com, EZ ab € 47, DZ ab € 68, F € 10

Sie überqueren die Kufsteiner Straße und gehen nach links zur **Kirche St. Ursula**, auf deren Kirchturmspitze Sie neben dem Kreuz auch einen Engel erkennen. Erstmalig wurde die Kirche im Jahre 1315 erwähnt.

Rechts an der Kirche vorbei geht der Edelweißweg in den Akeleiweg über und verlässt den Ort. Nach einer Unterführung kommen Sie durch Wiesen geradeaus an den Ammerbach mit **Marterl und Bank**. Nach der Brücke folgen Sie der kleinen Spöcker Straße nach links, die sich am Bach entlangschlängelt, um dann leicht bergauf mit einer **Brücke** ❺ die **Autobahn** zu überqueren.

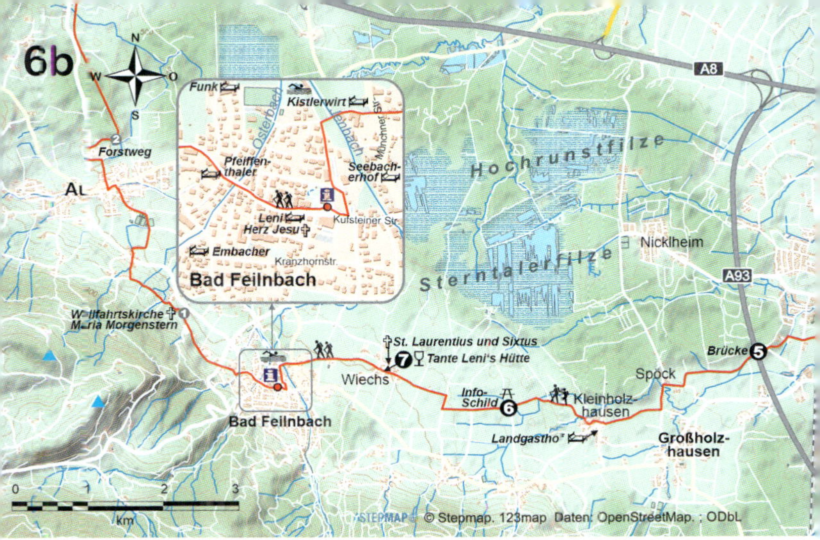
6b
N
W
O
S
Funk
Kistlerwirt
Pfeiffen-
thaler
Seebach-
erhof
Leni
Herz Jesu
Kufsteiner Str.
Embacher
Kranzhornstr.
Bad Feilnbach
Osterbach
Münchner Str.
2
Forstweg
Wallfahrtskirche
Maria Morgenstern
1
Hochrunstfilze
Sterntalerfilze
Nicklheim
A8
A93
St. Laurentius und Sixtus
7
Tante Leni's Hütte
Wiechs
Info-
Schild
6
Kleinholz-
hausen
Spöck
Brücke
5
Landgastho
Großholz-
hausen
Bad Feilnbach
0
1
2
3
km
STEPMAP
© Stepmap. 123map Daten: OpenStreetMap. ; ODbL

Nun lassen Sie die Autobahn hinter sich und der Weg verläuft auf den nächsten ca. 7 km bis Bad Feilnbach auf kleinen Asphaltstraßen durch Wiesen, Weiden und Felder mit markanten Bäumen, einzelnen Höfen und Scheunen. Die Berge sind wunderbar zu sehen und geben diesem Wegstück eine **idyllische Kulisse**. Der Jakobsweg ist zusammen mit den **Radwegen** ausgeschildert und orientiert sich trotz einiger Abzweigungen nach Westen Richtung Bad Feilnbach. **In Spöck** zweigt er von der abbiegenden Hauptstraße nach links über eine kleine

„Schiffsmo"-Skulptur am Inn

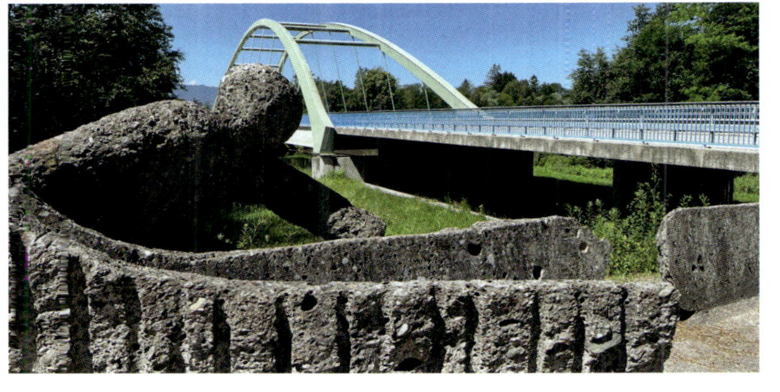

Brücke ab. An einer **Schulbushaltestelle** an der nächsten Wegkreuzung ist der Voralpine Jakobsweg als Nebenroute Richtung Irschenberg ausgeschildert. (Geradeaus würde die Route nach Kiefersfelden führen.) Sie biegen nach rechts Richtung Irschenberg ab und kommen nach **Kleinholzhausen**.

Kleinholzhausen

Landgasthof Neiderhell, Steinbrucker Straße 4, 83064 Kleinholzhausen, Obb.,
080 34/18 94, landgasthof@neiderhell.de, www.neiderhell.de,
Restaurant Mo, Di, Do-Sa 8:00-14:00 und 17:00-23:00, So 8:00-23:00,
Ruhetag Mi, EZ ab € 70, DZ ab € 100

St. Johannes der Täufer

RVO 9578 Au – Bad Feilnbach – Raubling – Rosenheim

Kurz hinter dem Ortseingang gabelt sich der Weg. Sie nehmen den rechten Abzweig und folgen der Dorfstraße. Sie halten sich rechts in den Gmainweg und an einem alten **Bauernhaus** mit Scheune kommen Sie über eine kleine **Brücke** mit dem Radweg aus dem Ort heraus.

An der nächsten Weggabelung folgen Sie dem linken Weg, bleiben auch an der folgenden Gabelung mit einer Bank und einem **Info-Schild** ❻ von Bad Feilnbach auf dem asphaltierten Weg nach links und biegen gleich nach rechts ab.

Dann zeigt der Weg an der nächsten Kreuzung geradeaus und folgt dem Radweg, auch wenn Bad Feilnbach ebenfalls nach links ausgeschildert ist. An der folgenden T-Kreuzung biegen Sie nach rechts ab und gleich wieder links. (Geradeaus würde es in die **Sterntalfilze** gehen.) Vor Ihnen liegt der kleine Ort **Wiechs** mit einem Marterl und einem Hof mit einigen Obstbäumen am Ortseingang. Die Flurstraße führt geradeaus durch den Ort und direkt vorbei an **Tante Leni's Hütte** ❼ mit Selbstbedienungsautomaten für Kaffee, kalte Getränke, Eis und Regionales. Eine willkommene Gelegenheit für eine genussvolle Pause!

Gegenüber führt der Laurenziweg zur **Kirche St. Laurentius und Sixtus**. Sehenswert sind nicht nur die Kanzel und die Decke mit fein aufgetragenem Stuck in größtenteils ursprünglicher Farbtönung.

Wiechs

Kirchbeckhof-Tante Leni's, Neuweg 6, 83075 Bad Feilnbach, 080 66/320,
auf der Wiese unter Obstbäumen, Ecke Flurweg/Neuweg

St. Laurentius und Sixtus

RVO 9578 Au – Bad Feilnbach – Raubling – Rosenheim

Die Flurstraße quert noch die Pater-Petrus-Straße und führt an einer Koppel mit Obstbäumen und an der Meisterhof **Mosterei und Brennerei** mit Hofladen entlang und immer geradeaus zum Ortseingang von **Bad Feilnbach**. Sie kommen an die Münchner Straße, überqueren diese und gehen rechts neben dem **Kistlerwirt** einen kleinen Stichweg entlang und auf einer Brücke über den Jenbach und links in die Bahnhofstraße Richtung Ortsmitte. (☺ Für eine Abkühlung an heißen Sommertagen erreichen Sie, wenn Sie hinter der Brücke auf der Bahnhofstraße nach rechts gehen, nach nur 100 m das **Freibad**.)

Geradeaus über den **Busbahnhof** führen schon ein paar Stufen direkt auf den **Rathausplatz**.

Ansonsten wenden Sie sich am Ende der Bahnhofstraße nach rechts in die Kufsteiner Straße, erreichen so auch den Rathausplatz und damit das Ziel der heutigen Etappe.

Bad Feilnbach

Gemeinde Bad Feilnbach, Rathausplatz 1, 83075 Bad Feilnbach, ☏ 080 66/887-0, poststelle@bad-feilnbach.de, www.bad-feilnbach.de

♦ **Kur- und Gästeinformation**, Rathausplatz 1, 83075 Bad Feilnbach, ☏ 080 66/887-440, info@bad-feilnbach.de, www.bad-feilnbach.de, Mo-Fr 9:00-12:30 und 13:30-18:00, Sa 9:00-12:30

Landhotel Kistlerwirt, Münchner Straße 21, 83075 Bad Feilnbach, ☏ 080 66/903 60, info@kistlerwirt.com, www.kistlerwirt.com, Restaurant Fr-Mo 11:00-23:00, Ruhetage Di-Do, ÜF EZ ab € 60, DZ ab € 90

♦ **Gasthof Pfeiffenthaler**, Kufsteiner Straße 10, 83075 Bad Feilnbach, ☏ 080 66/202, info@pfeiffenthaler.de, www.pfeiffenthaler.de, Restaurant Mi-So 10:00-23:00, Ruhetage Mo, Di, ÜF EZ ab € 35, DZ ab € 100

Seebacherhof, Münchner Straße 10, 83075 Bad Feilnbach, ☏ 080 66/544, seebacherhof@web.de, www.seebacherhof.de, ÜF EZ ab € 50, DZ ab € 70

♦ **Gästehaus Leni**, Kufsteiner Straße 28, 83075 Bad Feilnbach, ☏ 080 66/235, info@gaestehaus-leni.de, http://www.gaestehaus-leni.de, ÜF EZ ab € 50, DZ ab € 95

♦ **Gästehaus Embacher**, Breitensteinstraße 24, 83075 Bad Feilnbach, ☏ 080 66/93 61, gaestehaus-embacher@gmx.de, http://www.gästehaus-embacher.de, ÜF DZ ab € 95

♦ **Gästehaus Funk**, Nordweg 21, 83075 Bad Feilnbach, ☏ 080 66/80 15, kontakt@gaestehaus-funk.de, www.gaestehaus-funk.de, EZ ab € 65, DZ ab € 100

Zum Ederkramer, Kufsteiner Straße 1, 83075 Bad Feilnbach, ☏ 080 66/885 59 10, www.zumederkramer.de, Di 8:30-12:30, Mi-Fr 8:30-14:00 und 17:00-23:00, Sa 8:30-23:00, So 8:30-17:00, Ruhetag Mo

Burger Brothers, Kufsteiner Straße 2, 83075 Bad Feilnbach, ☏ 080 66/884 26 43, www.burger-brothers-bf.de, Mi-So 17:00-22:00, Ruhetage Mo, Di

Café Pichler, Kufsteiner Straße 44, 83075 Bad Feilnbach, ☏ 080 66/884 39 90, Mo-Sa 6:30-20:00, So 7:30-17:30

Stefanies, Kufsteiner Straße 33, 83075 Bad Feilnbach, ☏ 080 66/639 99 06, www.stefanies-feilnbach.de, Mo, Di, Do, Fr 8:00-17:00, Sa, So 9:00-17:00, Ruhetag Mi

Edeka Prechtl, Kufsteiner Straße 44, 83075 Bad Feilnbach, ☏ 080 66/88 45 30, Mo-Sa 8:00-20:00

Wochenmarkt, Rathausplatz 1, jeden Sa 8:00-13:00

Kur-Apotheke, Gartenstraße 2, 83075 Bad Feilnbach, ☏ 080 66/242, Mo-Fr 8:00-12:30 und 14:30-18:00, Sa 8:00-12:00

Schwimmbad, Bahnhofstraße 18, 83075 Bad Feilnbach, ☏ 080 66/90 65 78, in der Freibadsaison, Bar- und Kioskbetrieb

Herz Jesu Kirche, Kapelle Zum Guten Hirten

RVO 9578 Au – Bad Feilnbach – Raubling – Rosenheim,
RVO 9580 Bad Feilnbach – Au – Bad Aibling

Die Gemeinde Bad Feilnbach ist 1978 im Zuge einer Gebietsreform aus mehreren Ortsteilen entstanden, deren Wurzeln bis in die Römerzeit zurückreichen. Als „Fulinpah", was „fauler Bach" im Sinne von träges, langsam fließendes Gewässer bedeutete, wurde Feilnbach bereits im Jahr 980 urkundlich erwähnt.

Das Gebiet der Gemeinde reicht bis in das Filz- und Moorgebiet des Rosenheimer Beckens hinein und die reichhaltigen Vorkommen des „schwarzen Goldes" sowie das milde Klima boten seit 1900 die Grundlage für eine Etablierung von Kureinrichtungen. So wurde Feilnbach 1973 zum „Bad" erhoben und trägt zudem seit 2018 den Titel „Genussort".

Der Apfel als Logo des Ortes gibt außerdem einen Hinweis auf eine besondere Stärke in der Region. Neben der Milchwirtschaft prägen über 25.000 Obstbäume die Kulturlandschaft und der alljährliche Apfelmarkt im Oktober ist sehr beliebt und weit bekannt. So ist es naheliegend, dass der Ort mit über 120 Brennrechten als das Brennerdorf Bayerns gilt. Diese Tradition wird ebenso mit Gästen und Einheimischen geteilt wie das Brauchtum mit Tracht, Musik, Gesang und Theaterspiel, das von zahlreichen Vereinen und Gruppen gepflegt und lebendig gehalten wird.

7. Etappe Von Bad Feilnbach bis Weyarn

30 km, 7 Std. 45 Min., ↑ 500 m, ↓ 364 m, ⇧ 488-737 m

0,0 km	⇧ 523 m	Bad Feilnbach
4,4 km	⇧ 509 m	Au
8,1 km	⇧ 503 m	Dettendorf
10,3 km	⇧ 500 m	Berbling
17,0 km	⇧ 675 m	Wallfahrtskirche Wilparting
18,5 km	⇧ 699 m	Raststätte Irschenberg
21,0 km	⇧ 622 m	Auerschmied
26,2 km	⇧ 680 m	Reichersdorf
27,1 km	⇧ 696 m	Neukirchen
28,6 km	⇧ 680 m	Wattersdorf
30,0 km	⇧ 672 m	Weyarn

Kleine Straßen und Wege führen Sie durch beschauliches Voralpenland von Wallfahrtskirche zu Wallfahrtskirche.

Der Jakobsweg ist über Berbling ausgewiesen, bevor er stetig ansteigend mit schönen Weitblicken zum Irschenberg hinaufzieht. Den ungewohnten Trubel der Raststätte lassen Sie schnell hinter sich, wenn Sie in weiterem Auf und Ab durch kleine Weiler nach Weyarn gehen.

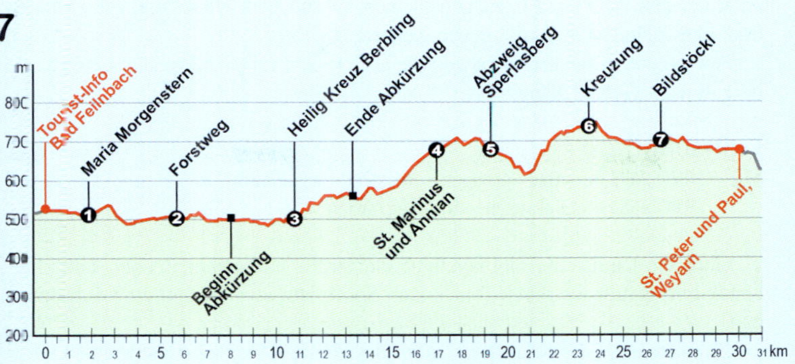

Vom **Rathausplatz** in Bad Feilnbach führt Sie der Jakobsweg zunächst nach rechts auf die Kufsteiner Straße entlang einiger Läden, Restaurants und Cafés. Es geht über den Osterbach und am Ende der Kufsteiner Straße über den Feilnbach.

Nach der **Brücke** gehen Sie auf der Hocheckstraße kurz nach links und nehmen gleich den ersten Abzweig nach rechts in den Bichlweg, der Sie noch an einigen Häusern und Höfen vorbei aus dem Ort herausbringt.

Sie überqueren die Landstraße, bleiben geradeaus auf einem kleineren Asphaltweg und gehen durch hügelige Wiesen mit Obstbäumen.

Vorbei am **Friedhof** (hier gibt es eine öffentliche Toilette) gehen Sie nun auf die **Wallfahrtskirche Maria Morgenstern** in **Lippertskirchen ❶** zu.

Lippertskirchen

✞ Maria Morgenstern

RVO 9578 Au – Bad Feilnbach – Raubling – Rosenheim,
RVO 9580 Bad Feilnbach – Au – Bad Aibling

Seit dem 14. Jahrhundert gibt es Belege für die Marienverehrung in Lippertskirchen. Zwischen 1783 und 1785 wurde die Rokokoausstattung der Wallfahrtskirche gefertigt und die Deckenfresken aus dem Jahr 1798 zeigen beispielhaft die Umsetzung des höfischen Stils im ländlichen Raum.

Sie halten sich links zwischen Scheune und Hof in einen **Stichweg** aufwärts, gehen am Ende des Hofes nach rechts über eine kleine Brücke und kommen auf einen Kiesweg durch **Obstplantagen**, der dann auf einen Asphaltweg trifft. Sie gehen nach links, der Weg führt in einer leichten Rechtskurve durch Bäume und auch bei den weiteren Abzweigen bleiben Sie auf dem Hauptweg. Sie kommen über eine kleine Brücke und gehen weiter geradeaus.

Am folgenden Bauernhof biegen Sie nach rechts auf eine Asphaltstraße ab, die bergab nach **Gottschalling** führt.

Gottschalling

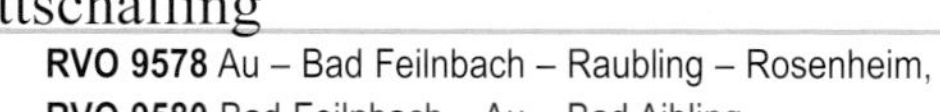

RVO 9578 Au – Bad Feilnbach – Raubling – Rosenheim,
RVO 9580 Bad Feilnbach – Au – Bad Aibling

Über die Landstraße hinüber führt die Straße nach einer Rechts- und einer Linkskurve geradeaus durch Felder zum **Sportplatz** von Au und zum **Schwimmbad**.

Dahinter biegt der Kreuthweg nach links ab, dem Sie bis an die Kreuzung folgen. Geradeaus auf einem Kiespfad zwischen Heckenzäunen kommen Sie auf die

7a

N W O S

Irschenberg
Raststätte Irschenberg
Irschenberg 756
A8
Abzweig Sperlasberg
St. Marinus und Anian
Wilparting
Röthengraben
Heinrichsdorf
Pfaffing
Dettendorf
Schlachtham
Berbling
Heilig Kreuz
Weiherbach
Bleichbach
Forstweg
Lindenwirt
Hauptstr.
Mariä Heimsuchung
Aubach
Au
Gottschalling
Maria Morgenstern
Lippertkirchen
Auer Str.
Osterbach
Feilnbach
Bad Feilnbach
886
Hochesk 903
Niklasreuth
Wörnsmühl
3 km
2 km
1 km
0 km
STEPMAP © Stepmap. 123map Daten: OpenStreetMap ; ODbL

Heubergstraße, gehen kurz nach links und biegen gleich rechts zwischen zwei Häusern in einen schmalen Weg ein, der direkt zur **Taxakapelle Mariä Heimsuchung** führt.

Der Kiespfad führt weiter nach links neben Hecken am Aubach entlang bis auf den Ferdinand-Winter-Weg. Hier kommen Sie nun über die Brücke nach rechts zum Brunnen vor dem **Feuerwehrhaus** und überqueren die Hauptstraße geradeaus in die Lindenstraße.

Au

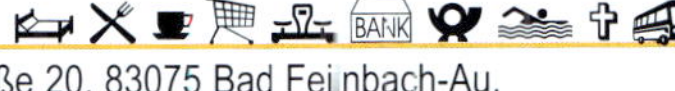

Gästehaus Hubertushof, Aubachstraße 20, 83075 Bad Feilnbach-Au, 080 64/751, hubertushofau@t-online.de, www.gaestehaus-hubertushof.de, ÜF EZ ab € 45, DZ ab € 92

- **Gästehaus Huber**, Hauptstraße 9, 83075 Bad Feilnbach-Au, 080 64/292, info@pension-huber.de, www.pension-huber.de, ÜF EZ ab € 60, DZ ab € 100

Gasthaus Lindenwirt, Hauptstraße 21a, 83075 Bad Feilnbach-Au, 080 64/282 99 43, www.lindenwirt-au.de, Do-Mo 11:30-13:30 und 17:00-0:00, Ruhetage Di, Mi

Gasthaus Andrelang, Dorfplatz 3, 83075 Bad Feilnbach-Au, 080 64/214, www.andrelang.de, Mi-Fr 11:00-14:00 und 17:00-23:00, Sa, So 11:00-23:00, Ruhetage Mo, Di

nah & gut Riederer, Dorfplatz 1, 83075 Bad Feilnbach-Au, 080 64/91 40, Mo-Fr 7:30-18:00, Sa 7:30-12:00

Bäckerei Konditorei Pichler, Hauptstraße 21, 83075 Bad Feilnbach-Au, 080 64/90 50 93, Mo-Fr 6:00-18:00, Sa 6:00-12: 00, So 7:30-10:00

Schwimmbad Au, Kreuthweg 31, 83075 Bad Feilnbach-Au, 080 64/12 20, in der Freibadsaison, witterungsbedingt

St. Martin, Taxakapelle

RVO 9578 Au – Bad Feilnbach – Raubling – Rosenheim,
RVO 9580 Bad Feilnbach – Au – Bad Aibling

Am Ende der Siedlung geht ein **Trampelpfad** am Feld entlang geradeaus weiter und dann über eine kleine **Brücke** auf eine asphaltierte Straße, der Sie nach links vorbei an ein paar Häusern folgen. Sie kommen an die Landstraße, auf der Sie nach rechts weitergehen. Nach ca. 150 m biegen Sie an der Bushaltestelle in den kleinen Weg nach rechts ein. Dieser führt Sie zum Waldrand und nach ca. 200 m **zweigt ein Forstweg ❷** an der Ecke des Waldes nach links ab, dem Sie nun für

Kirche Heilig Kreuz in Berbling

ca. 2,2 km schnurgeradeaus nach **Dettendorf** folgen. Zunächst verläuft er durch ein Wäldchen, dann durch Wiesen und Felder, bis er die Autobahn unterquert und an einer Bushaltestelle auf die Landstraße trifft.

Dettendorf

✝ St. Korbinian

RVO 9580 Bad Feilnbach – Au – Bad Aibling

Sie überqueren die Straße und kommen über eine kleine Brücke über die Dettendorfer Kalte auf den baumgesäumten **Rad- und Fußweg**, der nun für weitere ca. 2,3 km geradeaus nach **Berbling** führt.

Der Jakobsweg verläuft vorerst weiter nach Norden, weil in Berbling die Wallfahrtskirche Heilig Kreuz steht. Dahinter biegt er wieder nach Süden, wo er bei Pfaffing unterhalb der Autobahn zum Irschenberg führt. Dieser Bogen über Berbling macht somit ca. 5,3 km aus.

In Dettendorf könnten Sie sich auch entscheiden, Berbling auszulassen. Ab der Kirche in Dettendorf (links im Ort) bringt Sie die Irschenberger Straße aus dem Ort heraus und unter der Autobahn hindurch direkt zur Weggabelung beim Weiler Schlachtham. Hier sind Sie wieder auf dem Jakobsweg.

Am Ortseingang von Berbling gehen Sie nach links über eine kleine Brücke am **Marterl** in den Ort, biegen an der Kreuzung nach links hoch in die Heinrichsdorfer Straße ein und erreichen die **Wallfahrtskirche Heilig Kreuz** ❸, die im Volksmund auch als „Kleine Wies" bezeichnet wird.

Berbling

✝ Heilig Kreuz

RVO 9580 Bad Feilnbach – Au – Bad Aibling

In Berbling trifft der Voralpine Jakobsweg mit dem von Passau kommenden Jakobsweg aufeinander, der weiter Richtung Kufstein gen Süden zieht.

Die Berblinger Kirche

Die Kirche zählt zu den schönsten Rokokokirchen Bayerns und stellt mit ihrem achteckigen Grundriss mit bogig einschwingenden Wänden eine Besonderheit dar. Im Inneren widmen sich die Deckenfresken dem Thema des Heiligen Kreuzes als Zeichen des Heils, denn bereits 1722 wurde der Berblinger Kirche ein Partikel des Heiligen Kreuzes als Reliquie, gefasst in einem Goldkreuz, gestiftet.

Außerdem diente die Kirche als Kulisse für das Ölgemälde „Drei Frauen in der Kirche". Es zeigt drei Frauen in Tracht lesend und betend. Wilhelm Leibl stellte es 1881 fertig, nachdem er Bäuerinnen unterschiedlichen Alters über drei Jahre hinweg Modell sitzen ließ und sie dafür bezahlte. Das Originalgemälde befindet sich in der Hamburger Kunsthalle, eine Kopie ist in der Kirche zu sehen.

Die Heinrichsdorfer Straße führt an einem prächtigen Bauernhaus mit **Lüftlmalereien** weiter aus dem Ort heraus, an der Weggabelung halten Sie sich also links und gehen leicht bergan bis zur Kreuzung im Weiler Mainz. Hier biegen Sie nach links Richtung Irschenberg ab, vorbei an einer **kleinen Kapelle** mit weitem Blick auf die Berge, halten sich an der T-Kreuzung rechts und erreichen **Heinrichsdorf**.

Hinter dem Ort gabelt sich der Weg. Sie bleiben rechts auf dem Hauptweg, kommen an eine Wegkreuzung mit **Bank** unter einer Linde, biegen nach rechts leicht bergan ab und erreichen nach einer Linkskurve **Pfaffing**.

Nach der Dorfkirche mit altem **Bildstöckl** kommen Sie über die Autobahnbrücke an eine T-Kreuzung (falls Sie sich entschieden hatten, Berbling auszulassen, treffen Sie an dieser Stelle wieder auf den Jakobsweg), halten sich rechts und biegen an der nächsten Weggabelung beim Weiler **Schlachtham** nach links ab. Die kleine Straße verläuft nun durch Wiesen nahezu parallel unterhalb der Autobahn entlang und führt nach ca. 2,2 km bis an die **Wallfahrtskirche St. Marinus und Anian von Wilparting ❹**. Kernstück der Kirche ist das Hochgrab der beiden Heiligen. Sie kamen im Jahr 657 als irische Missionare und lebten 40 Jahre am Irschenberg, bis Bischof Marinus überfallen, gemartert und auf dem Scheiterhaufen verbrannt wurde und sein Diakon Anian zur gleichen Zeit an Altersschwäche starb. Bald darauf begann ihre Verehrung und somit gilt Wilparting seit weit über 1.000 Jahren als Wallfahrtsort.

Lüftlmalerei

Wilparting ✞

✞ St. Marinus und Anian

Das nebenan liegende Gasthaus Zum Moar kümmerte sich jahrelang auch um die Versorgung der Wallfahrerinnen und Wallfahrer. Nun soll das bayerische Wirtshaus wiederbelebt werden. Wann es jedoch Gäste wieder bewirten kann, ist noch nicht absehbar.

Wallfahrtskirche St. Marinus und Anian in Wilparting

Am Abzweig zur Kirche am Ende der **Lindenallee** biegen Sie mit der Straße nach rechts ab und nähern sich wieder der Autobahn an. Leicht bergan kommen Sie an eine schöne **Aussichtsbank** mit Blick auf die Wallfahrtskirche vor der Kulisse des Mangfallgebirges.

Sie folgen nun dieser Straße direkt bis zur Autobahnraststätte Irschenberg. (☝ Kurz vor der Raststätte ist die Jakobsmuschel am Abzweig nach Untermoos sehr missverständlich angebracht. Ignorieren Sie diese einfach und gehen Sie zur Raststätte weiter.)

An der **Raststätte** gibt es einige Möglichkeiten für eine Versorgungspause.

- **Raststätten Hotel Irschenberg Süd**, Wendling 11, 83737 Irschenberg, ☏ 080 25/701 60, motel.irschenberg@tank.rast.de, www.raststaetten-hotels.de, EZ, DZ, variables Preisniveau
- **DINZLER Kaffeerösterei**, Wendling 15, 83737 Irschenberg, ☏ 080 25/99 22 50, www.dinzler.de, To-go-Bar täglich 7:00-22:00, Restaurant 9:00-22:00, Frühstück 9:00-12:00, Speisen ab 12:00
- **Burger King**, Wendling 11, 83737 Irschenberg, ☏ 080 25/701 60, täglich 10:00-22:00
- **Mc Donald's**, Wendling 13, 83737 Irschenberg, ☏ 080 25/39 73 90, täglich 24 Stunden
- **KFC**, Wendling 16, 83737 Irschenberg, ☏ 080 25/995 84 69, täglich 10:00-1:00
- **RVO 9558** Irschenberg – Miesbach – Hausham – Tegernsee

Weiter der Straße folgend, die nun bergab geht, treffen Sie auf die Bundesstraße, überqueren diese an der **Tankstelle** nach links und gehen auf dem **Fuß- und Radweg** bis zum **Abzweig Sperlasberg ❺**, wo der Weg nach rechts entlang eines Bachlaufs durch ein Wäldchen zu einer T-Kreuzung an der Autobahnunterführung führt. Sie biegen nach links ab und gehen auf der Straße weiter, bis Sie über das Flüsschen Leitzach zur Landstraße kommen, an der Sie wieder nach links abbiegen und nach ca. 350 m zum Landgasthof **Auerschmiede** kommen.

Auerschmied

Landgasthof Auerschmiede, Auerschmied 2, 83737 Irschenberg, 080 25/13 80, hotel@auerschmiede.de, www.auerschmiede.de, Mo-Fr 15:00-22:00, Sa, So 12:00-22:00, ÜF EZ ab € 58, DZ ab € 82

Über den Parkplatz der Auerschmiede gelangen Sie zu einer Station des Meditationswegs, der **Adventskapelle,** und gehen eine kleine Asphaltstraße bergauf durch ein Wäldchen und an Koppeln vorbei nach **Hinteröd** und über einen Hof weiter hinauf nach **Locher**, wo eine Bank zur Rast einlädt.

Das Sträßchen führt ruhig weiter durch sanfte Wiesenhügel mit Waldflecken, vorbei an einer weiteren Station des Meditationswegs an **zwei Bänken** gleich rechts neben dem Weg. Sie bleiben auf dem Hauptweg bis zur **Kreuzung** ❻ mit Bushaltestellenschild und Hydranten und nehmen den rechten Abzweig Richtung Reichersdorf. Nun führt Sie der Weg, der sich durch Wiesen schlängelt, vorbei an Katzenberg und dem Friesenhof in Pfisterer bis nach **Reichersdorf**, wo gleich am ersten Hof die **St.-Josephs-Kapelle** steht.

Reichersdorf

St.-Josephs-Kapelle, St. Leonard, Allerheiligenkapelle

RVO 9561 Schliersee – Hausham – Miesbach – Weyarn – Holzkirchen

An der Kreuzung im Ort gehen Sie weiter geradeaus und gelangen zur **Kirche St. Leonard**, die alljährlich im Herbst Ziel einer Leonardifahrt ist, und unweit von ihr zur **Allerheiligenkapelle**, die 1644 anlässlich der Entdeckung eines Brunnens erbaut wurde. Die Straße nach Neukirchen führt leicht bergan und bietet an einer **Bank mit altem Bildstöckl** ❼ von 1632 noch einmal einen Blick zurück, bevor Sie die **Kirche St. Dionys** in Neukirchen erreichen.

Flurdenkmale

Eine kulturhistorische Besonderheit im Voralpenland sind Flurdenkmale, denen Sie am Weg schon mehrfach begegnet sind. Marterl, Feldkreuze, Bildstöckl und Kapellen zeugen von Glaubensbekundungen und Schicksalen, sie wurden als Bitte oder Danksagung für Schutz und Hilfe in einer Notlage errichtet. Oft handwerklich kunstvoll gestaltet dienten sie ebenso als Wegzeichen für Wandernde und Pilgernde und gaben Anlass zum Gebet unterwegs.

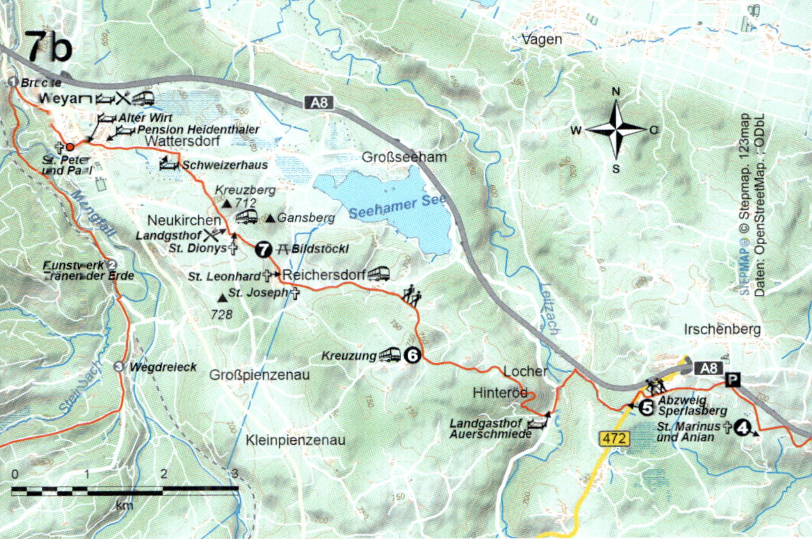

Neukirchen

- **Landgasthof Neukirchen**, Stürzlhamer Straße 1, 83629 Neukirchen, ☎ 080 20/849 99 05, www.landgasthof-neukirchen.de, Do, Fr 16:00-23:00, Sa, So, Feiertage 11:00-23:00, Ruhetage Mo-Mi
- St. Dionys
- **RVO 9561** Schliersee – Hausham – Miesbach – Weyarn – Holzkirchen

Unmittelbar nach der Kirche treffen Sie an der **T-Kreuzung** auf die Pienzenauer Straße, biegen nach rechts zum **Landgasthof Neukirchen** ab und verlassen den Ort Richtung Wattersdorf geradeaus über die Reinthaler Straße, die gleich durch hügelige Wiesen führt.

Mit Blick nach rechts sehen Sie am Hügelvorsprung das **Siegeskreuz** auf dem Neukirchner Kreuzberg.

Der Straße folgend erreichen Sie nach ca. 700 m Reinthal und nach weiteren ca. 600 m **Wattersdorf**.

Wattersdorf

- **Pension Schweizerhaus**, Weyarner Straße 8, 83629 Wattersdorf, ☎ 080 20/12 90, info@pensionschweizerhaus.de, www.pensionschweizerhaus.de, EZ ab € 69, DZ ab € 99, F extra nach Karte

Auf dem Maxlrainer Weg kommen Sie an die **T-Kreuzung** mit der Weyarner Straße, dieser folgen Sie nach links und bleiben auch an der Weggabelung auf der Weyarner Straße, nun rechts haltend. Weiter geradeaus kommen Sie an der **Pension Schweizerhaus** vorbei und verlassen den Ort auf Fußwegen neben der Straße leicht bergan Richtung Weyarn.

Die Wattersdorfer Straße bringt Sie durch ein Wohngebiet an eine T-Kreuzung. Hier halten Sie sich rechts und biegen hinter dem **Landgasthof Alter Wirt** nach links in die Ignaz-Günther-Straße ab, wo **St. Christopherus** als Skulptur an einem Brunnen über zwei Säulen schreitet. Nach wenigen Schritten erreichen Sie den **Klosterkomplex** mit der **Pfarrkirche St. Peter und Paul** und somit das Ziel dieser Etappe.

Weyarn

Gemeinde Weyarn, Ignaz-Günther-Straße 5, 83629 Weyarn, ☏ 080 20/18 87-0, gemeinde@weyarn.de, www.gemeinde-weyarn.de

Landgasthof Alter Wirt, Miesbacher Straße 2, 83629 Weyarn, ☏ 080 20/90 40 00, info@alterwirt-weyarn.de, www.alterwirt-weyarn.de, Mo-Fr ab 16:00, Sa, So ab 12:00, ÜF EZ ab € 74, DZ ab € 104

Ursula Heidenthaler, Wendelsteinweg 3, 83629 Weyarn, ☏ 080 20/296 97 17, info@ferienwohnung-weyarn-mangfall.de, www.ferienwohnung-weyarn-mangfall.de, Übernachtung im DZ auf Anfrage

Pizzeria da Sacco, Miesbacher Straße 11, 83629 Weyarn, ☏ 080 20/904 32 08, www.pizzeriadasacco.eu, Do-So 17:00-21:30, Ruhetage Mo-Mi, Pizza nur zum Mitnehmen

Ratschillers, Miesbacher Straße 11, 83629 Weyarn, ☏ 080 20/905 96 65, www.ratschillers.de, Mo-Fr 6:00-18:30, Sa 6:00-17:00, So, Feiertage 7:00-17:00, Bäckerei, Konditorei, Café, heiße Theke

Klostercafé, Klosterweg 2, 83629 Weyarn, ☏ 080 20/905 97 97, www.klostercafe-weyarn.de, Di-So 9:00-18:00, Fr zusätzlich 19:00-22:00, Ruhetag Mo

Edeka Odenbach, Kugelpoint 1, 83629 Weyarn, ☏ 080 20/904 18 68, Mo-Sa 7:00-20:00

Bäckerei Hafner, Miesbacherstraße 3, 83629 Weyarn, ☏ 080 20/301, Mo-Fr 5:00-18:00, Sa 5:00-12:30, Ruhetag So

St. Peter und Paul, Jakobskapelle

RVO 9561 Schliersee – Hausham – Miesbach – Weyarn – Holzkirchen

Auch die Gemeinde Weyarn wuchs rund um das Kloster, das im Jahr 1133 an der Stelle einer hochmittelalterlichen Höhenburg gegründet wurde. Es diente als

Ausbildungsstätte für junge Geistliche und förderte die Kultur der Weyarner Klostermusik.

Nach der Säkularisation wurden Teile des Klosterkomplexes abgerissen, die ehemalige Stiftskirche St. Peter und Paul und die ehemalige Burgkapelle St. Jakob blieben erhalten. Der Deutsche Orden erwarb 1998 das ehemalige Augustiner-Chorherrenstift und verlegte den Hauptsitz der Ordensprovinz nach Weyarn, wodurch das Kloster wieder als geistliches Zentrum im Ort erschien.

Am angrenzenden Klosteranger wurden architektonisch besondere Mehrgenerationen- und Familienhäuser geschaffen, um eine lebendige, nachbarschaftliche Gemeinschaft zu ermöglichen, in der alle ihre individuellen Talente anderen zur Verfügung stellen können. Dies ist nur ein Beispiel für eine zukunftsorientierte Dorfentwicklung mit Bürgerbeteiligung, wofür die Gemeinde bereits vielfach ausgezeichnet wurde.

8. Etappe: Von Weyarn bis Dietramszell

27,2 km, 7 Std. 15 Min., 414 m, 411, 621-811m

0,0 km	672 m	Weyarn
1,2 km	621 m	Mühlthal
4,2 km	634 m	Kunstwerk „Tränen der Erde“
6,1 km	698 m	Gotzing
13,9 km	790 m	Reitham, B318
17,5 km	746 m	Piesenkam
19,9 km	722 m	Sachsenkam
20,7 km	718 m	Kloster Reutberg
27,2 km	692 m	Dietramszell

Das bayerische Oberland zeigt sich als locker besiedelte Hügellandschaft. Um zu Beginn der Etappe die Mangfall zu überqueren, geht es vorerst hinunter ins Tal und dann entlang des Flusses zum Kunstwerk „Tränen der Erde“. Nun folgen stetig ansteigende Kilometer auf kleinen Landstraßen zum Kloster Reutberg. Ab hier führt der Weg entlang der Kirchseefilzen ruhig durch den Zeller Wald zum Kloster Dietramszell.

Sie starten in Weyarn am Brunnen auf dem Platz vorm **Rathaus** und gehen durch den Torbogen unter der Sonnenuhr hindurch, treffen auf den heiligen Augustinus und den heiligen Ambrosius, bevor Sie sich auf dem Klosterweg links halten und entlang von **Wohnanlagen** aus dem Ort herausgeführt werden. An der T-Kreuzung biegen Sie nach links auf die Holzkirchener Straße ab und kommen steil bergab über eine **Brücke ❶** nach Mühlthal, das direkt an der Mangfall liegt.

Mühlthal/Valley

Die Bruckmühle, Mühlthal 3, 83626 Valley, ☏ 080 27/585, info@huber-schmankerl.de, www.die-bruckmuehle.de, EZ ab € 50, DZ ab € 80, kein Frühstücksangebot, jedoch Snacks und Getränke

RVO 9561 Schliersee – Hausham – Miesbach – Weyarn – Holzkirchen

Gleich am **Brückenende** führt nun ein Schotterweg nach links Richtung Gotzing entlang der **Mangfall** durchs Wäldchen, anfangs noch direkt am Ufer, später auch leicht bergan etwas vom Fluss entfernt. Sie folgen diesem Waldweg für ca. 3 km, bis Sie parallel zu den Bahnschienen hinunter zu einer **Station des M-Wasserwegs** gelangen. Hier am **Kunstwerk „Tränen der Erde" ❷**, einer Installation aus Bodensonnenuhr, Stahlrohren und einem Brunnen, findet sich ein wunderbarer Platz für eine erfrischende Pause.

Sie bleiben auf dem Hauptweg geradeaus und treffen nach einer **Brücke** mit Schranke auf die Landstraße, überqueren die **Bahnschienen** und folgen parallel zu diesen dem Straßenverlauf nach links. (✋ An den Wegweisern ist eine Mini-Muschel etwas irritierend mit einem Pfeil versehen.)

Nach ca. 350 m bleiben Sie an der Weggabelung auf der Landstraße, die zusammen mit dem Verlauf des **Radwegs** nach rechts bergauf (mit 15 % Steigung) Richtung Gotzing führt. Nach ca. 600 m kommen Sie an ein **Wegdreieck ❸**, wo der Jakobsweg geradeaus weitergeht.

Variante über den Taubenberg

Ab Gotzing erwarten Sie nun auf dem Voralpinen Jakobsweg etwa 6,8 km auf befahrener Landstraße.

Auch wenn solche Wegstücke zum Pilgeralltag dazugehören, können Sie sich doch überlegen, ob Sie lieber die gleiche Distanz abseits des Straßenverkehrs zurücklegen wollen und den Jakobsweg kurz verlassen, um die Variante über den Taubenberg zu nehmen.

Der Preis für mehr Ruhe und Idylle ist jedoch ein ordentlicher Anstieg. Der ausgeschilderte Wanderweg über den Taubenberg (896 m) geht zunächst durch Wiesen vorbei an kleinen Weilern und weiter durch Waldstücke zum **Maroldhof** (823 m) auf die freie Fläche am **Bergasthof Taubenberg** und dann mit dem ebenfalls ausgeschilderten Meditationsweg hinunter Richtung Reitham, wo er schon vor Bergham wieder auf die ursprüngliche Route trifft.

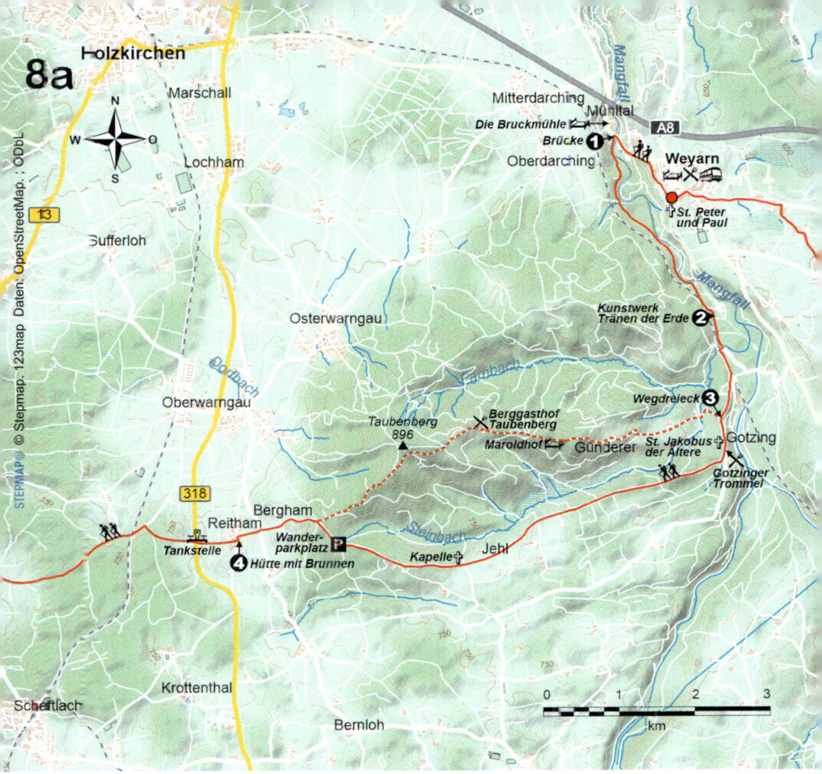
8a
Holzkirchen
Marschall
Lochham
Sufferloh
Osterwarngau
Oberwarngau
Mitterdarching
Mühltal
Die Bruckmühle
Brücke 1
A8
Weyarn
Oberdarching
St. Peter und Paul
Mangfall
Kunstwerk Tränen der Erde 2
Wegdreieck 3
Farnbach
Taubenberg 896
Berggasthof Taubenberg
Maroldhof
Günderer
St. Jakobus der Ältere
Gotzing
Gotzinger Trommel
Dorfbach
318
13
Bergham
Reitham
Tankstelle
Wanderparkplatz
4 Hütte mit Brunnen
Steinbach
Kapelle
Jehl
Krottenthal
Schaftlach
Bernloh
0 1 2 3 km
STEPMAP © Stepmap. 123map Daten: OpenStreetMap ; ODbL

8
m
900
800
700
600
500
400
300
Weyarn
Brücke
Kunstwerk „Tränen der Erde“
Wegdreieck
Hütte mit Brunnen
Wegkreuzung
Maria Elend
Grüne Marter
Kloster Dietramszell
0 1 2 3 4 5 6 7 8 9 10 11 12 13 14 15 16 17 18 19 20 21 22 23 24 25 26 27 28 29 km

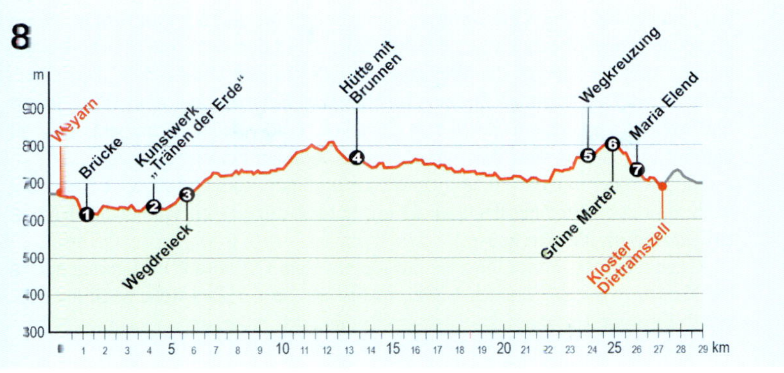

Bergpension Maroldhof, Marold 1, 83627 Warngau, ☏ 080 20/90 96 63, kdachs@maroldhof.de, www.maroldhof.de, ÜF EZ ab € 40, DZ ab € 70, Einzelübernachtungszuschlag € 10 p. P., Getränke und tagesaktuelle Brotzeiten extra

Berggasthof Taubenberg, Taubenberg 1, 83627 Warngau, 01 77/481 94 84, www.taubenberg.de, Sa und So 10:00-18:00, gern tel. Anfrage, ob wirklich geöffnet ist

Nach weiteren ca. 400 m erreichen Sie **Gotzing** mit der um 1500 erbauten **Kirche St. Jakobus der Ältere**, die in ihrer äußeren ursprünglichen Form erhalten geblieben ist und von einer Tuffsteinfriedhofsmauer aus dem 17. Jahrhundert umschlossen wird. Den **Schlüssel** für das Gotzinger Kircherl erhalten Sie bei Familie Wöhr im Wohnhaus in der Straße Gotzing 4, die auch einen **Pilgerstempel** bereithält. So können Sie sich auch das Innere der hübschen Kirche in Ruhe ansehen, wo an die beiden Patrone, die heilige Helena und den heiligen Jakobus, erinnert wird. Eine Figur des heiligen Jakobus d. Ä. finden Sie rechts am Hochaltar. Die Deckengemälde widmen sich hauptsächlich Szenen aus seinem Leben, seiner Berufung, der Enthauptung und auch dem „Galgenwunder", das Ihnen schon in den Fresken der Urschallinger Kirche begegnet ist.

Gotzing

Gotzinger Trommel, Gotzing 1, 83629 Weyarn, ☏ 080 20/17 28, www.gotzinger-trommel.de, Mi-So 11:00-18:00, Ruhetage Mo, Di

Gotzinger Kircherl, Schlüssel und Pilgerstempel bei Familie Wöhr

Am **Traditionswirthaus Gotzinger Trommel** halten Sie sich an der Weggabelung rechts Richtung Oberwarngau und gehen nun auf der Landstraße immer geradeaus, zunächst durch große Waldstücke, dann durch Wiesen mit verstreuten Weilern und bald hinter der **Wegkapelle** wieder in den Wald hinein. Nach dem Wanderparkplatz kommen Sie am **Hochbehälter Bergham** aus dem Wald heraus und werden mit einem herrlichen Ausblick in die weite Voralpenlandschaft belohnt, die Sie auf dem Weg hinunter nach **Reitham** genießen können.

Sie überqueren die Kreuzung geradeaus und biegen im Ort an der T-Kreuzung nach links zur **Hütte mit Brunnen** ❹ am hübsch angelegten Weiher ab. Hier ist ein guter Platz für eine Pause.

Gegenüber der Hütte führt die Straße aus dem Ort heraus und geradeaus an die Kreuzung mit der Bundesstraße, wo Sie sich an der **Tankstelle** noch mit Proviant versorgen können.

Agip Tankstelle, Reitham 51, 83627 Warngau, ☏ 080 21/324, Mo-Sa 6:00-20:00, So 7:00-20:00

Über die Bundesstraße geradeaus hinweg kommen Sie durch Wiesen in ein Waldstück und zu einer T-Kreuzung, wo Sie nach links abbiegen. Kurz darauf überqueren Sie die Bahnschienen und gelangen durch ein weiteres Waldgebiet zur **Allgaukapelle**, die etwas links vom Weg liegt und ehemals eine viel besuchte Wallfahrtskapelle war.

Zur Kapelle gehört auch die Geschichte der geretteten Glocken – während des Zweiten Weltkrieges wurden die Glocken heruntergenommen und zur Abholung bereitgestellt, da sie für Waffen und Munition eingeschmolzen werden sollten. Doch über Nacht waren sie verschwunden. Dass sie nach dem Krieg wieder läuteten, war einem Knecht zu verdanken, der die Glocken heimlich vergraben und somit gerettet hatte.

Nach wenigen Metern endet der Wald und Sie erreichen über die Warngauer Straße nach ca. 700 m **Piesenkam**.

Piesenkam

Woidhauserhof, Waakirchner Weg 10, 83666 Piesenkam, ☏ 080 21/50 53 48, info@woidhauserhof.de, www.woidhauserhof.de, DZ ab € 65, Kurzaufenthaltspauschale € 20, F € 12

St. Jakobus

Das Gotzinger Kircherl

Der Name des Dorfes Piesenkam, damals noch „Poasinpurron", was etwa „bei den Gebäuden des Poaso" bedeutete, fand sich erstmals 818 in einer Schenkungsurkunde. Somit blickt es auf eine lange Geschichte zurück und besitzt außerdem eine der ältesten Jakobskirchen Oberbayerns, die sich auf uraltem Fundament heute in barockem Gewand zeigt. Die Ausstattung ist einem gewissen Frater Gallus zu verdanken, der diese mit Einnahmen aus seiner Bienenzucht finanziert hat. Vielleicht finden Sie in der Kirche einige der verewigten Bienen?

An der Kreuzung im Ort halten Sie sich an einem **Bauernhaus** mit schönem Bundwerk rechts in die Sachsenkamer Straße zur **Kirche St. Jakobus**.

Hinter der Kirche biegt nach rechts ein Radweg ab, der als Moosstraßl durch Wiesen und am Waldrand entlang führt und bei Stubenbach wieder auf den Jakobsweg trifft. Sachsenkam und das Kloster Reutberg liegen nicht an dieser Variante.

An der Kirche zeigt ein **alter, verzierter Wegweiser** nach Sachsenkam. Sie bleiben ebenfalls geradeaus auf der Landstraße, vorbei am **Golfplatz,** bis Sie nach ca. 1 km den Abzweig nach links in Richtung Industriegebiet nehmen und auf der Piesenkamer Straße den Ortseingang von **Sachsenkam** erreichen.

Durch eine **Unterführung** kommen Sie leicht bergab in den Ort und biegen an der Dreieckskreuzung mit Brunnen und Bänken nach rechts in die Reutbergstraße ab. (Geradeaus gelangen Sie zur **St.-Andreas-Kirche**.)

Aussichtsbank am Kloster Reutberg

Sachsenkam

Gemeinde Sachsenkam, Schulweg 7, 83679 Sachsenkam, ☏ 080 21/76 10, info@vgreichersbeuern.de, www.sachsenkam.de

Gasthof Altwirt, Tölzer Straße 12, 83679 Sachsenkam, ☏ 080 21/248, info@gasthof-altwirt.de, www.gasthof-altwirt.de, Restaurant Mo-Do 18:00-21:00, Fr-So und Feiertage Ruhetag, ÜF EZ ab € 54, DZ ab € 84

Gasthof zum Neuwirt, Tölzer Straße 1, 83679 Sachsenkam, ☏ 080 21/55 06, webmaster@neuwirt-sachsenkam.de, www.neuwirt-sachsenkam.de, Di-So 9:00-21:00 (durchgehend warme Küche), Ruhetag Mo, ÜF EZ ab € 50, DZ ab € 70

nah & gut Portisch, Tölzer Straße 3, 83679 Sachsenkam, ☏ 080 21/90 96 36, Mo-Fr 7:00-12:00 und 15:00-18:00, Sa 7:00-12:30

Bäckerei Lipp, Raiffeisenstraße 1, 83679 Sachsenkam, 080 21/55 88,
Di 6:15-12:00, Mi-Fr 6:15-12:00 und 14:30-18:00, Sa 6:15-11:30, Ruhetage So, Mo

St. Andreas

RVO 9553 Lenggries – Bad Tölz – Holzkirchen

Ein **Fuß- und Radweg** führt Sie nun leicht bergan zum **Kloster Reutberg**, das links am Weg liegt und sich für einen kurzen Besuch anbietet.

Kloster Reutberg

Klosterbräustüberl Reutberg, Am Reutberg 2, 83679 Sachsenkam,
080 21/86 86, www.klosterbraeustueberl.de, täglich 10:00-23:00

Kloster- und Wallfahrtskirche Mariä Verkündigung

RVO 9553 Lenggries – Bad Tölz – Holzkirchen

Das Kloster Reutberg ist wegen seiner idyllischen Lage und der fantastischen Aussicht ein beliebtes Ausflugsziel und darüber hinaus seit Jahrhunderten eine lebendige Wallfahrtsstätte.

Sein Name ist auf die notwendige Rodung eines Waldstückes auf dem Hügel zurückzuführen, auf dem 1606 zunächst eine kleine Loretokapelle eingeweiht wurde, bevor 1618 die Klostergründung erfolgte.

Fast so alt wie das Kloster selbst ist die aus dem Jahr 1688 stammende Apotheke, die als besterhaltene ihrer Zeit gilt und bis in die 1920er-Jahre in Benutzung war, jedoch der Öffentlichkeit nicht mehr zugänglich ist. In Reutberg soll es über 800 Heilmittel gegeben haben, für die die heilkundigen Schwestern sehr geschätzt wurden.

Für ihre außergewöhnliche Frömmigkeit wurde die Ordensschwester Maria Fidelis Weiß erst nach ihrem Tod bekannt. Sie durchlebte über viele Jahre mystische Visionen und starb 1923 im Alter von 40 Jahren. Ihr Grab in der Klosterkirche ist bis heute Ziel vieler Pilgerinnen und Pilger, die zur ihr kommen, um für ihre Anliegen zu beten oder für erhörte Gebete zu danken. Für die Seligsprechung der Schwester Fidelis ist noch ein bestätigtes Wunder nötig.

Nahe des Klosters liegt der Kirchsee wunderschön inmitten des Naturschutzgebietes Ellbach-Kirchseemoor. Deshalb erscheint er leicht bräunlich und hat recht warme Badetemperaturen. Aufgrund des strengen Naturschutzes ist das Baden nur in kleinen Bereichen erlaubt. Den Badeplatz am Südufer erreicht man vom Kloster aus, am Nordufer sucht man sich ein Fleckchen am Weg oder auf den Holzstegen. Hier gibt es auch einen kleinen Kiosk, der bei schönem Wetter geöffnet hat, und öffentliche Toiletten am Parkplatz.

Vom Hauptweg zum Kirchseestrand am Nordufer sind es ca. 1,5 km auf der Kirchseestraße, die gleich nach dem Kloster links abzweigt.

Maikiki Café & Kiosk, Kirchseestraße 3, 83679 Sachsenkam, 01 73/197 78 18, www.maikiki.cafe, Mai bis Oktober bei schönem Wetter, gerne telefonisch nachfragen

Vom Parkplatz geht auch ein kleiner Pfad in den Wald ab, der in Richtung Dietramszell wieder auf den Pilgerweg führt (dem Schildchen D3 folgend).

Der Jakobsweg führt weiter auf der Landstraße entlang durch **Moorlandschaft** mit blühenden Wiesen, bis nach etwa 1,3 km bei **Stubenbach** ein forstwirtschaftlicher Weg nach links über eine **Brücke abzweigt** und leicht bergan in den Wald läuft. Sie bleiben geradeaus auf dem Hauptweg bergauf **Richtung Dietramszell** und können sich im Wald außerdem an den kleinen blauen Schildern mit der in Weiß geschriebenen Aufschrift „D3" orientieren oder sich auch den GPS-Track zur Hilfe nehmen. (Mir wurde erzählt, dass ab und zu die Wegweiser unbekannterweise entfernt wurden was manche Pilgernde dazu veranlasste, zurück nach Sachsenkam zu laufen, weil sie im Wald die Orientierung verloren.)

Im Detail: Nach der Brücke geht der Hauptforstweg bergan und zuerst ca. 1,1 km geradeaus. Dann gabelt er sich und Sie gehen nach rechts, um nach ca. 300 m nach links abzuknicken. Nach weiteren ca. 400 m erreichen Sie eine **Weggabelung ❺** und gehen nach rechts leicht bergab und nach einer Linkskurve wieder bergan.

Bei schlechter Witterung können Sie alternativ an Gabelung ❺ geradeaus auf dem Forstweg bleiben, lassen das Schwarze Kreuz aus und kommen nach einem kleinen Bogen noch vor der Grünen Marter wieder auf den ausgewiesenen Weg.

An einer weiteren Weggabelung nach ca. 150 m gehen Sie weiter geradeaus. Nach weiteren ca. 130 m gabelt sich der Weg an der **Haberfeldtreiber-Säule** (D3). Ein Holzschild am Baum weist nach links **Richtung Dietramszell**. Kurz dahinter steht auf der rechten Seite das **Schwarze Kreuz** (D3). Es erinnert an einen verheerenden Waldbrand, der an dieser Stelle zum Stillstand kam.

Sie bleiben auf dem Weg, der nun sehr schmal wird und wie ein alter Karrenweg etwas uneben, steinig und etwas matschig ist.

Der alternative Weg trifft von links auf dem Hauptweg, geradeaus und relativ flach geht es weiter durch den Wald.

An der Weggabelung am **Sendemast** halten Sie sich links auf dem Schotterweg und erreichen die **Grüne Marter ❻**, ein aus Holz geschnitztes Bildstöckl von 1657.

An dieser Stelle soll sich der Sage nach zur Zeit des Dreißigjährigen Krieges Schreckliches ereignet haben. Ein Pater des Augustiner-Chorherrenstiftes sei vor den eingefallenden, plündernden und brandschatzenden Schweden in den Wald geflohen. Als er doch von den feindlichen Soldaten entdeckt wurde und nicht preisgeben wollte, wo der Klosterschatz versteckt war, haben sie ihn dort grausam zu Tode gemartert.

Sie halten sich linker Hand geradeaus und nach ca. 400 m gehen Sie an einer Weggabelung wieder links. Nach ca. 150 m kommt in einer leichten Rechtsbiegung seitlich ein Weg dazu. Sie bleiben auf dem Hauptweg.

Es geht auf dem Schotterweg weiter bergab zur **Wallfahrtskirche Maria Elend ❼**, die 1687 bis 1690 erbaut wurde und deren Vielzahl an Votivtafeln von der Beliebtheit der Wallfahrt zeugt.

Elend wird mundartlich „illat“ ausgesprochen und leitet sich von „elianti“ ab, was etwa „anderes Land, Grenzland“ bedeutet. Zur Zeit der Augustiner-Chorherren lag Maria Elend im Grenzgebiet ihrer Gemarkung.

Weiter durch Wiesen mit einzelnen Bäumen und an einem **Marterl** vorbei kommen Sie über den Zeller Bach auf die Straße **Klosterplatz** und gehen direkt auf die Klostermauern zu. Sie halten sich links bis zur Kreuzung, wo Sie nach rechts an der Münchner Straße das **Kloster mit der Pfarrkirche Mariä Himmelfahrt** und somit das Ziel dieser Etappe erreichen.

Dietramszell

Gemeinde Dietramszell, Am Richteranger 10, 83623 Dietramszell, 080 27/90 58-0, gemeinde@dietramszell.de, www.dietramszell.de

Klosterschänke Dietramszell, Klosterplatz 2, 83623 Dietramszell, 080 27/90 45 00, info@klosterschaenke-dietramszell.de, www.klosterschaenke-dietramszell.de, Mi-So 10:00-23:00, Ruhetage Mo, Di, ÜF EZ ab € 63, DZ ab € 85

Lausbua Eis, Am Richteranger 2, 83623 Dietramszell, Mo-Do 9:00-17:00, So 13:00-18:00, Ruhetage Fr, Sa

Bäckerei Schmid-Bäck, Am Richteranger 2, 83623 Dietramszell, 080 27/878, Di, Do 7:00-13:30, Sa 7:00-12:00, Ruhetage Mo, Mi, Fr, So

Kloster Dietramszell, Pfarrkirche Mariä Himmelfahrt

RVO 9568 Bad Tölz – Dietramszell – Holzkirchen,
MVV 271 Dietramszell – Straßlach – Höllriegelskreuth

Die Geschichte des Ortes Dietramszell beginnt mit der Gründung des Klosters um 1100.

Zwei gottesgläubige Männer ließen sich nieder, bauten eine kleine Zelle und weihten die errichtete Kirche dem heiligen Martin. Nach dem Tode des Klostergründers Dietram wurde das ursprüngliche Martinszell in Dietramszell umbenannt.

Viele Jahrhunderte lang gelang es dem Kloster nicht, zu Wohlstand und Einfluss zu gelangen, da Streitigkeiten mit dem Gründungskloster Tegernsee, Brände und Kriege sein Los bestimmten. Erst in der Zeit des Barocks und Rokokos erlebte das Kloster seine Blüte, bis es mit der Säkularisation aufgelöst wurde.

Im Jahr1831 zogen Salesianerinnen in das Kloster ein und führten bis 1992 eine Mädchenschule. Heute sind in den Räumlichkeiten eine Montessori-Schule und ein Kindergarten untergebracht.

9. Etappe: Von Dietramszell bis Beuerberg

19,7 km, 5 Std. 15 Min., ↑ 220 m, ↓ 304 m, ⇧ 590-732 m

0,0 km	⇧ 692 m	Dietramszell
1,0 km	⇧ 716 m	Abzweig Schönegg
4,0 km	⇧ 717 m	Manhartshofen
9,3 km	⇧ 623 m	Geretsried
13,9 km	⇧ 610 m	Bibisee
17,7 km	⇧ 637 m	Oberherrnhausen
19,7 km	⇧ 616 m	Beuerberg

Auf ruhigen, oft abgelegenen Wegen durch Wiesen und Felder, die von Waldstücken gesäumt sind, pilgern Sie von Kloster zu Kloster. Nach dem Isarübergang sticht allein die Stadt Geretsried heraus aus dieser angenehm ländlichen Etappe, die am Kloster Beuerberg an der Loisach ihr Ziel erreicht.

Vom Eingang der Kirche Mariä Himmelfahrt führt der Weg zunächst entlang der Münchner Straße auf Fußwegen in den **Ortsteil Schönegg**.

Schönegg

Gasthaus Peiß, Münchner Straße 24, 83623 Schönegg, ☏ 080 27/229, Fr-Di 11:00-23:00, Ruhetage Mi, Do

Café Schwalbe, Münchner Straße 16, 83623 Schönegg, ☏ 080 27/316, Mi-So 8:00-18:00, Ruhetage Mo, Di

Lebensmittelladen Peiss, Münchner Straße 20, 83623 Schönegg, ☏ 080 27/208, Mo, Di, Do, Fr 7:30-12:30 und 14:00-18:00, Mi, Sa 7:30-12:30

Hofladen zum Bertenbauer, Münchner Straße 43, 83623 Schönegg, ☏ 080 27/77 34, Di-Fr 8:00-12:00 und 14:00-18:30, Sa 8:00-16:30

MVV 271 Dietramszell – Straßlach – Höllriegelskreuth

Gegenüber der Bushaltestelle „Schönegg" geht links die Wolfratshauser Straße ab, der Sie ein Stück bergab folgen. Nach dem **Feuerwehrhaus** und einem alten **Bauernhaus mit auffälliger Fassadenmalerei ❶** verlassen Sie die Straße nach links in den kleinen Weg Am Asang. Der Schotterweg gabelt sich gleich, Sie halten sich rechts und kommen durch Wiesen an die nächste Weggabelung vor einer **Feldhütte**.

Hier geht es wieder nach rechts **Richtung Wald**. Kurz nach dem Eintreten in den Wald bleiben Sie geradeaus auf dem Hauptweg, auch wenn nach links ein weiterer Weg abgeht. Auch an den nächsten abzweigenden Wegen bleiben Sie auf dem **Hauptweg** leicht bergan und erreichen den Waldrand. Hinter dem Wald liegt rechts ein **Silo** und geradeaus schlängelt sich der Weg nach **Thankirchen**, dessen Kirchturm schon zu sehen ist.

Am Anfang des Ortes kommen Sie an einem Hof vorbei und die Straße führt zwischen der **Kirche St. Katharina mit Friedhof** und einem schönen Bauernhaus hindurch. (Sie können auch über den Kirchhof gehen und dann eine kleine Treppe zurück auf die Straße nehmen.) Am fein geschnitzten **Marterl unter Linden** halten Sie sich links und folgen der Hauptstraße leicht bergab.

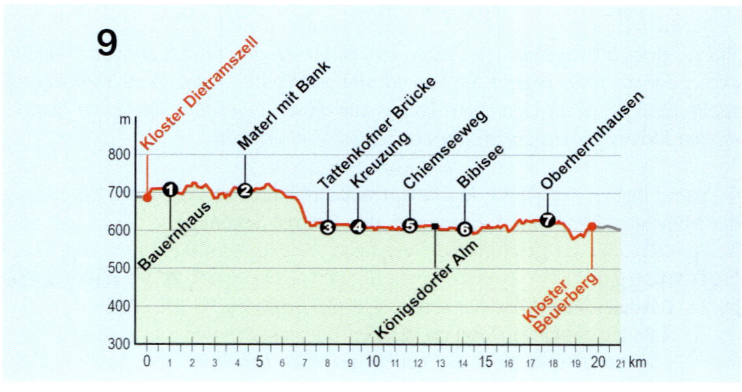

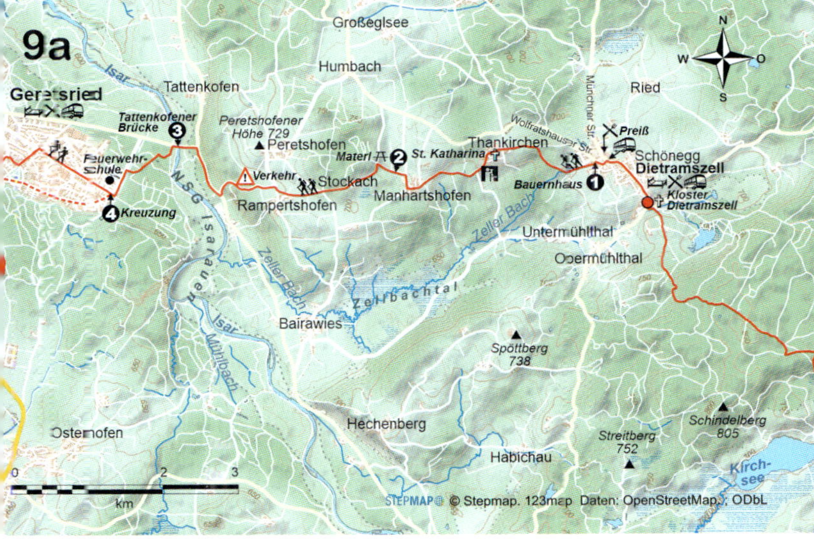

Mit herrlichem Blick über Wiesen und Wald bis zu den Bergen kommen Sie an **Bänken** unter Obstbäumen vorbei und gehen am Wegabzweig an einer Bushaltestelle weiter geradeaus **Richtung Manhartshofen**. Die Straße geht bergab in ein Hölzchen, rechter Hand liegt ein kleiner **Tümpel**. Dann kommt sie wieder aus dem Hölzchen heraus und steigt leicht bergan. Etwa auf halben Weg zwischen Wald und Ort steht ein **Marterl mit Bank** am Rand des Wegs und bietet Gelegenheit für eine kurze Verschnaufpause.

Am Ortsanfang von **Manhartshofen** steht ein Bauernhaus mit sehr schönen **Fassadenmalereien**. Sie gehen weiter geradeaus durch den kleinen Ort, bis Sie vorm **Feuerwehrhäuschen** nach rechts abbiegen. Hinter dem Ortsausgang verläuft die abbiegende Hauptstraße nach links – das ist auch die Richtung, in die Sie gehen. (☝ Obacht: Geradeaus ist ein Stück in den Weg hinein ein Muschelzeichen am Anlieger-frei-Schild angebracht und verlockt sehr dazu, geradeaus zu gehen.) Der richtige Weg biegt also nach links ab und führt vorbei an einem **Marterl unter zwei Linden mit Baumstümpfen zum Sitzen ❷.**

Sie sehen schon die nächste Wegkreuzung, an der Sie nach links **Richtung Rampertshofen** abbiegen, und der Weg führt Sie zwischen Wiesen entlang, durch **Stockach** und danach in ein Hölzchen. Bei den abzweigenden Wegen bleiben Sie immer auf dem Weg geradeaus.

Hinterm Hölzchen wird **Rampertshofen** nur gestreift und Sie treffen auf eine spezielle **Kreuzungssituation**. Sie gehen rechts an der Bushaltestelle vorbei und

Marterl unter Linden

nehmen dann die Straße nach links, die leicht bergab in das Waldstück führt. Sie bleiben auf der Straße durch baumbestandene Hänge und folgen ihr für etwa 1 km stetig bergab. (☝ Obacht: Die Straße ist kurvig, schattig und durchaus befahren, die Kurven sind schlecht einsehbar und es gibt kaum Platz zum Ausweichen. Bitte auf diesem Anschnitt besonders aufmerksam sein.)

Unten angekommen überqueren Sie die deutlich breitere und stärker befahrene Straße und gehen auf dem Radweg daneben nach rechts **Richtung Geretsried**.

Nach ca. 750 m kommen Sie an die T-Kreuzung, wo Sie nach links abbiegen und die **Isar** über die **Tattenkofener Brücke** ❸ überqueren. Direkt am Ende der Brücke zweigt ein kleiner schattiger **Waldweg** nach links parallel zum Fluss ab und biegt gleich als **Radweg** ausgeschildert nach rechts ab. Dann zweigt nach ca. 170 m links ein **Plattenweg** ab. Geradeaus ist Geretsried angeschrieben, Sie aber folgen dem Radweg nach links **Richtung Königsdorf**. Nun bleiben Sie auf dem Weg geradeaus, kommen vorbei an einem **Firmengelände** und am Ende der Schönlinderstraße treffen Sie auf die Jenschkenstraße, die nach **Geretsried** führt.

Um nicht auf der Straße laufen zu müssen, ist es besser, direkt parallel dazu den Weg hinter der Hecke entlang der **Kleingärten** nach links zu nehmen. Am Ende des Heckenweges gehen Sie rechts, damit Sie wieder an die Jenschkenstraße kommen.

➪ Wenn Sie den Ort ganz umgehen möchten, folgen Sie einfach der Jenschkenstraße nach links, die in einem Linksbogen an der Straßengabelung in die Richard-Wagner-Straße übergeht und am Ortsanfang von Stein wieder auf den Jakobsweg trifft, der links in den Chiemseeweg biegt.

Um zur **Stadtkirche Maria Hilf** zu gelangen, überqueren Sie an der **Kreuzung** ❹ die **Jenschkenstraße in die Sudetenstraße**, kommen vorbei an der Staatlichen **Feuerwehrschule** und folgen dem Straßenverlauf auf Fußwegen weiter. An der großen Kreuzung gehen Sie links in die Altvaterstraße. Diese führt durch Wohngebiete und von ihr biegt der Brahmsweg nach rechts ab. Sie folgen dem Brahmsweg, bis er an der Richard-Wagner-Straße endet. Gleich hinter der Kreuzung auf der rechten Seite steht die **Stadtkirche Maria Hilf**.

Geretsried

Stadt Geretsried, Karl-Lederer-Platz 1, 82538 Geretsried, ☏ 081 71/62 98-0, stadtverwaltung@geretsried.de, www.geretsried.de, www.tourismus.geretsried.de

Gasthof Isarwinkel, Richard-Wagner-Str. 14, 82538 Geretsried, ☏ 081 71/313 07, info@isarwinkel-geretsried.de, www.isarwinkel-geretsried.de, Restaurant So-Di, Do, Fr 10:00-14:00 und 17:00-22:30, Sa ab 17:00, Ruhetag Mi, EZ ab € 75, DZ ab € 100, F € 6

Pension Isartal, Breslauer Weg 75, 82538 Geretsried, ☏ 081 71/418 04 64, hallo@pension-isartal.de, https://pension-isartal.de, EZ ab € 69, DZ ab € 85, F extra nach Karte

♦ Hotel Alter Wirth, Buchberger Straße 2, 82538 Geretsried, ☏ 081 71/38 65 90, info@alter-wirth.de, www.alter-wirth.de, ÜF EZ ab € 59, DZ ab € 89

Da daniele, Sudetenstraße 39, 82538 Geretsried, ☏ 081 71/239 19 56, Mo-Sa 7:00-22:00, Ruhetag So

Supermärkte entlang Sudetenstraße und Jenschkenstraße

Ahorn-Apotheke, Sudetenstraße 41, 82538 Geretsried, ☏ 081 71/81 80 70, Mo-Fr 8:00-18:30, Sa 8:00-14:00

♦ **Isar-Apotheke**, Johann-Sebastian-Bach-Str. 13, 82538 Geretsried, ☏ 081 71/314 99, Mo-Fr 8:00-19:00, Sa 8:00-13:00

Stadtkirche Maria Hilf

Museum der Stadt, Graslitzer Straße 1, 82538 Geretsried, ☏ 081 71/62 98-160, Di, Mi, Fr-So 14:00-16:00, Do 17:00-19:00, Mo geschlossen

MVV 372 Geretsried – Beuerberg – Eurasburg – Wolfratshausen

Geretsried liegt von Wäldern umgeben an der Isar. Sie ist die jüngste und mit ihren etwa 26.000 Einwohnerinnen und Einwohnern auch die größte Stadt des Landkreises Bad Tölz-Wolfratshausen.

Außerdem gilt sie als eine der bayerischen Vertriebenenstädte mit entsprechender Kriegs- und Nachkriegsgeschichte. Deutlich wird dies bereits, wenn man an der Sudetenstraße steht, die sich lang und gerade durch den Ort zieht, ohne ein deutliches Zentrum zu erreichen. Im Zweiten Weltkrieg gab es auf dem Gebiet der heutigen Ortsteile zwei Sprengstofffabriken, in denen zunehmend Zwangsarbeiterinnen und Zwangsarbeiter eingesetzt wurden. Nach Kriegsende trafen die ersten Heimatvertriebenen in Geretsried ein und wurden in den Barackenanlagen untergebracht. Mit zunehmender Bevölkerung und Entwicklung der

Industrie wurde der städtebauliche Fokus auf Funktionalität gelegt und die Entwicklung eines Zentrums vernachlässigt. Seit einigen Jahren werden jedoch Maßnahmen umgesetzt, die sich zum Beispiel am Projekt der Neuen Mitte zeigen, um das Zentrum zu stärken und zu beleben.

Der Jakobsweg würde nun weiter geradeaus der Johann-Sebastian-Bach-Straße folgen, um dann in einem Linksbogen zum kleinen Ort Stein zu führen. So ist es auf den Karten verzeichnet. Die folgende Wegbeschreibung spart diesen Bogen von etwa 2 km jedoch aus und erklärt eine kürzere Option.

Um ohne diesen Bogen des Jakobswegs zum Ortsanfang von Stein zu gelangen, gehen Sie auf der Richard-Wagner-Straße nach links und queren den Schubertweg. Nun folgen Sie weiter der Straße, bis Sie hinter der Straßengabelung mit der Jenschkenstraße auf der linken Seite vor den ersten Häusern Steins in den **schmalen Chiemseeweg ❺** abbiegen und dort wieder auf dem Jakobsweg sind.

Auf dem Chiemseeweg, der als **Radweg Richtung Bibisee** ausgewiesen ist, gehen Sie geradeaus weiter. Der Weg geht entlang einiger Wiesenflächen mit Bäumen und gelangt nach etwa 1 km zur **Königsdorfer Alm** mit Biergarten.

Königsdorfer Alm, Almweg 7, 82549 Königsdorf, ☏ 081 71/812 21, www.koenigsdorfer-alm.de, Mai bis September Sa ab 12:00, So und Feiertage ab 10:00, bei Regen geschlossen

Auch nach der Alm bleiben Sie auf dem Weg geradeaus, links davon liegt die **Kiesgrube mit Liegewiese**, die kurz vor der Straße zu erreichen ist. Etwa 500 m nach der Königsdorfer Alm führt ein kleiner **Tunnel** unter der Straße hindurch, Sie gehen parallel zur Straße auf einem Radweg nach links und biegen dann nach rechts **Richtung Campingplatz** mit Gaststätte ab.

Da Campingwirt, Zum Lindenrain 8, 82549 Königsdorf, ☏ 081 71/906 83 45, Mi-Fr 15:00-22:00, Sa, So und Feiertage 10:00-22:00, Ruhetage Mo, Di

☺ Am Campingplatz vorbei würde nun der Weg zum Westufer des **Bibisees** nach links abgehen ❻. Bei schönem Wetter lohnt sich hier eine erfrischende Badepause, es gibt auch einen Kiosk (☏ 081 79/373, in der Freibadsaison).

Sie gehen am Abzweig zum See weiter geradeaus **Richtung Beuerberg**. Gleich darauf kommt eine Weggabelung am Ende des **Campingplatzes**, wo Sie sich links halten und dann geradeaus gehen. Der Feldweg neben Wiese und Feld biegt gegenüber einer Hütte zusammen mit dem Verlauf des **Radwegs** nach rechts zum Wald ab und bringt Sie geradeaus durch ein schattiges Waldstück. Aus dem Wald heraus geht es leicht bergan zwischen Weidewiesen an **Babenstuben** vorbei und Sie sehen schon eine **kleine Kapelle unter Eichen**.

An der T-Kreuzung bei der Kapelle biegen Sie nach links ab, wo sich ein asphaltiertes Sträßchen durch die **Moorwiesen** bergab schlängelt.

Geradeaus über die nächste kleine Kreuzung hinweg führt der Weg weiter durch Wiesen, Felder und ein Waldstück, bis Sie **Oberherrnhausen** ❼ erreichen.

Hinter dem **Feuerwehrhaus** folgen Sie der Straße Anglberg nach links und mit Blick in die Berge sehen Sie auch schon die **Kirchtürme von Beuerberg**. Leicht bergab kommen Sie nach **Bruggen**, wo zwei **Brücken** über den **Loisach-Isar-Kanal** und die Loisach führen und sich schon ein schöner Blick auf das Kloster ergibt.

Am Ende der Brücke trifft der von Norden kommende Jakobsweg Isar – Loisach – Leutascher Ache – Inn auf den Voralpinen Jakobsweg und folgt bis nach Faistenberg demselben Wegverlauf.

📖 Janina und Markus Meier, **Jakobsweg Isar – Loisach – Leutascher Ache – Inn**, Conrad Stein Verlag, ISBN: 978-3-86686-501-3

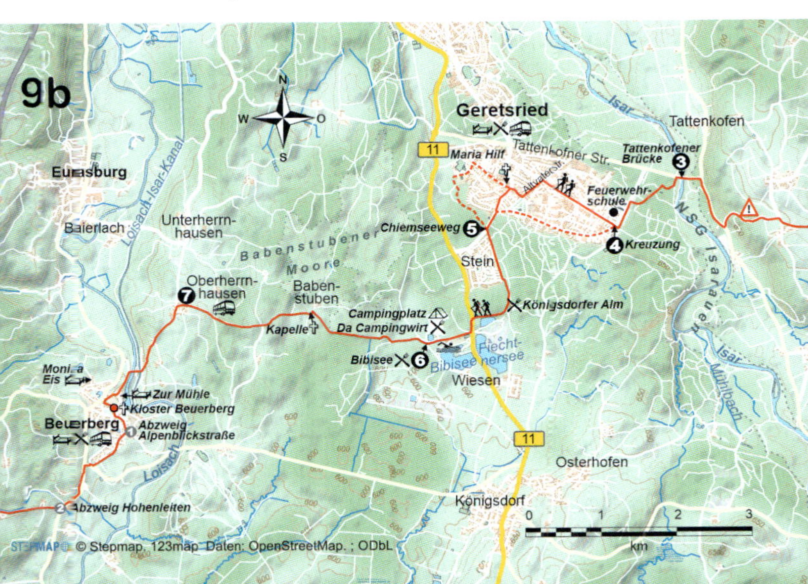

Sie gehen auf der Herrnhauser Straße nach links und erreichen Beuerberg. (in einer leichten Kurve zweigt der Loisachwegs ab zur Pension und zum Gasthaus Zur Mühle). Weiter bergan gelangen Sie auf die Kuglstadtstraße. Hier folgen Sie der Kurve nach links, wo kurz hinter einem **Bildstöckl** die Klosterstraße nach links abgeht, die Sie über einen kleinen Platz mit Kastanien an der **Pfarrei St. Peter und Paul** zum **Kloster Beuerberg** bringt. Hier haben Sie das Ziel der heutigen Etappe erreicht.

Beuerberg

Zuständig ist die **Gemeinde Eurasburg**, Beuerberger Straße 10, 82547 Eurasburg, 081 79/94 76-0, info@eurasburg.de, http://www.eurasburg.de.

Pension Zur Mühle, Loisachweg 47a, 82547 Beuerberg, 081 79/99 73 90, info@pensionzurmuehle.de, www.pensionzurmuehle.de, EZ ab € 65, DZ ab € 105, Ladencafé und Teeküche, Fr und Sa sind keine Anreisen möglich, Hilfe bei Weitervermittlung, Pilgerstempel

Pilgerzimmer bei Monika Eis, Waldhauser Straße 26, 82547 Beuerberg, 081 79/86 05, Ü für 2 Personen, ab € 30 p. P.

Gasthaus Zur Mühle, Loisachweg 47, 82547 Beuerberg, 081 79/88 32, Do-Mo 11:00-14:30 und 17:00-21:00, Ruhetage Di und Mi

nah und gut, Kuglstadtstraße 21A, 82547 Beuerberg, 081 79/94 33 84, Mo 7:30-12:30, Di-Fr 7:30-12:30 und 15:00-18:00, Sa 7:30-12:00

Bäckerei Grünwald, Kuglstadtstraße 23, 82547 Beuerberg, 081 79/93 29 50, Mo-Fr 7:00-18:00, Sa 7:00-12:00, So 8:00-10:30, Ruhetag Mi

Kloster Beuerberg, Pfarrkirche St. Peter und Paul (hier gibt es einen Pilgerstempel), Marienkirche

MVV 372 Geretsried – Beuerberg – Eurasburg – Wolfratshausen

Der Ort Beuerberg und sein Kloster, das 1121 gegründete ehemalige Augustiner-Chorherrenstift, stehen früher wie heute in enger Beziehung zueinander.

Da nur sehr wenige Chorherren im Kloster lebten, wurden Beuerberger Bauern für die zu verrichtenden Arbeiten gebraucht und als Hörige der Kirche unterstellt. Im Laufe seiner Geschichte hat das Kloster viele Veränderungen erfahren und immer wieder Neuanfänge gewagt. So wurden 1527 alle Chorherren durch neue, sittsamere ersetzt, um die Ordenszucht wiederherzustellen, 1628 stürzte bei Renovierungsarbeiten die Klosterkirche ein und wurde im Stil des Frühbarocks wieder aufgebaut, 1632 gingen bei den Plünderungen durch die Schweden alle Kloster- und Kirchenschätze verloren. Mit einer neuen Blütezeit im 18. Jahrhundert entwickelte sich Beuerberg zu einem Zentrum der Wissenschaften mit einer umfangreichen Bibliothek.

Nach der Auflösung im Rahmen der Säkularisierung 1803 wurde das Kloster Beuerberg 1846 von der Oberin des Salesianerordens aus Dietramszell gekauft und mit Mitschwestern übernommen, um eine höhere Mädchenschule zu eröffnen. Ab 1934 wurde das Kloster für verschiedener Genesungsheime genutzt, bis es 2014 letztendlich stillgelegt wurde.

Seit 2016 finden jährliche Ausstellungen zur Geschichte des Klosters statt, die mit Rahmenprogrammen und Gastronomie große Beliebtheit erlangten und gern besucht werden.

Derzeit befindet sich die Klosteranlage in einer umfangreichen Sanierung und Neuausrichtung, bei der wiederum die Bürgerinnen und Bürger eingebunden wurden, um den Charakter des Ortes zu erhalten und das Kloster zukunftsorientiert zu beleben und zu nutzen.

10. Etappe: Von Beuerberg bis Bernried am Starnberger See

17,9 km, 4 Std. 45 Min., ↑ 185 m, ↓ 222 m, ⇧578-679 m

0,0 km	⇧ 616 m	Beuerberg
5,4 km	⇧ 655 m	Faistenberg
9,5 km	⇧ 596 m	St. Heinrich
11,9 km	⇧ 605 m	Seeshaupt
13,6 km	⇧ 600 m	Seeseiten
17,9 km	⇧ 591 m	Bernried

Nach leichtem Anstieg, der jedoch fantastische Aussichten bereithält, kommen Sie über kleine Straßen und Waldwege hinab ins Starnberger Becken. Schon in St. Heinrich ist vom besonderen Flair am See etwas zu spüren, das Sie auf dem weiteren Weg durch Seeshaupt und den Bernrieder Park weiter genießen und vielleicht sogar mit einer Badepause krönen können.

Am **Kloster Beuerberg** beginnt diese Etappe zum Starnberger See.

Entlang der Klosteranlage führt die Klosterstraße zur **T-Kreuzung** an der Grundschule, wo Sie nach links auf die Königsdorfer Straße abbiegen, die dann leicht bergab geht und in deren Linkskurve die **Alpenblickstraße nach rechts abzweigt ❶**. Sie nehmen die Alpenblickstraße, kommen linker Hand an einem Platz mit einer Kastanie vorbei, halten sich weiter geradeaus und sehen einige

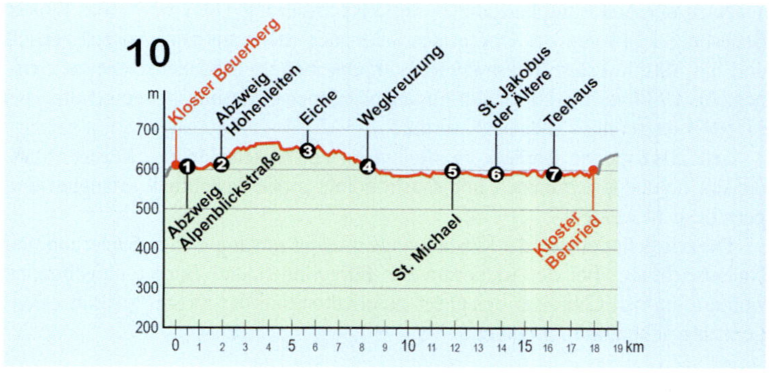

ältere Häuser mit schönen Balkonschnitzereien. Weiter der Alpenblickstraße folgend kommen Sie zum Ende des Ortes. Dabei öffnet sich nach links ein toller Blick auf die **Benediktenwand** und vielleicht können Sie am rechten Rand der Gipfelkette schon die höchste Erhebung des Wettersteingebirges und Deutschlands höchsten Berg, die **Zugspitze**, ausmachen.

Am Ortsausgang treffen Sie zunächst auf eine Landstraße, hier gehen Sie kurz nach rechts und treffen auf eine **T-Kreuzung**. Ab hier müssen Sie nun ein Stück direkt auf der Straße nach links gehen, bis auf der anderen Straßenseite nach ca. 100 m ein Parallelweg für Fußgängerinnen und Fußgänger beginnt. Diesem folgen Sie für ca. 600 m, bis rechts eine kleine Straße **Richtung Hohenleiten abzweigt ❷** und nun durch Wiesen zu beiden Seiten nach **Maierwald** ansteigt.

Vorbei an der **kleinen Kapelle** mit Wandmalerei und einem Hof mit Kühen geht es hinter dem Silo auf dem waldgesäumten Weg mit schönen Ausblicken weiter nach **Märzanderl** und **Hohenleiten**. Hinter der Kuppe geht es wieder bergab zur **Reitanlage**, hier biegt die kleine Asphaltstraße nach links ab und Sie erreichen **Faistenberg**.

An der Weggabelung geht der Jakobsweg nach rechts ab **Richtung St. Heinrich**. Hinter einer Rechtskurve finden Sie eine **Aussichtsbank** mit einer Tafel zu den Berggipfeln. Dieses herrliche Panorama können Sie nun noch für einige Meter genießen.

Kurz vorm Ortsausgang liegt der **Otthof mit Hofcafé**.

Otthof, Faistenberg 3, 82547 Eurasburg, ☏ 081 79/99 71 36, www.otthof.de, Fr 13:00-19:00, Sa, So 9:00-19:00, Frühstück, Brotzeit, hausgemachte Torten

Direkt dahinter trennen sich die Jakobswege wieder und nach links geht der **Jakobsweg Isar – Loisach – Leutascher Ache – Inn** ab.

Ihr Voralpiner Jakobsweg verläuft weiter geradeaus zur **markanten Eiche** ❸ und bietet immer noch einen wunderbaren Ausblick auf die Gipfelkette mit dem **Zugspitzmassiv**.

Sie ignorieren sämtliche Abzweige von der asphaltierten Straße und gehen in das Wäldchen hinein, bleiben auch hier auf dem Weg geradeaus, kommen über eine **Autobahnbrücke** und auf einem Schotterweg geht es nun durch Baumbestand zu beiden Seiten geradeaus. Sie bleiben auch bei Abzweigen auf dem Hauptweg. An einer **Wegkreuzung** ❹ nach ca. 1,5 km biegt dieser nach links **Richtung St. Heinrich** ab.

Bei St. Heinrich treffen Sie auf eine Landstraße, ↳ der Ort selbst liegt weiter rechts entlang dieser Straße.

St. Heinrich

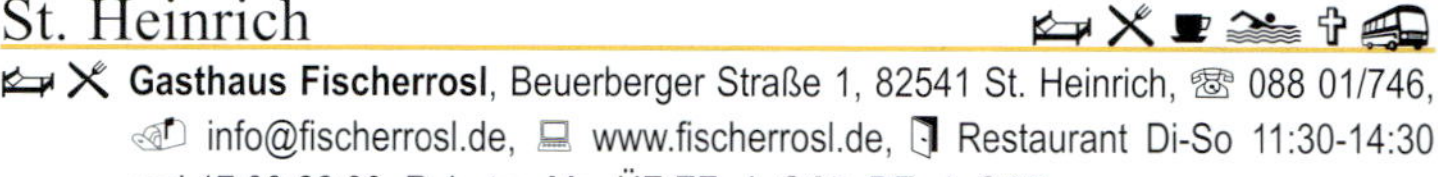

Gasthaus Fischerrosl, Beuerberger Straße 1, 82541 St. Heinrich, 088 01/746, info@fischerrosl.de, www.fischerrosl.de, Restaurant Di-So 11:30-14:30 und 17:00-22:00, Ruhetag Mo, ÜF EZ ab € 65, DZ ab € 85

♦ **Hotel Schöntag**, Beuerberger Straße 7, 82541 St. Heinrich, 088 01/906 10, info@hotel-schoentag.de, www.hotel-schoentag.de, Gasthof Mai bis Oktober täglich ab 11:00, November bis April abweichend Mo-Fr ab 17:00, kein Ruhetag, ÜF EZ ab € 68, DZ ab € 78

Strand Bar & Kitchen, Buchscharnstraße 10, 82541 St. Heinrich, 088 01/827 99 66, schrickerpamela.wixsite.com/strand, April bis Oktober bitte erfragen, Öffnungszeiten Juni/Juli Mo-Fr ab 12:00, Sa, So, Feiertage ab 11:00, nur bei schönem Wetter!

St. Maria

MVV 373 Seeshaupt – Münsing – Wolfratshausen

Sie überqueren die Landstraße und auf der anderen Seite folgen Sie dem Uferweg nach links **Richtung Seeshaupt**. Auch Radlerinnen und Radler nutzen diesen Weg, sodass wieder etwas Aufmerksamkeit angebracht ist. Sie gehen weiter parallel zur Straße und sehen rechter Hand schon die ersten Segelbootspitzen auf dem **Starnberger See**. Vorbei am **Camping Seeshaupt** folgen Sie dem Fußweg neben der St.-Heinricher-Straße für weitere etwa 2 km. Hin und wieder haben Sie die Möglichkeit, einen Einblick in die Seegrundstücke zu erhaschen.

Yachthafen am Starnberger See

Der Starnberger See

Der See entstand während der letzten Eiszeit vor etwa 20.000 Jahren und wurde ursprünglich nach dem abfließenden Fluss Würm benannt. Mit dem Bau der Eisenbahnlinie nach Starnberg, was Ausflugsziel vieler Münchnerinnen und Münchner war, sprach man oft vom Starnberger See, sodass dieser Name 1962 offiziell übernommen wurde.

Der See erstreckt sich über 20 km Länge und 5 km Breite mit einer maximalen Tiefe von 127 m, was dazu führt, dass er sich im Sommer nur langsam auf Badetemperatur erwärmt und ebenso langsam wieder abkühlt. Das Schwimmen im klaren Wasser mit Blick auf die Alpenkulisse ist traumhaft und immer wieder findet man am Weg kleine Badebuchten oder Strandbäder.

Am Ufer in Berg ereignete sich 1886 der ungeklärte Tod König Ludwigs II., der von einem Spaziergang in Begleitung seines Psychiaters nicht zurückkehrte. Daraufhin wurden beide tot im seichten Wasser aufgefunden.

Seeshaupt

Gemeinde Seeshaupt, Weilheimer Straße 1-3, 82402 Seeshaupt, ☏ 088 01/90 71-0, gemeinde@seeshaupt.de, www.seeshaupt.de

♦ **Tourist-Information**, Hauptstraße 4, 82402 Seeshaupt, ☏ 088 01/915 85 89, Mi-So 10:00-18:00, im Ladencafé – Die alte Metzgerei

Hotel Garni Sterff, Penzberger Straße 6, 82402 Seeshaupt, ☏ 088 01/90 63-0, info@hotel-sterff.de, www.hotel-sterff.de, ÜF EZ ab € 80, DZ ab € 130

Da Noi Trattoria & Pizzeria, Hauptstraße 6, 82402 Seeshaupt, ☏ 088 01/523 99 59, www.danoiseeshaupt.de, Do-Mo 12:00-15:00 und 18:00-22:00, Mi 18:00-22:00, Ruhetag Di

♦ **Unsere Dorfwirtschaft**, Bahnhofstraße 12, 82402 Seeshaupt, ☏ 088 01/523 98 95, www.dorfwirtschaft-seeshaupt.de, Mi-Fr 17:30-23:00, Sa, So 11:30-14:30 und 17:30-23:00, Ruhetage Mo, Di

♦ **Würmseestüberl**, Seepromenade 10, 82402 Seeshaupt, ☏ 088 01/26 89, www.wuermseestueberl.com, Biergarten im Sommer täglich 11:00-23:00, Stüberl hat bei Regen offen

Die alte Metzgerei, Hauptstraße 4, 82402 Seeshaupt, ☏ 038 01/915 85 89, www.cafe-diealtemetzgerei.de, Mi-So 10:00-18:00, Ruhetage Mo, Di

♦ **Feinkost Caffè Giovanna**, Hauptstraße 1, 82402 Seeshaupt, ☏ 088 01/913 06 58, www.feinkostgiovanna.com, Di-Sa 10:00-20:00, Ruhetage So, Mo, mittags hausgemachte Pasta

Edeka, Hauptstraße 16, 82402 Seeshaupt, ☏ 088 01/913 79 21, Mo-Sa 7:00-20:00

St. Michaels-Apotheke, Penzberger Straße 3, 82402 Seeshaupt, ☏ 088 01/763, Mo-Fr 8:00-12:30 und 14:00-18:30, Sa 8:00-13:00

St. Michael

MVV 373 Seeshaupt – Munsing – Wolfratshausen (S),
RVO 9614 Penzberg – Iffeldorf – Seeshaupt – Bernried – Tutzing,
RVO 9655 Weilheim – Seeshaupt – Penzberg

RB 66 nach München Hbf.

Dampfersteg, Seepromenade 6, 82402 Seeshaupt, ☏ 081 51/80 61, Infos und Fahrplan auf www.seenschifffahrt.de, vom Dampfersteg sind verschiedene Rundfahrten über den Starnberger See mit Verbindungen ans Westufer nach Bernried, Tutzing, Possenhofen und Starnberg möglich.

Als bekannter und beliebter Erholungsort liegt Seeshaupt malerisch am Südende, am „Haupte“, des Starnberger Sees.

Im Mittelalter galt Seeshaupt als bäuerliches Fischerdorf. Eines der ältesten Zeugnisse aus dieser Zeit ist am Dampfersteg zu finden, die über 2 m hohe Seegerichtssäule aus Tuffstein mit der Jahreszahl 1522 und dem Fisch, der im heutigen Gemeindewappen wiederkehrt.

Einen tragischen, aber bedeutenden Einschnitt erlebte das Dorf 1815, als beim Schmalzkücherlbacken eine Pfanne in Brand geriet, sich das Feuer rasend schnell ausbreitete und dabei nahezu alle Anwesen zerstörte. Auch der Kirchturm brannte und die Glocken schmolzen. Zum Glück für die Bewohnerinnen und Bewohner wurde das Dorf schnell und mit modernen Ansätzen wieder aufgebaut und 1822 als schönste Dorfgemeinde prämiert. Heute sind an etlichen Häusern Tafeln angebracht, die mit historischen Fotos und Texten zu Familiengeschichten an das frühere Seeshaupt erinnern wollen.

Bis 1850 war der Ort dennoch nahezu abgeschnitten und wurde erst mit der öffentlichen Schifffahrt für Ausflüglerinnen und Ausflügler erreichbar. 1857 kam eine eigene Postexpedition hinzu, deren Karriolpost auch Personen in die größeren umliegenden Ortschaften befördern konnte. Mit dem Anschluss an die Eisenbahn 1865 erlebte der Ort dann einen touristischen und wirtschaftlichen Aufschwung.

Seeshaupt wurde in kurzer Zeit ein ländlicher Urlaubsort, wobei sein authentischer Charme erhalten blieb und sich heute eine gewisse Ruhe am See mit seinen schönen Badeplatzen genießen lässt.

An der Stelle, wo in Seeshaupt die Hauptstraße nach links abbiegt, gibt es zwei Möglichkeiten.

Das Teehaus im Bernrieder Park

Entweder Sie bleiben rechts und gehen gleich hinunter zum **Dampfersteg** und auf die Seepromenade.

Oder Sie gehen mit der Hauptstraße links und kommen vorbei an Bäckerei, Bank, Eiscafé, Lebensmittelmarkt und Restaurants zur **Pfarrkirche St. Michael ❺**. Hinter der Kirche ist ein ruhiger Platz mit Ausblick auf den Starnberger See. Gegenüber der Kirche befindet sich die **Tourist-Info** und wenige Meter weiter entlang der Hauptstraße führt hinter dem Pfarrhaus ein Heckerweg nach rechts mit ein paar Stufen ebenfalls auf die **Seepromenade**. Der Promenadenweg verläuft oberhalb des Ufers zwischen Grundstücken entlang und hält ein paar Bänke und Ausblicke auf den See bereit, bis er an die Tutzinger Straße kommt, wo Sie nach rechts gehen. Am Ende des Fußwegs biegen Sie am Ortsausgang gleich nach rechts in den Andreas-Seitz-Weg ab. Anfangs finden Sie noch kleine Badebuchten am Ufer und im Schatten des Hölzchens erreichen Sie **Seeseiten**.

Seeseiten

Gasthof – Café Seeseiten, Seeseiten 3, 82402 Seeshaupt, ☎ 088 01/742, Di-So 11:30-19:00, Ruhetag Mo

Kapelle St. Jakobus d. Ä.

Gleich hinter dem **Gasthof – Café Seeseiten** gehen Sie nach rechts Richtung Bernried und kommen zur 1746 erbauten **Kapelle St. Jakobus d. Ä. ❻**.

An der Brücke beginnt nun ein besonders schönes Wegstück durchs Landschaftsschutzgebiet. Ein schmaler Kiesweg führt Sie zunächst durch **Uferwiesen** mit Schilf und durch Wald, wo Sie in einen **Waldbriefkasten** Anliegen, Sorgen und Wünsche einwerfen können. Nach diesem Abschnitt, der für Fahrräder gesperrt war, treffen Sie wieder auf eine Forststraße, halten sich rechts und gehen auch an der nächsten Weggabelung rechts.

Der Weg trennt sich noch einmal. Hier biegen Sie nach rechts **Richtung Bernried-Ortsmitte** (⇨ geradeaus ist der Bahnhof Bernried ausgeschildert). Neben dem Schotterweg im Waldstück laden schattige Bänke in kleinen Uferbuchten immer wieder zu einer Rast ein. Am **Teehaus** ❼ geht der Wald in Wiesen mit einzelnen Bäumen über und Sie können die Weite des Bernrieder Parks mit schönen **Badeplätzen** am See genießen, bis Sie in den Ort **Bernried am Starnberger See** gelangen.

Der Bernrieder Park

Der Park erscheint unvermittelt als beeindruckendes Naturparadies mit verschlungenen Wegen, weiten Wiesenflächen, Büschen und Solitärbäumen. Zahlreiche Ruhebänke geben den Blick auf die Alpenkette und den See frei, der an kleinen Badebuchten mit sandigem Untergrund zu einem erfrischenden Bad lockt.

Ab dem 11. Jahrhundert gehörte der Park bis zur Säkularisation zum Bernrieder Kloster, erfuhr danach mehrere Besitzerwechsel und wurde schließlich von August Freiherr von Wendland erworben. Dieser ließ das Areal von 1853 bis 1863 im Stile eines englischen Landschaftsparks planen und gestalten. Auch heute noch ist es nahezu unbebaut und beherbergt einige sehr alte Bäume, sogenannte Methusalem-Bäume, die Namen tragen wie „Isolde" und „Wotan".

1941 kaufte die wohlhabende Wilhelmina Busch-Woods den Bernrieder Park und brachte ihn in eine Stiftung ein, um dessen Ursprünglichkeit für die Öffentlichkeit zu erhalten. Er soll niemals bebaut, besiedelt oder anderweitig in Mitleidenschaft gezogen werden, so die Intension der Stiftung.

An der Weggabelung ca. 1,1 km hinter dem Teehaus gibt es zwei Möglichkeiten.

⇨ Wenn Sie dem Hauptweg nach links folgen, gelangen Sie direkt zum **Kloster Bernried**.

Wenn Sie nach rechts auf dem Weg An der Mühle hinunter zum **Strandbad Hubl** gehen, kommen Sie an den Klostermauern entlang zum **Dampfersteg**, gehen auf dem Weg nach links und kommen so nach oben zum Hof des **Klosters Bernried** mit der **Pfarrkirche St. Martin** und damit zum Ziel dieser Etappe.

Bernried am Starnberger See

Gemeinde Bernried, Dorfstraße 26, 82347 Bernried, ☏ 081 58/907 67-0, gemeinde@bernried.de, www.bernried.de

♦ **Tourismusbüro**, Dorfstraße 26 (Gemeindezentrum), 82347 Bernried, ☏ 081 58/80 40, tourist-info@bernried.info, Mo, Di, Do, Fr 10:00-11:30 und 16:00-17:30, Mi 16:00-17:30, Sa 10:00-12:00

Hotel Seeblick, Tutzinger Straße 9, 82347 Bernried, ☏ 081 58/25 40, info@seeblick-bernried.de, www.seeblick-bernried.de, Restaurant bitte erfragen, ÜF EZ ab € 90, DZ ab € 140

♦ **Landgasthof – Hotel Drei Rosen**, Dorfstraße 11, 82347 Bernried, ☏ 081 58/90 40 53, info@dreirosenbernried.de, www.dreirosenbernried.de, Restaurant Di, Do-So 11:00-22:00, Ruhetage Mo, Mi, ÜF EZ ab € 83, DZ ab € 121

Bildungshaus St. Martin im Kloster, Klosterhof 8, 82347 Bernried, ☏ 081 58/255-0, zentrale@bildungshaus-bernried.de, www.bildungshaus-bernried.de, ÜF EZ ab € 69, DZ ab 100 €, Einzelübernachtungszuschlag € 10 p. P.

Café Buffi, Am Hirschgarten 1, 82347 Bernried, ☏ 081 58/25 93 93, www.cafe-buffi.de, Di-So 10:00-17:00, Ruhetag Mo

Netto, Am Neuland 1a, 82347 Bernried, Mo-Sa 7:00-20:00, etwa 700 m südlich vom Bahnhof

Bernrieder Hofladen, Tutzinger Straße 12 d, 82347 Bernried, ☏ 081 58/904 87 77, www.bernrieder-hofladen.de, Di-Sa 10:00-18:00

♦ **Zorro's Bioladen und Café**, Bahnhofstraße 26, 82347 Bernried, 01 76/59 12 30 24, Di-Fr 10:30-19:00, Sa 8:30-13:00, Ruhetage Mo, So

Bäckerei Ziegler, Dorfstraße 2, 82347 Bernried, ☏ 081 58/62 38, Mo-Fr 6:30-18:00, Sa 6:30-16:00, So 7:00-11:00

Strandbad Hubl mit Kiosk, An der Mühle 1, 82347 Bernried, ☏ 081 58/13 13, in der Freibadsaison bei schönem Wetter

St.-Martins-Kirche, Wallfahrtskirche Maria Himmelfahrt

⌘ **Buchheim Museum**, Am Hirschgarten 1, 82347 Bernried, ☏ 081 58/99 70 20, www.buchheimmuseum.de, Di-So und Feiertage 10:00-18:00

RVO 9614 Penzberg – Iffeldorf – Seeshaupt – Bernried – Tutzing

RB 66 nach München Hbf.

Dampfersteg, Seepromenade, 82347 Bernried, ☏ 081 51/30 61, Infos und Fahrplan www.seenschifffahrt.de

Bernried gehört wohl zu den ältesten Siedlungen am damaligen Würmsee. Vermutlich hat ein Siedler dem Ort bereits im 8. Jahrhundert seinen Namen gegeben, der sich von „Rodung des Pero“ ableiten lässt. Im Jahr 1121 wurde das Kloster gegründet und Bernrieds Geschichte vorerst von den Augustiner-Chorherren bestimmt. Sie waren wichtiger Arbeitgeber und sicherten die gesundheitliche Versorgung der Bauern und Fischer des Dorfes.

Nach der Auflösung im Zuge der Säkularisation kaufte August Freiherr von Wendland das Stift samt Ländereien, um es nur wenige Jahre später als Schloss im Stile der Renaissance umzugestalten.

Seit 1972 beherbergen die historischen Gebäude das von Missions-Benediktinerinnen geleitete Bildungshaus St. Martin. Mit ihrem ordenseigenen Jahresprogramm laden sie alle Interessierten zur persönlichen Weiterentwicklung ein und schaffen einen Raum, um zur Ruhe zu kommen und zu sich selbst zu finden.

Die Dorfidylle lockte bereits zur Jahrhundertwende einige Kunstschaffende an, darunter Lovis Corinth, dessen Werke heute im Jahr 2001 eröffneten Buchheim-Museum ausgestellt sind. Auch als „Museum der Phantasie“ bezeichnet wurde es vom Künstler und Kunstsammler Lothar-Günther Buchheim, bekannt als Autor von „Das Boot“, gegründet und lockt seither Besucherinnen und Besucher aus aller Welt nach Bernried, wo sich Kunst, Architektur und Natur vereinen.

11. Etappe: Von Bernried am Starnberger See bis Weilheim i. OB

22,3 km, 5 Std. 45 Min., ↑ 320 m, ↓ 344 m, ⇧ 571-674 m

0,0 km	⇧ 591 m	Bernried
9,8 km	⇧ 665 m	Magnetsried
15,6 km	⇧ 622 m	Marnbach
17,1 km	⇧ 599 m	Deutenhausen
19,9 km	⇧ 611 m	Wirtshaus zum Gögerl
22,3 km	⇧ 581 m	Weilheim i. OB

Durch eine hügelige und abwechslungsreiche Landschaft, die mit Mooren durchsetzt ist, führt der Weg über ein Drumlinfeld und lässt die besondere Bodenformation sichtbar werden. Gegen Ende der Etappe erkennen Sie vom Aussichtspunkt auf dem Gögerl schon das Kloster Polling und sogar den Hohen Peißenberg, der bald erreicht sein wird.

Doch vorher gehen Sie hinunter in die Stadt Weilheim und lassen die vorletzte Etappe auf diesem Weg entspannt ausklingen.

11a

Haunshofen
Bernried am Starnberger See
Kloster
Reitstall 1
Drei Rosen
Bauerbach
Gallaweiher
Auweiher
Neusee
Wasserturm
Bernrieder Park
Teehaus
Starnberger See
Bergkrapp Weiher
Schnabelsberg 650
Magnetsrieder Hardt
Neuer Weiher
Nußberg
Nußberger Weiher
2 Kapelle
Holzbrücke 3
Jenhausen
Maria Himmelfahrt
St. Jakobus der Ältere
Weggabelung 4
Hübschmühle
Scheune 5
Kapelle 6
Blaselweiher
Beetweiher
Zur Quelle
St. Michael
Seeshaupt
St. Margaretha
Magnetsried
Zweilindenhof
St. Michael
Ilkahöhe 650
Hirschberg 680
Holzberg 671
Haarsee
Mitterlache
Buchberg 688
Roßsee
Frechensee
Gröbensee
Stechsee
Kreuthleite 654
0 1 2 3 km

Im **Klosterhof** starten Sie an der Glocke und verlassen die Klosteranlage durch den **Torbogen** auf die Dorfstraße. Gleich links steht die **Wallfahrtskirche Maria Himmelfahrt**.

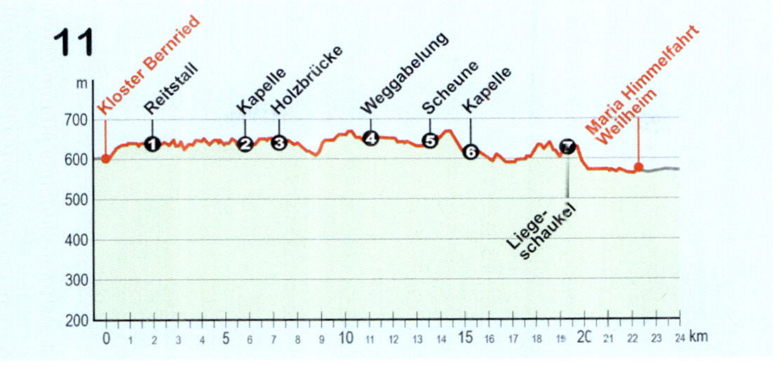

Auf der gegenüberliegenden Straßenseite gehen Sie in den Kirchweg, der an Gärten entlang bis zu einem kleinen **Platz mit Bank und Brunnen** und dem **Landgasthof Drei Rosen** führt (✋ hier weist die Muschel nach links in die falsche Richtung!). Wieder auf der Dorfstraße halten Sie sich rechts bergauf und biegen dann nach links in die Bahnhofstraße ein. Auf Fußwegen weiter bergauf überqueren Sie an einer Fußgängerampel die Seeshaupter Straße und gelangen durch eine kleine **Lindenbaumallee** neben der Bahnhofstraße in eine Siedlung.

Nun laufen Sie direkt auf den **Bahnhof** zu. Vorm ehemaligen Bahngebäude finden Sie einen Chocomat mit Schokoladentäfelchen und Getränken.

Sie biegen nach rechts parallel zu den Gleisen ab und laufen vorbei an öffentlichen Toiletten hinter Häusern weiter, bis Sie auf die Weilheimer Straße kommen. Sie folgen dieser über den **Bahnübergang** nach links und biegen dann links in die **Straße Am Sportplatz** ab. Der nächste Abzweig nach rechts ist der Hapberger Weg, der als Sackgasse aus der Siedlung hinausführt. (✋ Hier weist die Muschel zurück in die falsche Richtung!)

Am Ende liegt ein **Reitstall** ❶ und nach der Linkskurve unter Kastanien geht der Jakobsweg rechts hinunter durch die Wiesen, an Koppeln und einem Stadl vorbei, und Sie können linker Hand auf einer Anhöhe einen **Wasserturm** erkennen. Sie treffen auf eine kleine, asphaltierte Straße und folgen dieser nach links durch Weideflächen und Wiesen in den Wald hinein. Der Weg geht in Schotter über, am **Neusee** vorbei und leicht bergan nach links. Nach dem kurzen steilen

Weiher bei Nußberg

Stück kommen Sie auf einen Platz und halten sich links. An der Weggabelung, die auf eine asphaltierte Straße führt, gehen Sie nach rechts direkt auf der Straße zwischen **Bernrieder Weiher** und **Teichen** weiter, bis Sie gleich hinter der Kurve nach rechts in eine Sackgasse abbiegen. Vorm **Nußberger Weiher** führt die gepflasterte Straße leicht bergauf unter Bäumen zu einer **kleinen Kapelle ❷** nach **Nußberg**.

Schon vor dem ersten Haus mit Zielscheiben und Auerhahn an der Fassade und alter **Feuerglocke** auf dem Dach zweigt ein Feldweg links ab, der nah am Schilfufer des **Hausweihers** in ein Wäldchen führt. Nach kurzem An- und Abstieg gelangen Sie zum **Neuen Weiher**. Dahinter verläuft an einer großen Wiese ein Saumweg am Waldrand entlang, der an der Ecke nach links abknickt und in den Forstweg **Richtung Jenhausen** übergeht. Vor einer Wiese biegt er nach rechts ab und führt aus dem Wald heraus.

Nach der großen **Eiche** kommt in der Kurve eine **kleine Holzbrücke ❸**, die Sie auf einen schmalen Kiesweg entlang einer Wiese bringt, und über eine **weitere Brücke und auf Holzbohlen** gehen Sie nun durchs Moor. Auf dem Waldpfad bleiben Sie weiter geradeaus und halten sich an der nächsten Weggabelung links, bleiben also auf dem schmalen Kiesweg, wo der Boden leicht nachgibt. Der weiche Kiesweg geht in einen Wurzelpfad an einer Weide entlang über und kurz steil bergauf. Geradeaus kommen Sie wieder auf eine breitere Forststraße und sehen schon die **Kirchturmspitze von Jenhausen**, bevor Sie nun auf einer Asphaltstraße in den Ort hinuntergehen und zum **Dorfplatz mit Brunnen** kommen.

Jenhausen ✞

✞ Kirche Mariä Himmelfahrt

Das Eberfinger Drumlinfeld

Jenhausen liegt in einem Tal des Eberfinger Drumlinfelds, einer besonderen geologischen Bodenformation, die in den Grundmoränen des Isar-Loisach-Gletschers in der letzten Eiszeit entstanden ist.

Drumlins sind walrückenförmige Hügel, die überwiegend bewaldet sind. Rund um Jenhausen und Magnetsried sind jedoch auch viele unbewaldete Drumlins zu erkennen. Besonders markant liegt ein Drumlin am Ortsrand von Jenhausen, auf dessen Kuppe die Kirche St. Mariä Himmelfahrt weithin sichtbar ist.

Für die Forschung zur frühen Eiszeit ist dieses Gebiet von großer Bedeutung und ebenso wertvoll sind die Feuchtwiesen zwischen den Drumlintälern mit unter Naturschutz stehenden Orchideenvorkommen.

Sie nehmen die querende Straße nach links **Richtung Magnetsried**, ↳ am nächsten Abzweig rechts würden Sie zur **Kirche Mariä Himmelfahrt** gelangen.

Der Jakobsweg biegt hinterm Ortsausgang rechts in ein Sträßchen ab, geht leicht bergab zu ein paar Häusern an einer Weggabelung und führt Richtung Magnetsried nach rechts auf einem baumgesäumten Weg weiter. Hinter einer kleinen **Bachbrücke** und dem Weiler **Hübschmühle** geht ein Fußweg geradeaus und leicht bergan in ein Hölzchen hinein. Danach halten Sie sich links und treffen auf die Landstraße, die Sie nach rechts nach **Magnetsried** bringt.

An der rechten Straßenseite liegt gleich der **Landgasthof Zur Quelle**, weiter geradeaus die Straße hoch kommen Sie direkt zur **Kirche St. Margaretha**, wo an der Kirchenmauer ein **Brunnen** ist.

Magnetsried

Landgasthof Zur Quelle, Magnetsried 4, 82402 Seeshaupt, ☏ 088 01/91 24 20, info@gasthof-quelle.de, www.gasthof-quelle.de, Restaurant Mo, Di, Mi, Fr, Sa 17:00-21:00, So und Feiertage 11.30-14:00 und 17:00-21:00, Ruhetag Do, EZ ab € 35, DZ ab € 90, F € 5, Do keine Anreise möglich

Der Zweilindenhof, Magnetsried 61, 82402 Seeshaupt, ☏ 088 01/91 58 81, info@zweilindenhof.de, www.zweilindenhof.de, Matratzenlager (Dusche, Bettwäsche, Handtücher) ab € 28, F € 18, Abendessen auf Anfrage, am besten telefonischer Kontakt

Kirche St. Margaretha

RVO 9655 Penzberg – Seeshaupt – Weilheim

Vor der Kirche verlassen Sie die Hauptstraße nach rechts **Richtung Marnbach** und auch den Ort. An der Weggabelung hinterm letzten Haus halten Sie sich links auf eine Anhöhe mit weitem Blick über die hügelige Landschaft mit Weiden, Feldern und Waldflecken.

An der nächsten Weggabelung halten Sie sich rechts. Darauf folgt eine **weitere Weggabelung ❹**. Hier geht nach **links ein Schotterweg zum Waldrand** ab, führt kurz hindurch und dahinter als **Trampelspur** geradewegs über eine Wiese wieder ins Hölzchen hinein. Ab hier kann es je nach Witterung etwas schlammig werden, da der Wurzelpfad durch ein **Moorgebiet** führt, bis er wieder breiter wird und auf eine asphaltierte Straße kommt. Dieser folgen Sie geradeaus, in der Rechtskurve steht eine Eiche mit Bank und am Waldrand entlang halten Sie sich an der Weggabelung links **Richtung Marnbach**.

Vorbei an Weiden mit einigen **Eichen** und über eine kleine Brücke bleiben Sie auf der Straße. Nach einer Linkskurve geht gegenüber einem **Strommast** am Anfang eines Hölzchens ein land- und forstwirtschaftlicher Weg nach links leicht bergauf und biegt hinter der **Scheune ❺** nach rechts an den Waldrand ab. Der Weg geht daran entlang, bis er in den Wald führt und Sie dann als asphaltierte,

Kapelle St. Michael bei Marnbach

schmale Waldstraße nach rechts leicht bergab aus dem Wald leitet. Sie bleiben auf dem Hauptweg geradeaus und kommen an ein paar Scheunen vorbei an eine **T-Kreuzung**. Vor Ihnen liegt auf der Wiese mit Rastbänken die **Kapelle St. Michael** ❻. Nach links kommen Sie auf der Oberen Bachstraße nach **Marnbach** hinein (✋ hier weist die Muschel zurück in die falsche Richtung!).

Nach links biegt die Ferdinand-Fendt-Straße ab und trifft auf die Seeshaupter Straße, die Sie nach rechts überqueren, um so zur **Kirche St. Michael** zu kommen.

Marnbach

- **Gästehaus Bartl**, Hardtstraße 4, 82362 Marnbach, ☏ 08 81/612 36, ÜF DZ ab € 60, Ü für Einzelperson nach Absprache, bitte als Pilgerin oder Pilger zu erkennen geben
- **Bäckerei Andrä**, Seeshaupter Straße 9, 82362 Marnbach, ☏ 08 81/927 51 88, Di-Fr 6:00-11:30, Sa 6:00-11:30, Ruhetag Mo, So
- Kapelle St. Michael, Kirche St. Michael
- **RVO 9655** Penzberg – Seeshaupt – Weilheim, **RVO 9602** Weilheim – Eberfing – Weilheim

Sie gehen weiter entlang der Straße, vorbei an einem Brunnen mit Bank, und biegen kurz vorm Ortsausgang zum Sportplatz Am Hecherried nach links ab. Hinter einer Holzbrücke liegt gleich links das Gebäude der Freiwilligen Feuerwehr und rechts ist der **Sportplatz**.

Am Waldrand geht der Jakobsweg nach rechts und geradewegs nach **Deutenhausen**, vorbei an den ersten Grundstücken. Linker Hand ist ein großer Stall und hinter einer kleinen Brücke kommen Sie aus der Eichbergstraße auf die T-Kreuzung am **Feuerhaus**.

Deutenhausen

Goldener Stern, Marnbacher Straße 2, 82362 Deutenhausen, ☏ 08 81/22 58, Fr-So 10:00-21:00, Mo 17:00-21:00, Ruhetage Di-Do

Kirche St. Johannes Baptist

RVO 9655 Penzberg – Seeshaupt – Weilheim,
RVO 9602 Weilheim – Eberfing – Weilheim

Nach links verlassen Sie den Ort gleich wieder auf der Von-Tuto-Straße und gehen geradeaus bis zum **Wanderparkplatz** in einer leichten Rechtskurve. Hier sind auch ein **Marterl** und eine Bank. Die Straße biegt dahinter nach links ab. Sie nehmen jedoch den Schotterweg, der rechts abzweigt und zwischen **zwei Hütten** hindurchführt. Etwas bergan verläuft er zwischen Waldrand und Feld und geht dann in den Wald hinein, wo er sich nach einer Rechtskurve gabelt. Sie halten sich links und nach ca. 400 m kommen Sie aus dem Wald heraus. Der Blick öffnet sich über hügelige Wiesenlandschaft und auch **Weilheim** ist schon zu sehen.

An der Weggabelung (geradeaus geht es direkt hinunter nach Weilheim) biegen Sie rechts auf den ansteigenden Asphaltweg ab und folgen diesem in einer Linkskurve zur **Aussicht Gögerl**. An diesem Weg mit einem großen Kreuz laden einige Bänke zu einer Rast mit wunderbarem **Panoramablick** ein. Auch die Klosteranlage von Polling und sogar das Ziel des Voralpinen Jakobswegs, der **Hohe Peißenberg**, sind schon zu erkennen. Ein paar Meter weiter wird an einer gemütlichen **Liegeschaukel** ❼ die Sage vom Gögerl-Fräulein beschrieben, das sich aus Gier um Lebensglück und Seelenheil gebracht hat und seither mit einem Schlüsselbund in der Hand den Eingang zum Himmel sucht, der ihr verwehrt zu sein scheint. Der Weg führt weiter durchs Wäldchen und an einer **Wendeschleife** geht er rechts hinter einem eingezäunten Wasserhochbehälter nach links zu einem **Waldspielplatz** am Hechenbergwall.

Hinterm Spielplatz führen ein paar Treppchen weiter bergab (hier weist die Muschel zurück in die falsche Richtung!) zum **Wirtshaus zum Gögerl**. (Auch hier weist die Muschel zurück in die falsche Richtung!)

Wirtshaus zum Gögerl, Am Gögerl 1, 82362 Weilheim, ☏ 08 81/39 46 42 23, amgoegerl.de, Mo-Fr 11:00-23:00, Sa, So 10:00-23:00

Der Serpentine folgend gelangen Sie hinunter nach **Weilheim** und biegen an der Kreuzung nach rechts in die Trogerstraße ab. Dieser folgen Sie, bis sie an der Kreuzung endet und der Gögerlweg geradeaus anschließt. Unmittelbar nach der Kreuzung geht auf der linken Seite ein **Rad- und Fußweg** vor einem Jägerzaun mit hoher Hecke ab, der auf die Steinstraße trifft. Sie gehen an der **Rastkapelle** nach

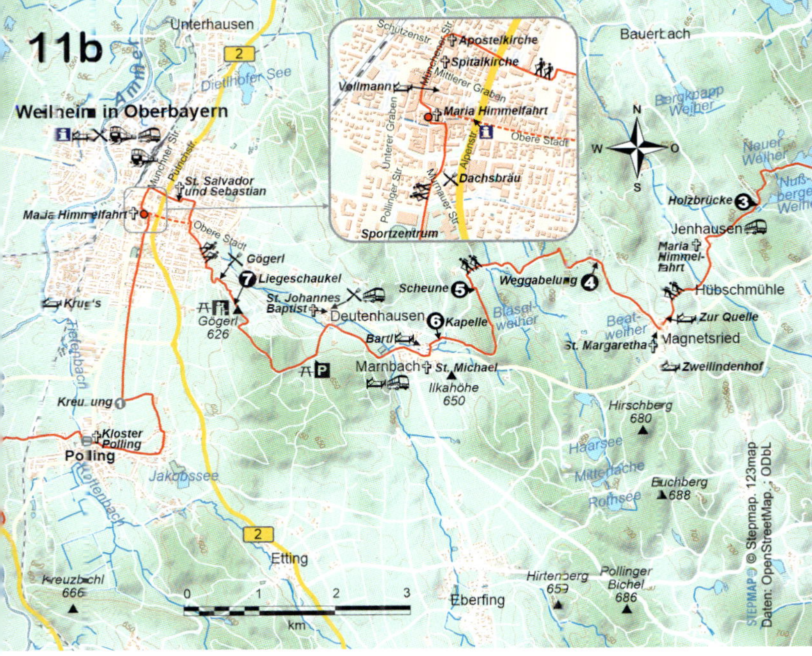

rechts in die Rastkapellenstraße, an deren Ende Sie über einen kleinen **Kanal** des Angerbachs die Straße Obere Stadt in die Römerstraße überqueren.

⇨ Wenn Sie auf direktem Wege in die Stadtmitte gelangen möchten, können Sie auf der Straße Obere Stadt nach links immer geradeaus direkt zum Marienplatz laufen.

Sie bleiben bis zur Kreuzung mit der Straße Am Betberg auf der Römerstraße und gehen dort nach links. Rechter Hand beginnt die Friedhofsmauer, an ihr entlang kommen Sie nach rechts in die Krumpperstraße und ⇨ über den Haupteingang des Friedhofs kämen Sie zur **Friedhofskirche St. Salvator und Sebastian**, deren Wände und Gewölbe vollständig mit einem Freskenzyklus zur Passion Christi aus der Zeit um 1600 ausgemalt sind. Die pixelig wirkende Struktur kam durch eine Restaurierung zustande, wobei der alte Putz angepickert wurde, um eine neue Putzschicht haltbarer auftragen zu können. Später wurde der neuere Putz mit den Ausmalungen wieder entfernt und so sind heute die alten Fresken übersät mit kleinen Abschlägen.

Weiter geradeaus vorbei am **Feuerwehrgerätehaus** überqueren Sie die Pütrichstraße und gehen bis zum Ende der Krumpperstraße, wo auf der linken Seite die **Apostelkirche** steht.

Hier biegen Sie nach links in die Münchner Straße ab und gelangen entlang des ehemaligen Franziskanerklosters St. Josef und der **Spitalkirche zur Heiligsten Dreifaltigkeit** in die **Fußgängerzone** am damaligen Schmiedtor.

Über den **Marienplatz** mit seinen bunten Häuserfassaden nach links erreichen Sie die **Stadtpfarrkirche Mariä Himmelfahrt** und damit das Ziel der heutigen Etappe.

Weilheim i. OB

Stadt Weilheim i. OB, Admiral-Hipper-Straße 20, 82362 Weilheim, 08 81/682-0, info@weilheim.bayern.de, www.weilheim.de,

♦ **Tourist-Information**, Marienplatz 2/4, 82362 Weilheim, 08 81/682-53 03, weilheiminfo@weilheim.bayern.de, www.weilheim.de/touristinfo, Mo-Fr 8:30-14:00

Krug's Family Hostel, Holzhofstraße 36, 82362 Weilheim, 08 81/31 36, krug@hostel-weilheim.de, www.hostel-weilheim.de, Restaurant bitte erfragen, EZ ab € 60, DZ ab € 99, F € 12

Hotel Vollmann, Eisenkramergasse 4, 82362 Weilheim, 08 81/92 77 18 60, info@hotel-vollmann.com, www.hotel-vollmann.com, ÜF EZ ab € 75, DZ ab € 118

Dachsbräu, Murnauer Straße 5, 82362 Weilheim, 08 81/22 61, www.dachsbier.de, täglich 10:00-23:30

♦ **Emporio**, Schmiedstraße 20, 82362 Weilheim, 08 81/63 73 48, www.restaurant-emporio.de, Mo-Do 10:00-22:00, Fr 9:00-22:30, Sa 10:00-22:30, Ruhetag So, mit Gelateria

Café Rosalie, Kirchplatz 5, 82362 Weilheim, 08 81/925 75 08, www.cafe-rosalie.de, Mo-Fr 8:30-17:00, Sa 9:00-17:00, So, Feiertage 10:00-17:00

Norma, Obere Stadt 77, 82362 Weilheim, 08 81/16 34, Mo-Sa 8:00-20:00

Wochenmarkt am Dienstag, Kirchplatz, Di 8:00-13:00,

♦ **Wochenmarkt am Freitag**, Marienplatz, Fr 8:00-13:00

♦ **Bäckerei Bachmeier**, Schmiedstraße 9, 82362 Weilheim, 08 81/417 92 64, Mo-Fr 7:00-18:00, Sa 7:00-16:00, Ruhetag So

Stadt Apotheke, Admiral-Hipper-Straße 4, 82362 Weilheim, 08 81/75 43, Mo, Di, Do, Fr 8:30-18:00, Mi, Sa 8:30-13:00

✞ Mariä Himmelfahrt, St Pölten, Heilig-Geist-Spital-Kirche, Apostelkirche

⌘ **Stadtmuseum Weilheim i. OB**, Marienplatz 1, 82362 Weilheim,
☏ 08 81/682-60 00, 💻 www.stadtmuseum-weilheim.de, Di-Sa 10:00-17:00,
So und Mo geschlossen

🚌 **RVO 9656** Weilheim – Peißenberg – Hohenpeißenberg – Peiting – Schongau,
RVO 9655 Weilheim – Seeshaupt – Penzberg

🚆 **RB 6, RB 65** nach München Hbf.,
BRB RB 67 nach Peißenberg, Hohenpeißenberg

Weilheim i. OB liegt als Kreisstadt mitten im Pfaffenwinkel an der ehemaligen Römerstraße Via Reatia, die den süddeutschen Raum mit Italien verband. Möglicherweise leitet sich der Name der Stadt daher von „Heim bei den (römischen) Villen" ab.

Die besondere Lage an dieser wichtigen Handelsroute und ebenso die Nähe zu vielen Klöstern begünstigte die Eröffnung zahlreicher Künstlerwerkstätten. Bildhauer, Maler und Goldschmiede statteten mit ihrer Handwerkskunst nicht nur die umliegenden Kirchen und Klöster aus, sondern belieferten ebenso die Klöster Südtirols. Die Kunstsammlung des Stadtmuseums zeigt Werke der Bildhauer dieser Zeit, der sogenannten Weilheimer Schule, die die Stadt zu Beginn des 17. Jahrhunderts bekannt machte, und gibt Einblicke in die bewegte Geschichte und rasche Entwicklung der Stadt.

Bei einem Bummel durch die verwinkelten Gassen können Sie sich per Audioguide historische und kulturelle Informationen zu den einzelnen Sehenswürdigkeiten erzählen lassen und fühlen sich am Marienplatz mit seinen farbenfrohen Fassaden vielleicht sogar in das Gemälde „Weiheim-Marienplatz" von Wassily Kandinsky hineinversetzt.

Kirche St. Salvator und Sebastian in Weilheim

12. Etappe: Von Weilheim i. OB auf den Hohen Peißenberg

19 km, 5 Std. 30 Min., ↑ 551 m, ↓ 140 m, ⇧ 568-988 m

0,0 km	⇧ 581 m	Weilheim i. OB
4,9 km	⇧ 577 m	Polling
7,1 km	⇧ 576 m	Künstlersäulenhalle STOA 169
12,4 km	⇧ 592 m	Peißenberg
19,0 km	⇧ 988 m	Hoher Peißenberg,
		Hohenpeißenberg

Das Ziel ist nah. Das erste Stück führt noch gemächlich aus Weilheim heraus zum Kloster Polling und am Ufer der Ammer lockt die Künstlerhalle zum Wandeln durch die Säulen. Nun bereitet ein leichtes Auf und Ab schon auf den Anstieg vor, der hinter Peißenberg spürbar beginnt. Auf befestigten Wegen zieht er sich zum Gipfel des Hohen Peißenbergs hinauf zur Wallfahrtskirche Mariä Himmelfahrt.

Dort werden Sie nicht nur vom fantastischen Panoramablick überwältigt sein, sondern auch vom Gefühl des Ankommens am Ziel Ihres Pilgerwegs von Salzburg auf den Hohen Peißenberg.

Die Schlussetappe des Voralpinen Jakobswegs beginnt an der **Stadtpfarrkirche Mariä Himmelfahrt**.

Sie gehen über den **Kirchplat**z mit dem Brunnen der raufenden Buben und am schmalen Ende des Platzes nach rechts in die Hofstraße, die durchs alte Stadttor an die **Stadtmauer** mit einem Platz mit Bänken führt.

Geradeaus kommen Sie in die Augsburger Straße, überqueren die Murnauer Straße und folgen dem Prälatenweg **Richtung Polling** schnurgeradeaus, bis Sie aus dem Ort herauskommen.

Sie gehen zwischen Wiesen weiter und sehen vor sich das Bergpanorama. Kurz vor der nächsten Wegkreuzung steht ein einzelner Ahorn mit einer **Bank**. Hier blicken Sie noch einmal auf den Gögerl mit dem Kreuz. Dann gehen Sie weiter geradeaus. (Hier weist die Muschel nach links. Dies bitte ignorieren.)

An einer Streuobstwiese steht die **Golgotha-Kapelle** und dahinter unterqueren Sie die Landstraße. Der Weg führt durch weite Felder, über die Sie schon das **Kloster Polling** erkennen.

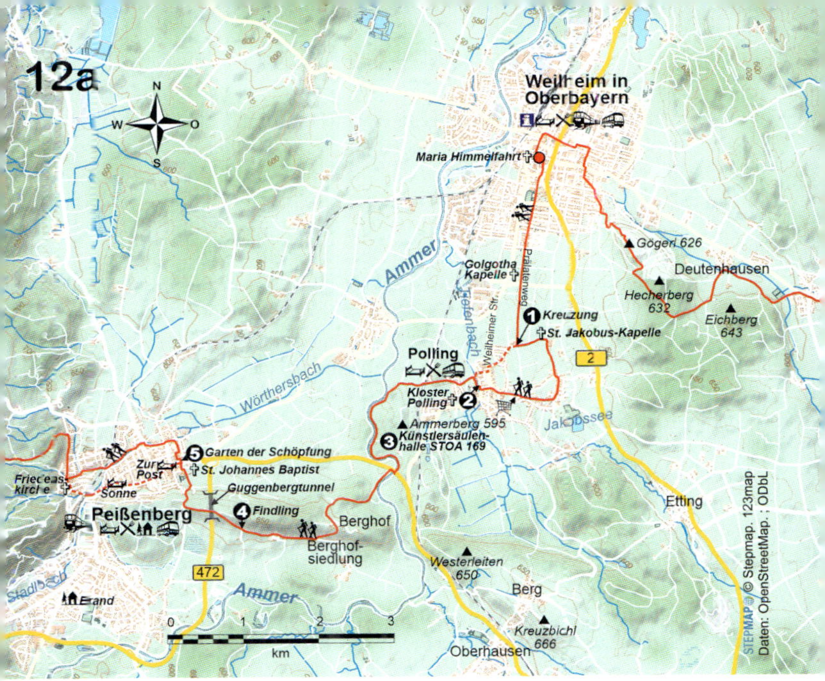

12a

Weilheim in Oberbayern
Maria Himmelfahrt
Prälatenweg
Gögerl 626
Deutenhausen
Hecherberg 632
Eichberg 643
Golgotha Kapelle
Ammer
Tiefenbach
Weilheimer Str.
1 Kreuzung
St. Jakobus-Kapelle
Polling
2
Wörthersbach
Kloster Polling 2
Ammerberg 595
Jakobsee
3 Künstlersäulenhalle STOA 169
5 Garten der Schöpfung
St. Johannes Baptist
Zur Post
Friedenskirche
Sonne
Guggenbergtunnel
4 Findling
Peißenberg
Berghof
Berghofsiedlung
Etting
Westerleiten 650
472
Ammer
Stadlbach
Berg
Kreuzbichl 666
Oberhausen
0 1 2 3 km
STEPMAP © Stepmap. 123map
Daten: OpenStreetMap. ; ODbL

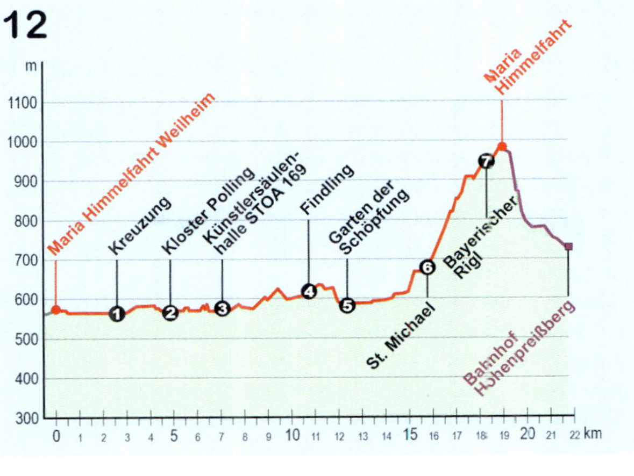

An der nächsten **Kreuzung an einem Hof ❶**, könnten Sie sich für den direkten Weg zum Kloster entscheiden. Dieser würde an der Kreuzung nach rechts über den Prälatenweg führen und Sie entlang der Weilheimer Straße oder der Tassilostraße zur Klosteranlage bringen, die wirklich sehenswert ist und etwas Zeit und Aufmerksamkeit verdient.

Der ausgewiesene Jakobsweg verläuft jedoch in einem Bogen zunächst nach links zur 1997 erbauten **St.-Jakobus-Kapelle**, die an eine bis 1805 in der Nähe gestandenen Jakobskirche erinnern soll. An der folgenden T-Kreuzung gehen Sie nach rechts an einem Hof vorbei in eine kleine Siedlung, wo die Eisenschmiedstraße auf die Längenlaicher Straße trifft. Hier biegen Sie nach links und gleich darauf nach rechts in die Römerstraße ab, die durch ein Wohngebiet auf die St.-Jakob-Straße führt, deren Benennung auf besagte Jakobskirche Bezug nimmt.

Vor der Kreuzung geht sie noch in die Steinbruchstraße über (hier weist die Muschel zurück in die falsche Richtung!). Sie gehen kurz rechts zur Kreuzung am **Supermarkt** in **Polling** und folgen der Längenlaicher Straße nach links, bis Sie auf die Kurve der Weilheimer Straße treffen und auf die **Klostermauern** blicken.

Kurz vor der Kreuzung steht der **Eisautomat** der Pollinger Eismanufaktur mit handgemachtem Bioeis im Becher.

Nach links sind es nur noch wenige Meter bis zum **Torbogen** am **Kloster Polling ❷** neben dem Tiefenbach, durch das Sie den Kirchplatz betreten, wo Sie vor der **Pfarrkirche St. Salvator und Heilig Kreuz** stehen.

Polling

Gemeinde Polling, **Tourist-Information**, Kirchplatz 11, 82398 Polling, 08 81/93 90-0, gemeindeverwaltung@polling.de, www.polling.de, Mo-Fr 8:00-12:00, Mo auch 15:00-17:00, Do auch 13:00-18:00

Klosterwirt Polling, Weilheimer Straße 12, 82398 Polling, 08 81/12 23 29 98, servus@klosterwirtpolling.de, www.klosterwirtpolling.de, Restaurant Mi-Fr ab 17:00, Sa, So 12:00-14:00 und ab 17:00, Ruhetage Mo, Di, DZ ab € 90

Pension Lindner, Propst-Gerhoh-Straße 6, 82398 Polling, 08 81/78 83, pensionlindner@gmail.com, www.pensionlindner.de, ÜF EZ ab € 60, DZ ab € 100

Alte Ziegelei, Tassilostraße 2, 82398 Polling, 08 81/22 96, www.alteziegeleipolling.de, Di-Fr 11:30-14:30 und 18:00-22:00, Sa 12:00-22:00, So 12:00-21:00, Ruhetag Mo

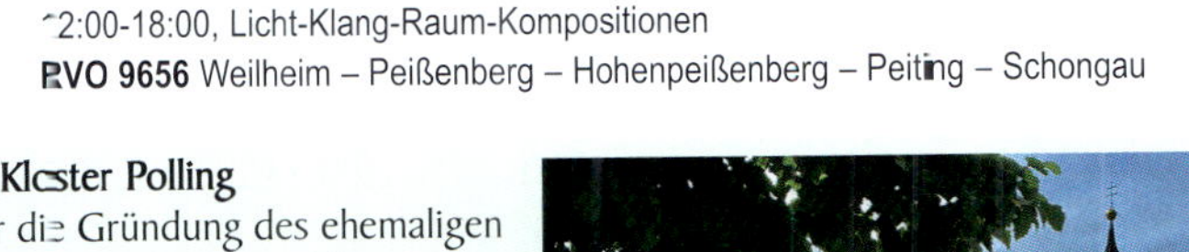

Edeka, Längenlaicher Straße 28, 82398 Polling, ☏ 08 81/48 71, Mo-Sa 7:00-19:00

Klosterbäckerei, Kirchplatz 9, 82398 Polling, ☏ 08 81/632 11, Mo-Fr 7:00-12:30 und Di, Do 14:30-17:00, Sa 6:30-12:00, Ruhetag So

Kirche St. Salvator und Heilig Kreuz, Pilgerstempel

⌘ **Kunst im Regenbogenstadl**, Georg-Rückert-Str. 1, 82398 Polling, ☏ 08 81/41 77 18, www.regenbogenstadl.de, April bis September Sa und So 12:00-18:00, Licht-Klang-Raum-Kompositionen

RVO 9656 Weilheim – Peißenberg – Hohenpeißenberg – Peiting – Schongau

Das Kloster Polling

Über die Gründung des ehemaligen Benediktinerklosters und späteren Augustiner-Chorherrenstift erzählt eine Legende des späten Mittelalters. Demnach soll der bayerische Herzog Tassilo III. um 750 einer Hirschkuh nachgejagt haben. Nach langer Verfolgung blieb sie unvermittelt stehen und scharrte auf dem Boden. An der Stelle, die sie anzeigte, wurden drei Kreuze gefunden, die Tassilo III. dazu veranlassten, an eben diesem Ort ein Kloster zu gründen.

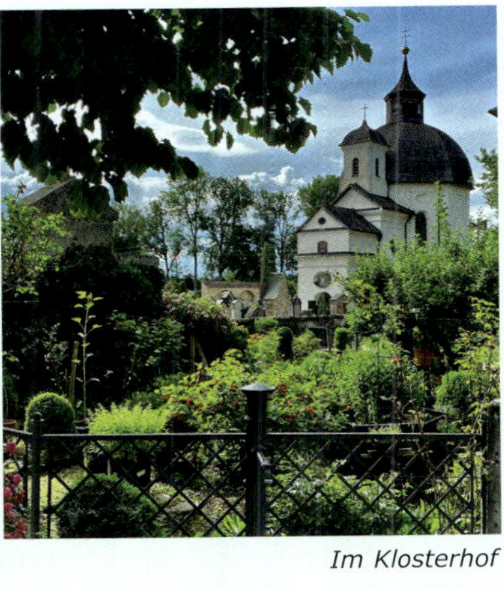

Im Klosterhof

Ein Holzkreuz, auch als Heiliges Kreuz bezeichnet, welches allerdings auf das 9. Jahrhundert datiert wurde, befindet sich im Zentrum des Hochaltars der ehemaligen Stiftskirche. Im 13. Jahrhundert vollständig mit Pergament überzogen, vergoldet und mit einer lebensgroßen Christusfigur bemalt, stellt das Tafelkreuz eine Seltenheit dar und prägt außerdem das Wappen der Gemeinde Polling.

Heute ist im Klostergebäude ein Hospiz untergebracht, die Wirtschaftsgebäude gehören Privatpersonen und der Bibliothekssaal (www.bibliotheksaal.de) wird wegen seiner hervorragenden Akustik gerne für Konzerte genutzt.

Der musikalische Doktor Faustus wird im gleichnamigen Roman von Thomas Mann in Pfeiffering wohnhaft, dessen Kloster und Dorf in auffälligen Zügen dem Kloster Polling ähneln. Im Ort ist hierzu der Doktor-Faustus-Weg als Rundweg gestaltet, der alle im Roman erwähnten Schauplätze verbindet und beschreibt.

Nach der Erkundung des Klosterareals führt Sie nun der weitere Weg über die **Brücke,** dann nach rechts entlang des **Friedhofs** und dahinter auf einen kleinen Platz an der **alten Mühle**. Hier gehen Sie auf der Tassilostraße nach links, kommen nach rechts auf die Bahnhofstraße und verlassen Polling auf Fußwegen geradeaus bis über die Bahngleise.

Hinterm **Bahnübergang** halten Sie sich links, vorbei an einem Parkplatz, und gelangen auf den Ammerdammweg, der sich entgegen der Fließrichtung der Ammer durch Wiesen schlängelt und Sie zur **Künstlersäulenhalle STOA 169** ❸ führt.

STOA 169

Überraschend taucht auf einer Wiese an der Ammer eine 40 x 40 m große Halle mit 4 m hohen Säulen auf. Jede von ihnen wurde von Kunstschaffenden aus aller Welt individuell gestaltet. Dass sie gemeinsam das Dach der Halle tragen, soll als Zeichen friedlicher Koexistenz, der Achtung der Freiheit der anderen und internationaler Solidarität verstanden werden.

Die Idee bekam der Künstler Bernd Zimmer auf einer Indienreise in den Säulenvorhallen und Säulengängen der Hindutempel, die zur Meditation dienen, aber auch den Pilgernden Schutz vor der Witterung gaben.

Künstlersäulenhalle STOA 169

Die Säulenhalle kann jederzeit kostenlos begangen werden und hält so manches Rätsel in der Betrachtung bereit. Und vielleicht wollen Sie einmal nachzählen, ob es wirklich 169 Säulen sind?

Weiter entlang der **Ammer** kommen Sie an eine **Brücke**, unter der Sie rechts hindurchgehen, und auf der anderen Seite gehen Sie direkt auf die Brücke zurück, um auf dieser den Fluss zu überqueren. Gleich dahinter biegt links eine kleinere Straße ab, verlässt das Flussufer und verläuft dann geradeaus mit leichten Anstiegen durch hügelige Wiesen und Wäldchen.

Steiler bergauf kommen Sie nach **Berghof**, bleiben an der Weggabelung rechts **Richtung Hoher Peißenberg** und bekommen schon einen kleinen Vorgeschmack auf die Aussicht, die Sie erwartet.

Zunächst geht es wieder leicht bergab und an der **Berghofsiedlung** nach rechts an Weiden vorbei über einen Hof mit Fassadenmalerei und **Feldkapelle**. Weiter geradeaus liegt am Weg ein ca. 100 Millionen Jahre alter **Findling ❹**, der ursprünglich aus den Ammergauer Bergen stammt.

Nun geht es steil bergan über den **Guggenbergtunnel** und hinter der Kuppe blicken Sie schon direkt auf den Hohen Peißenberg und der fast 159 m hohen Stahlbetonturm des Rundfunksenders.

Leicht bergab erreichen Sie den Ortseingang von **Markt Peißenberg**.

An der Habergasse (hier weist die Muschel in die falsche Richtung!) halten Sie sich rechts die Straße hinunter bis zum **Marterl** mit Bank. Hier zweigt ein schmaler Grastrampelpfad nach rechts ab, der Sie zwischen Gärten und Koppeln zum Fichter Weg bringt, wo Sie links gehen.

An der Schule (hier weist die Muschel zurück in die falsche Richtung!) biegen Sie kurz nach links in den Schulweg und sofort rechts in den schmalen Pfarrer-Faber-Weg ab, der auf die Hauptstraße trifft. Auf der anderen Straßenseite liegt rechter Hand die **Pfarrkirche St. Johannes Baptist** mit dem hübsch angelegten **Garten der Schöpfung ❺**. (Am Friedhof befinden sich auch öffentliche Toiletten mit Möglichkeit zum Trinkwasserauffüllen.)

Peißenberg

Markt Peißenberg, Hauptstraße 77, 82380 Peißenberg, ☎ 088 03/690-0, poststelle@peissenberg.de, www.peissenberg.de

Gasthaus Sonne, Hauptstraße 92, 82380 Peißenberg, ☎ 088 03/48 97 96, info@sonne-peissenberg.com, www.sonne-peissenberg.com, Restaurant Mi-Mo 10:00-14:30 und 17:00-23:00, Ruhetag Di, ÜF EZ ab € 85, DZ ab € 119

Gasthof zur Post, Ludwigstraße 1, 82380 Peißenberg, ☎ 088 03/842, kontakt@gasthofpost-peissenberg.de, www.gasthofpost-peissenberg.de, Frühstück ab 6:30, Ruhetag Mo, ÜF EZ ab € 74, DZ ab € 104

Pilgerunterkunft Brand, Kreuzeckstraße 26, 82380 Peißenberg, ☎ 088 03/31 70, o-m.brand@web.de, Ü ab € 15 p. P., etwa 1,7 km südlich vom Weg

Norma, Hauptstraße 20, 82380 Peißenberg, Mo-Sa 8:00-20:00

Bäckerei Andrä, Hauptstraße 13, 82380 Peißenberg, 088 03/14 38, Di-Fr 6:00-12:00 und 14:00-17:30, Sa 6:00-12:00, Ruhetag So

St. Ulrich-Apotheke, Hauptstraße 116, 82380 Peißenberg, 088 03/860, Mo-Fr 8:00-18:30, Sa 8:00-12:30

St. Johannes Baptist, Pilgerstempel

RVO 9656 Weilheim – Peißenberg – Hohenpeißenberg – Peiting – Schongau

BRB RB 67 über Hohenpeißenberg nach Weilheim

Der Jakobsweg führt im Folgenden abseits der Hauptverkehrsader durch ruhige Siedlungen. Entlang der Hauptstraße finden Sie jedoch sämtliche Einkaufsmöglichkeiten, Restaurants, Cafés, Eis, Apotheken und Ähnliches.

Wenn Sie sich auf der Hauptstraße nach Westen halten, bis nach ca. 1,4 km in einer Kurve die Sulzer Straße nach rechts abzweigt und an der Friedenskirche geradeaus in die Thalackerstraße führt, kommen Sie an der Brücke über den Michelsbach wieder zum ausgeschilderten Jakobsweg.

Über den Parkplatz neben dem Garten und dann auf einem schmalen Teerweg hinter dem Supermarktgebäude nach rechts kommen Sie auf die Holzerstraße. Sie gehen nach rechts und biegen gleich nach ca. 50 m links um eine Hecke herum in einen Kiespfad hinter Häusern ein, der breiter wird und auf einen **Brunnen** zuläuft. Sie halten sich links in die Bachstraße, gehen bis zum Wörthersbach und bleiben auf der Bachstraße nach rechts. An der T-Kreuzung schräg gegenüber verläuft hinter einer kleinen Bachbrücke an der Hecke ein kleiner Weg am Bach entlang und an der nächsten Brücke gehen Sie rechts, um dem Leitenweg zu folgen.

St.-Michael-Kapelle

Am Ende des Leitenwegs kommen Sie auf eine **Parkplatzfläche**. Rechts führt ein **Tunnel** unter den

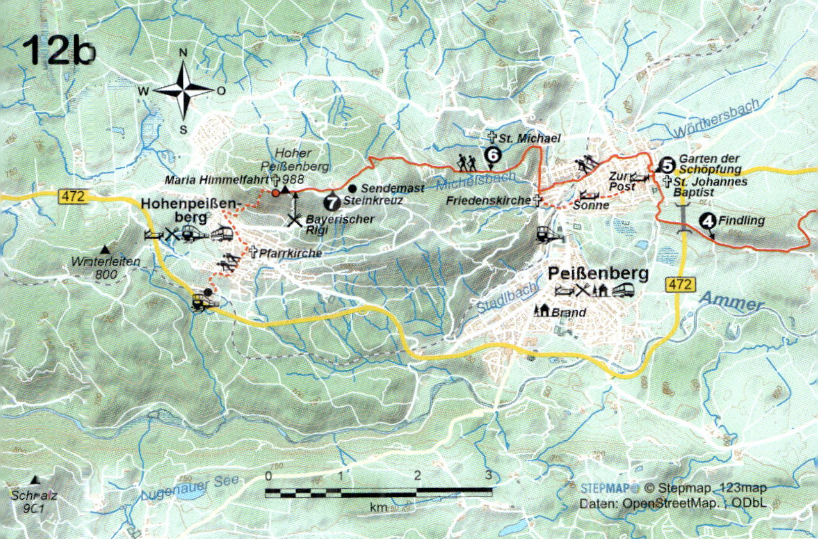

Bahngleisen hindurch und gleich danach gehen Sie nach links, nun entlang des Michelsbachs, auf einen **Fuß- und Radweg**. Hinterm **Spielplatz** wechseln Sie die Bachseite und bleiben auf dem St. Michelsweg, bis er auf die Thalackerstraße trifft.

An dieser Stelle ist eine Variante ausgeschildert, die den Hohen Peißenberg auslässt und südlich nach Rottenbuch direkt auf den Münchner Jakobsweg führt.

Der Voralpine Jakobsweg führt weiter auf den Hohen Peißenberg nach rechts über die kleine **Brücke** entlang der Thalackerstraße.

Zur Kreuzung nach ca. 600 m geht es schon leicht bergan. Hier biegen Sie nun links ab und haben jetzt einen ordentlichen Anstieg vor sich.

Durch hügelige Wiesen gelangen Sie zur **St.-Michael-Kapelle ❻**. Es geht weiter bergan. An einem Haus erlaubt Ihnen ein Schild, sich mit klarem **Quellwasser** zu erfrischen.

An der Wegkreuzung ca. 200 m danach blicken Sie zurück zum Starnberger See und erkennen die Satelliten der **DLR-Bodenstation** Weilheim. Nun nehmen Sie links den geschotterten Taigschusterweg und halten sich an der nächsten Weggabelung links auf dem Hauptweg. Sie treffen auf einen Asphaltweg, gehen kurz nach rechts und gleich nach links bergauf zum **Sender Hohenpeißenberg**.

Der Sender Hohenpeißenberg

An einer verwitterten **Teleskopkuppel** gehen Sie nach rechts bis zur Kurve, wo unter Lindenbäumen ein **Steinkreuz ❼** aus dem Jahr 1888 steht. Damit Sie nicht auf der Straße gehen müssen, führt von hier aus ein Trampelpfad direkt über die Wiese zum Parkplatz und es geht rechts weiter auf der Bergstraße entlang der Friedhofsmauer zum **Terrassen-Café-Restaurant Bayerischer Rigi**.

Und nach nur wenigen Metern erreichen Sie den Höhepunkt dieser Etappe und des Voralpinen Jakobswegs – den **Gipfel des Hohen Peißenbergs mit der Wallfahrtskirche Mariä Himmelfahrt** – und können den spektakulären Panoramablick auf die Alpenkette vielleicht erschöpft, aber glücklich in aller Ruhe genießen!

Und wie schon seit dem Jahr 1730 die Pilgerinnen und Pilger gesegnet wurden, so werde auch Ihnen der Segen von Hohenpeißenberg zuteil:

Freude dem, der hier herkommt,
Friede dem, der hier verweilt,
und Segen dem, der von hier wieder weiterzieht.

In diesem Sinne wünsche ich Ihnen, dass Sie sich Ihre wertvollen Erinnerungen an diese Pilgerreise gut bewahren können und Ihrer Sehnsucht, die Sie auf den Weg gebracht hat, ein Stück näher gekommen sind.

Hoher Peißenberg ✕ ☕ ✞ ⦿ ⌘

✕ ☕ ⦿ **Bayerischer Rigi**, Matthäus-Günther-Platz 2, 82383 Hohenpeißenberg, ☏ 088 05/330, 💻 www.bayerischer-rigi.de, 🚪 Di-So 9:00-20:00, Ruhetag Mo

✞ Wallfahrtskirche Mariä Himmelfahrt

⦿ Pilgerstempel auch im Pfarrhof/bei Müller klingeln, Matthäus-Günther-Platz 6

Der Hohe Peißenberg und die Wallfahrtskirche Mariä Himmelfahrt

Mit einer Höhe von 988 m zählt der Hohe Peißenberg zu den höchsten Erhebungen des Bayerischen Voralpenlandes und liegt als Einzelberg im Zentrum des Pfaffenwinkels.

Auch als „Bayerischer Rigi" bezeichnet erlaubt er einen fantastischen Panoramablick, der sich über etwa 200 km von den Berchtesgadener Alpen und Chiemgauer Alpen über die Bayerischen Voralpen, das Wettersteingebirge mit der Zugspitze und die Ammergauer Alpen bis hin zu den Allgäuer Alpen mit dem Grünten erstreckt.

Auf dem Gipfel des Hohen Peißenbergs wurde um 1510 von der Bauernschaft rund um Peißenberg eine Kapelle errichtet, deren hölzerne Muttergottesfigur einem Gnadenbild glich, weshalb sich bald eine Wallfahrt entwickelte. Für den stets wachsenden Zustrom der Wallfahrerinnen und Wallfahrer wurde die Gnadenkapelle jedoch zu klein. Nun ließ man zu Beginn des 17. Jahrhunderts eine Wallfahrtskirche errichten und verband mit einem gemeinsamen Turm beide Gotteshäuser zu einer Doppelkirche. Zur Blütezeit der Wallfahrt im 18. Jahrhundert kamen zwischen Frühjahr und Herbst wohl über 40.000 Pilgernde auf den Berg. Ihre unzähligen Namen fand man bei einer umfangreichen Renovierung der Gnadenkapelle Unserer Lieben Frau beim Abtragen verschiedener Farbschichten auf den Wänden, die, wenn sie vollgeschrieben waren, nochmals übertüncht wurden.

Wallfahrtskirche Mariä Himmelfahrt

Die Möglichkeit, heute seinen Namen und seine Gedanken an diesem Ort zu vermerken, gibt das in der Gnadenkapelle ausliegende Buch.

⌘ Hinter der Wallfahrtskirche steht das **Meteorologische Observatorium des Deutschen Wetterdienstes**. Als ältestes Bergobservatorium der Welt weist es seit 1781 nahezu ununterbrochene Beobachtungs- und Datenreihen nach, die in seinen Anfängen von Augustiner-Chorherren des nahe gelegenen Klosters Rottenbuch durchgeführt und bis zur Säkularisation fortgesetzt wurden. 1806 übernahm die Bayerischen Akademie der Wissenschaften die Wetterwarte und bestimmte den Pfarrherrn zum Observator.

Seit 1952 ist das Observatorium an den Deutschen Wetterdienst angegliedert und trägt aufgrund seiner langen Geschichte und der heutigen Aufgabenfelder bedeutend zur Wetter- und Klimaforschung bei. Ein Wetterlehrpfad mit zehn Stationen gibt Einblicke in die Welt der Meteorologie.

Das Ziel ist erreicht und Sie werden für sich entschieden haben, ob Ihre Pilgerreise vorerst hier zu Ende geht oder Sie sich gleich weiter auf den Münchner Jakobsweg Richtung Bodensee machen.

In Hohenpeißenberg finden Sie noch einmal Unterkünfte oder eine Bahnverbindung für Ihre Heim- oder Weiterfahrt.

Für die etwa 2,7 km hinunter (ca. 265 Höhenmeter) in den Ort brauchen Sie etwa 45 Minuten. Dazu nehmen Sie den schmalen **Kiesfußweg** links neben der Einzäunung des Observatoriums und kommen durch ein Waldstück über **Holzstufen** und Wurzelpfade steil bergab. Bei schlechter Witterung könnte es etwas rutschig sein.

Der Weg wird breiter und führt durch ein kleines **Gatter** als Trampelpfad schräg nach rechts über eine Wiese, wo Sie durch ein weiteres Gatter auf den asphaltierten Hanslweg kommen, dem Sie nach links hinunter nach **Hohenpeißenberg** folgen. Am Ende des Wegs treffen Sie auf die Hauptstraße.

Nach links abbiegend gelangen Sie in den Ort, an der **Pfarrkirche Auferstehung des Herrn** zweigt die Bahnhofstraße nach rechts ab und bringt Sie direkt zum **Bahnhof**.

Hohenpeißenberg

Gemeinde Hohenpeißenberg, Blumenstraße 2, 82383 Hohenpeißenberg, 088 05/92 10-0, gemeinde@hohenpeissenberg.bayern.de, www.hohenpeissenberg.de

Verkehrsamt Hohenpeißenberg, Blumenstraße 2, 82383 Hohenpeißenberg, 088 05/92 10-44, franziska.kroeck@hohenpeissenberg.bayern.de, Mo-Fr 8:00-12:00, zusätzlich Mi 14:00-18:00

Rigi-Alm, Unterbau 71 1/7, 82383 Hohenpeißenberg, Pension: 088 05/92 16 71, Restaurant: 088 05/255, info@rigi-alm.de, www.rigi-alm.de, Restaurant Mo, Di, Fr, Sa ab 16:30, So, Feiertage 11:00-22:00, Ruhetage Mi, Do, EZ ab € 65, DZ ab € 78, Pilgerzimmer für 1 Pilgerin/1 Pilger ab € 55, für 2 ab € 68, F € 8, etwa 1,2 km von der Kirche entfernt

Gästehaus Am Rathaus, Hauptstraße 55, 82383 Hohenpeißenberg, 088 05/95 45 49, info@gaestehaus-am-rathaus.de, www.gaestehaus-am-rathaus.de, EZ ab € 65, DZ ab € 78

♦ **FeWo Alpenpanorama**, Alpenblickstraße 34, 82383 Hohenpeißenberg, ☏ 088 05/12 90, fam.roessle@t-online.de, www.hohenpeissenberg.de, DZ ab € 110, keine Einzelpersonen

Jakobspilgerhäusl bei Gertrudis, Anton-Pröbstl-Straße 20, 82382 Hohenpeißenberg, ☏ 088 05/15 61, Übernachtung im Gartenhäuschen für bis zu 2 Pilgernde, Preis nach Absprache

Osteria Italiana, Hauptstraße 22, 82383 Hohenpeißenberg, ☏ 088 05/707 99 01, www.osteriaitaliana.de, Mo, Mi-Fr, So 11:30-14:30 und 17:00-22:00, Sa 17:00-22:00, Ruhetag Di

Netto, Hauptstraße 103, 82383 Hohenpeißenberg, Mo-Sa 7:00-20:00, Pilgerstempel bei Back Mayr

Bäckerei und Café Sesar, Hauptstraße 43, 82383 Hohenpeißenberg, ☏ 0 88 67/16 70, Mo-Fr 6:00-18:00, Sa 7:00-12:00, Ruhetage Mi, So, Frühstück, Tagesgerichte

Rigi-Apotheke, Hauptstraße 24, 82383 Hohenpeißenberg, ☏ 0 88 05/331, Mo-Fr 8:30-12:00 und 14:00-18:00, Sa 8:30-12:00

✝ Pfarrkirche Auferstehung des Herrn

RVO 9656 Schongau – Peiting – Hohenpeißenberg – Peißenberg – Weilheim

BRB RB 67 Schongau – Weilheim, in Weilheim Anschluss an die **RB 6** und **RB 65** nach München Hbf.

Die Geschichte Peißenbergs war ab dem sagenumwobenen Fund der Kohle im Jahr 1580 zunehmend vom Kohlebergbau bestimmt und prägte das Leben der Menschen, bis diese Ära 1970 zu Ende ging. Heute wird die Gemeinde wie jeher weitgehend mit den Forschungen des Observatoriums und natürlich der Wallfahrtskirche auf dem Hohen Peißenberg in Verbindung gebracht.

Ultreia – so geht es weiter

Schon auf dem Gipfel des Hohen Peißenbergs trifft der Münchner Jakobsweg auf den Voralpinen Jakobsweg.

Wenn Sie Ihr Pilgerabenteuer auf dem Münchner Jakobsweg nach Lindau am Bodensee fortsetzen möchten, überqueren Sie vom Gipfel kommend die Hauptstraße geradeaus und folgen der Muschel über die Ammerschlucht nach Rottenbuch.

Christiane Haupt, **Jakobsweg München – Lindau mit Variante nach Bregenz**, Conrad Stein Verlag, ISBN: 978-3-86686-692-8

Index

An der Kirche Allerheiligste Dreifaltigkeit in Altenbeuern, 6. Etappe

R

S

T

U

V

W